新・MINERVA
福祉ライブラリー
20

# イギリスにおける高齢期の QOL
多角的視点から生活の質の決定要因を探る

アラン・ウォーカー 編著　岡田進一 監訳　山田三知子 訳

ミネルヴァ書房

UNDERSTANDING QUALITY OF LIFE IN OLD AGE,
first edition by Alan Walker
Original edition copyright © 2005 by Open University
Press UK Limited. All rights reserved.
(Japanese language of UNDERSTANDING QUALITY
OF LIFE IN OLD AGE by Alan Walker) first edition
copyright © 2014 by Minerva Shobo Ltd. All rights
reserved.

Japanese translation published by arrangement with
Open University Press through The English Agency
(Japan) Ltd.

## 日本語版への序文

　本書を日本の皆様にご紹介できることは私にとって大きな喜びである。本書は，グローウィング・オールダー・プログラムという名の非常に重要な社会科学研究プログラムの成果をまとめたものである。本プログラムは24の個別の研究プロジェクトで構成されており，1999年から2003年にかけて実施された。本プログラムは社会科学の領域において学際的であり，そして次の2つの主要な論点をもっていた。①高齢期のQOLを決定する要因とは何か，②できるだけ長い期間，質の高い生活を維持するためにはどのような政策が必要なのか，である。グローウィング・オールダー・プログラムは，イギリス，そしてヨーロッパにおいて先駆的な研究と認められたが，今，本書を通じて日本にも輸出されるのである。本書が日本の研究者や，政策立案関係者，実践者の方々にインスピレーションを与え，そして共通の関心をもつヨーロッパの研究者らとの間に共同研究が実現することを望む。本書では多くの意義深い発見事項が報告されているが，我々もまた「最も高齢な国」である日本から多くを学ぶことができるだろう。

　本書は，イギリスの社会科学において類をみない実験の成果である。24のそれぞれの研究チームに個別の研究報告を執筆してもらうかわりに，QOLのキーテーマにしたがって複数のチームを組み合わせたのである。これはつまり，各章の共同執筆者らがプログラム内の広範な研究領域の発見事項を分析し，数多くの証拠や洞察を集め，それらを結びつけたことを意味するのである。

　本書が日本の読者の方々にとって洞察に満ちた有益な書となり，そして，日本とイギリスの高齢者のQOLの相違点に考えを巡らせるきっかけとしていただければ幸いである。さらに，本書が両国間の研究者，政策立案者，実践者の間の交流につながり，そして最終的に，世界中の高齢者のQOL向上に寄与することを祈っている。

シェフィールド大学社会学部<br>
アラン・ウォーカー

# 序　　文

　本書は，経済・社会研究会議（Economic and Social Research Council : ESRC）の助成を受けて行われた研究プログラム，グローウィング・オールダー・プログラムのシリーズ書の第3巻であり，全24プロジェクトのうちの22プロジェクトの研究チームがテーマ別のグループに分かれ，それぞれの発見事項を統合するという非常にユニークな試みを紹介するものである。したがって，本書はグローウィング・オールダー・プログラムで生み出された膨大な研究成果をまとめた包括的な報告となるのである。本プログラムは，多くの研究者の不断の研究努力を礎に成立し，彼ら全員の熱意によって完成させることができた。プログラムの終盤になって私が提案した本書の企画を彼らが快諾してくれたのは驚きであったが，実に，彼らの情熱こそが私の当初の躊躇をはねのけてくれたのであった。よって，まず私は本書の共著者，そしてグローウィング・オールダー・プログラムに携わった96名の全研究者に感謝を述べたい。彼らは一緒に働くに実に素晴らしい仲間であった。

　キャサリン・ヘイガン・ヘネシーは2年間プログラムの副ディレクターを務めてくれた。彼女は全く素晴らしい仲間であり，プログラム後半だけでなく，本書の企画に伴う詳細な議論に対して彼女が与えてくれた惜しみない支援に心からの感謝をおくりたい。

　経済・社会研究会議はグローウィング・オールダー・プログラムの研究資金を提供した。それなしでは我々はここで何も報告することができなかっただろう。しかし，経済・社会研究会議の役割は単なる財政支援に留まらなかった。経済・社会研究会議の人類学・言語学・心理学・医学・社会学研究部門のロス・ラウズ氏，渉外担当のキャシー・ハム氏，イアン・スチュアート氏，そして経済・社会研究会議プログラム職員のフェイ・オーティ氏，ナオミ・ボーモント氏，シャブナム・カーン氏より並々ならぬご支援をいただいた。

　回答者または調査員として研究に参加してくださった高齢者の皆様，あるいはその他の方法でプログラムに貢献してくださった高齢者の皆様に，24プロジェクトそ

してプログラム全体を代表して，ここで改めて心より御礼を申し上げたい。

　アンセア・ティンカー氏が委員長を務めたプログラム助言委員会は，揺るぎない支援の源であった。委員のアラン・バウマン氏，ジリアン・クロスビー氏，リーラ・ダモダラン氏，アーサー・フレイス氏，テッサ・ハーディング氏，トム・ホイエ氏，ポール・ジョンソン氏，キャロル・ラプトン氏，ロビン・ミーンズ氏，テリー・フィルポット氏，マーティン・シュリーヴ氏，トニー・ウォーンズ氏に感謝をしたい。アンセア・ティンカー氏は，挑戦的な質問と激励を見事なバランスをもって投げかけてくれ，また共に働く仲間として，これ以上望めないほど素晴らしい委員長であったといえるだろう。アーサー・フレイス氏は政策立案者とのリンク，そしてテッサ・ハーディング氏はNGOとのリンクをつくるのに大いに手助けをしてくれた。オープン・ユニバーシティ・プレスのショナ・マレン氏とその同僚らは，本シリーズの刊行に非常に熱心で支援的であった。

　シェフィールド大学のシェフィールド・エイジング研究所と社会学部の同僚らも，グローウィング・オールダー・プログラムに対して非常に支援的であった。特にティム・ブース氏は，職員配置などを適切に行ってくれた。このような研究プログラムを指揮監督し，出版するには多くの時間と努力を要し，家族と過ごす時間に影響を与えることとなった。キャロル・ウォーカーの理解と協力がなければ本書の出版は叶わなかった。

　最後になったが，プログラム調整チームのメンバー，アリソン・ボール氏，ジョー・レヴァスリー氏，クリスティーナ・マルティモ氏，ロベルタ・ネルソン氏らは，本プログラムの最大の貢献者であり，心より感謝を述べたい。そして誰よりもマーグ・ウォーカー氏には，本書の出版にあたって彼女が示した能力を賞賛して，改めて感謝したい。

シェフィールド大学社会学部<br>
アラン・ウォーカー

# 目　　次

日本語版への序文……………………………………………………………… i
序　文……………………………………………………………………………… iii

## 第1章　グローウィング・オールダー・プログラム ……………… *1*

 *1*　序　説　*1*
 *2*　グローウィング・オールダー・プログラム　*2*
 *3*　QOL 理解のテーマ的アプローチ　*3*
 *4*　QOL 測定の方法論的アプローチ　*11*
 *5*　結　論　*13*

## 第2章　QOL の意味と測定 ………………………………………… *17*

 *1*　序　説　*17*
 *2*　QOL　*18*
 *3*　結　論　*30*

## 第3章　高齢期における QOL 格差 ………………………………… *31*

 *1*　序　説　*31*
 *2*　QOL　*31*
 *3*　社会経済的不利益と高齢期の QOL　*33*
 *4*　ジェンダーと婚姻状況の QOL への効果　*38*
 *5*　高齢期の QOL における民族格差　*42*
 *6*　高齢期の QOL に対するライフコース影響と現在の影響　*45*
 *7*　考　察　*49*
 *8*　結　論　*51*

v

## 第4章　高齢期の外出，移動とQOL……55

1　序　説　55
2　4つの研究プロジェクト　56
3　移動と可動性　57
4　場所，移動，モラール　60
5　モラール，近隣，変化　62
6　社会的交流　63
7　交通手段　65
8　安　全　68
9　結　論　69

## 第5章　高齢者の家族役割と経済的役割……71

1　序　説　71
2　理論的背景　71
3　高齢者の家族内の役割と高齢期のQOL　73
4　就業と退職の心理的幸福　78
5　家庭と仕事の両立　82
6　結　論　87

## 第6章　ジェンダーと民族性からみた高齢期の社会参加……91

1　序　説　91
2　背　景　92
3　3つの研究プロジェクト　94
4　高齢男性の社会参加　94
5　「高齢女性の生活と声」研究　98
6　エンパワメントの比較研究　102
7　結　論　106

## 第7章　高齢者の社会的孤立と孤独感……111

1　序　説　111
2　データ源　113

3　サンプルの属性　*114*
　　　4　高齢期の社会的関係　*115*
　　　5　考　察　*122*
　　　6　結　論　*124*

## 第8章　虚弱な高齢者のアイデンティティとQOL……………*127*

　　　1　序　説　*127*
　　　2　虚弱になることへの抵抗　*130*
　　　3　虚弱な高齢者がもつアイデンティティの研究　*131*
　　　4　結　論　*139*

## 第9章　高齢期のアイデンティティと社会的サポート…………*141*

　　　1　序　説　*141*
　　　2　脳卒中患者のQOLの研究　*142*
　　　3　サービス利用とアイデンティティ管理　*145*
　　　4　障害のために外出できなくなった高齢者　*147*
　　　5　能力，障害，ニーズについての認識　*148*
　　　6　少数民族高齢者のQOLと社会的サポート　*152*
　　　7　結　論　*157*

## 第10章　配偶者に先立たれた高齢者………………………………*161*

　　　1　序　説　*161*
　　　2　死別のモデルと理論　*161*
　　　3　サウサンプトン研究　*165*
　　　4　リバプール研究　*169*
　　　5　調査実施上の考慮事項　*173*
　　　6　結　論　*176*

## 第11章　研究から実践現場へ………………………………………*179*

　　　1　序　説　*179*
　　　2　政策課題における人口の高齢化の重要性　*180*

  *3* 研究と政策をつなぐ *184*
  *4* QOL 向上の構造とエージェンシー *188*

引用参考文献 *193*
監訳者あとがき *225*
訳者あとがき *231*
索　引 *237*

# 第 1 章
グローウィング・オールダー・プログラム

アラン・ウォーカー,キャサリン・ヘイガン・ヘネシー

## 1 序　説

　本書の主な目的は,経済・社会研究会議（Economic and Social Research Council：ESRC）から資金提供を受けて実施された高齢期のQOLについての共同研究プログラム,グローウィング・オールダー・プログラム（Growing Older Programme：GO）の研究成果を統合することである。グローウィング・オールダー・プコグラムは,これまでイギリス国内で実施された加齢や高齢者についての社会科学研究のなかで最大規模のものである。5年間,24研究プロジェクトに及ぶ全ての発見事項を本書一冊にまとめることは不可能であり,また,プロジェクトごとの報告書を編集すれば,単に「GO研究成果シリーズ（GO Findings Series）」の重複となってしまう。本書が目指したのは,プロジェクトを超えて研究者らが結集し,8つのテーマの下に各プロジェクトの研究成果を統合させることであった。研究者らは,個別の研究プロジェクトを詳述するだけでなく,横断的な議論,そして政策や実践との関連性を引き出すことに成功したのだった。このように共同で努力する機会は,グローウィング・オールダー・プログラムの最後の会合で計画された。その後,各チームは共同研究に着手したが,このプロセスは,各チームメンバーが既に,大規模な共同研究プログラムの一員であったという経験が活かされている。実際,このような共同の試みが,特にミーティングのための資金が用意されていない状況下において実現することは非常にまれである。24プロジェクトのうち,22プロジェクト

がこの共同の試みに参加したという事実は注目に値し，研究者らの努力のたまものなのである。

　本書はグローウィング・オールダー・シリーズの第3巻であり，プログラムの全体像を提供する3巻のうちの最後の巻である（Walker and Hagan Hennessy 2004；Walker 2005a)[(4)]。本プログラムにおける各研究プロジェクトの研究結果は，小冊子やCD-ROMで公表している。また，ウェブサイトでも公開している（http://www.growingolder.group.shef.ac.uk）。本書は，グローウィング・オールダー・プログラムの主な結果について最も包括的に提供するものである。

　本章の残りの部分は，各章の概観やプログラムのキーテーマ，QOLを測定するために採用された様々な方法論的アプローチなどについて述べる。まず始めに，グローウィング・オールダー・プログラムの構成と運営の概観を紹介する。

## 2　グローウィング・オールダー・プログラム

　プログラムの背景や展開の詳細についてはウォーカー（Walker 2004）やウォーカーとヘイガン・ヘネシー（Walker and Hagan Hennessy 2004）を参照していただきたい。プログラムを構成する全24研究プロジェクトのうちの最初のプロジェクトは1999年10月に開始され，全てのプロジェクトは2003年4月に終了した。そしてグローウィング・オールダー・プログラム自体は2004年7月に完了した。プログラムは主に2つの目的をもっていた。①高齢期のQOLを決定する要因についての新たな知見を生み出すことを目指した学際的で共同の社会科学研究プログラムを構築すること，②政策と実践の発展に貢献することによってQOL向上に寄与すること，であった。

　本プログラムがこれらの目的をどの程度達成することができたかは，また別の評価の問題であるが，本プログラムが人類学，経済学，教育学，心理学，社会老年学，社会政策学，社会統計学，そして社会学など，社会科学の広範な学問領域にわたっていることは間違いない。第二に，本プログラムは高齢期のQOLについて，非常に豊富な知見を生み出した。各研究プロジェクトの類いまれな貢献について，ここで長々と書き連ねないが，一部を紹介する。高齢期のQOLの構成要素についての国内初の代表的な研究，少数民族の加齢についての最も包括的な研究，貧困地域に

暮らす高齢者の社会的排除についての国内初の代表的な研究，中年期の多重役割従事が及ぼす年金受給資格への影響についての国内初の研究，配偶者を亡くした高齢者の精神的信念についての国内初の研究，祖父母性についての類のない全国調査，そして少数民族高齢女性のサクセスフル・エイジングについての国内初の研究などである。このように質の高い新たな知見を多く生み出しただけでなく，本プログラムは質的研究と量的研究の両方において意義深い貢献をしたのである。これについては後述する。

　第三に，我々が研究結果を政策と実践の世界に伝える努力をしたことは疑いがない。この目的を達成するために，「GO 研究成果シリーズ」を発行しただけでなく，研究プロジェクトと政策立案者をつなぎ，政策立案者や実践者を招いてセミナーを開催し，そしてプレゼンテーションを行うなど，広範な活動を行ってきた。このような戦略が，政策や実践において高齢者の利益になるような影響を与えたかどうかは，別に評価されるべき問題であるが，これについて楽観視できる根拠が少なくとも 2 つある。まず，各研究プロジェクトの研究成果が重要な政策立案者の手に届いたことは明らかであり，引用された研究もある。また，メディア評論家や，優良社会的ケア協会（Social Care Institute for Excellence）などの，影響力の強い独立公共機関なども，政策や実践に対する実証的基礎として本プログラムの潜在的価値を評価している（Dean 2003）。これらに加え，我々は運営の全ての局面に，高齢者自身を参加させることを決意し，努力してきた。これには，研究の成果を広く浸透させることを含むが，その最も重要なものは，高齢者自身が高齢者のためにまとめた要約集である（Owen and Bell 2004）。我々は，高齢者自身が高齢期の QOL を決定する要因についての情報を武器に，政策と実践の変化を求めて，より効果的に論ずることができるようになることを望んでいる。

## 3　QOL 理解のテーマ的アプローチ

　グローウィング・オールダー・プログラムでは以下の 6 つの領域が設定された。
- QOL の定義と測定（5 プロジェクト）
- QOL の格差（5 プロジェクト）
- テクノロジーと建造環境の役割（2 プロジェクト）

- 健康的で生産的な加齢（3プロジェクト）
- 家族と支援ネットワーク（6プロジェクト）
- 高齢期の社会参加と活動（3プロジェクト）

　これらの6つのトピックはプログラムの科学的課題を効果的に設定し，全ての研究計画は，これらの少なくともいずれか一つに該当した。最終的に資金援助を受けることになった24の研究プロジェクトの内訳が示されているが，この偏りは委任過程のボトムアップの性質によって説明される。プログラムの詳細を起草するにあたって，主な目的は，高齢期のQOLの側面のなかで，これまで注目されてこなかった領域の研究を促進することであった。今回この6つのトピックのうち，唯一研究計画提案の応募が少なかったのは，テクノロジーと建造環境の役割というトピックであり，このトピックで資金援助を受けた2つの研究プロジェクトのいずれもがテクノロジーについての研究ではなかった（住環境の研究と交通についての研究であった）。

　しかし実際，24プロジェクトのうち，どれかただ一つのトピックにおさまる研究というのはほとんどなかった。各プロジェクトが発展し，プログラムアプローチが効果を現し始めると，研究プロジェクト同士の重なりや相乗作用がより鮮明になったことは驚くに値しない。それは，ツールやデータ収集，分析方法の共有や交流などであった。このような重複は全く問題ではない。というのは，元の6つのトピックは，委任プロセスを助けるためにデザインされた推測的な構成であったからだ（経済・社会研究会議よりプログラム自体に対する承認を得るという最初の目的も含む）。よって，本書のテーマについての議論となると，元の6つのトピックはただの基準点でしかない。このようにして，プロジェクトに人為的な計画を押しつけるという危険は回避された。その代わりに，プロジェクトの科学的内容とプロジェクト間の共通要素によって主に決定された，反復プロセスがおこったのであった。本書の基となったテーマごとの共同研究の提案がなされる以前に，既に共同で研究するケースもみられた。本書の第2章から第10章で論じられる8つのテーマは，我々が初めにプロジェクトチームに提案したものではあるが，また同時に継続的な議論の結果でもあり，その後テーマ間で非常に多くのやりとりが行われたのであった。8つのテーマは次のとおりである。

## 第1章　グローウィング・オールダー・プログラム

- QOL の意味と測定
- QOL の格差
- 加齢の環境
- 家族役割と経済的役割
- 社会参加
- 社会的孤立と孤独
- 虚弱，アイデンティティと社会的サポート
- 死別

　社会的孤立と孤独は，社会参加のテーマに含めることも可能ではあるが，含めてしまうことは，これらの研究による発見の重要性と，このような究極の形態の社会的排除を解消するための政策の必要性を軽視してしまう危険があると考えた。また，加齢の研究における伝統的なアプローチでは，年齢，ジェンダー，民族性といったテーマを選ぶだろうが，グローウィング・オールダー・プログラムにおいては，これらは多くのプロジェクトに様々な程度で現れる横断的テーマである。

　もちろん，高齢期の QOL に対する我々の集合的なアプローチがプログラムの計画によって決定されてしまうという危険性もある。これは，我々が QOL の社会科学的な側面のみを扱っているという意味で事実であろう。しかしこのような限界のなかで，本書の著者らは必要な場面で，本プログラムによってカバーできていない領域について強調してきた。その結果，本書は高齢期の QOL について最も包括的な評価を提供することができたのである。我々は QOL の全ての側面を網羅したと主張するつもりはない。実際，テクノロジーの役割や年金政策，加齢のグローバル政治経済学，比較分析（しかし Walker（2005a）ではヨーロッパ諸国との比較を行った），学習障害をもつ高齢者の加齢など，明らかにカバーできていない領域がある。しかし，本書で紹介されている 8 つのテーマは高齢期の QOL に関して大部分の論点をカバーしている。

　第 1 のテーマは QOL の意味と測定である。既に述べたように，本プログラムは高齢期の QOL の概念化と測定を大きく進展させたが，それは特に高齢者自身が認識する QOL の性質や構成要素を明確にするアプローチにおいて成果があった。我々の研究者が QOL を測定するために採用した様々なアプローチについては後述する。第 2 章ではこのトピックについて，ケン・ギルフーリ，メアリー・ギルフー

リ，アン・ボウリングが，幸福について人類が抱いてきた関心の長い歴史の概略を，紀元前4世紀に遡って紹介する。彼らは，QOLの概念が，最近になってどのように公的政策の原動力と共に現れたかを示す。また第2章は，グローウィング・オールダー・プログラム内の様々なプロジェクトの経験を基に，QOLの測定にまつわる複雑な問題を議論している。その焦点は，QOLについての質問に対する回答プロセスの心理測定の問題である。

第2のテーマはQOLの格差である。このテーマは，本プログラムが当初から設定していた研究トピックの一つである。なぜなら，これは政治経済学の視点において突出して重要なメッセージだからである。それは，高齢者の間にみられる物質的境遇の格差は，高齢期に入る前の段階の役割や地位の結果であり，特に雇用形態や社会経済的階層が影響するという主張である（Dowd 1980；Walker 1980, 1981；Minkler and Estes 1984；Guillemard 1984）。この視点がライフコースを重要視している点で特に影響力が強いのである。より最近では，社会老年学の研究者らは，ジェンダー（これは元々の概念形成の一部である）や民族性（こちらはそうではない）の重要性を強調している（Arber and Ginn 1991, 1995；Blackmore and Boneham 1994；Modood et al. 1997）。

第3章は，格差というテーマについて，4つの研究プロジェクトの結果を基に議論している。ポール・ヒッグスらは，格差を，単に何かの欠乏として扱うのではなく，より深く理解することの必要性を強調している。彼らはまず高齢者にみられる社会経済的不利について考慮し，高齢期の健康，機能，モラールとの相関関係の強さを報告した。例えば，社会階層ⅣおよびⅤ（準熟練，非熟練労働職）で社会的住宅に住む高齢者は，社会階層ⅠおよびⅡ（知的専門職，管理職，技術職）で持ち家に住む高齢者に比べて可動性の問題をもつ確率が2倍であった。この分析は，高齢者が，高齢期以前の社会経済的履歴から逃れることができないという，加齢の政治経済学の主張を立証する。またそれと同時に，政策がこの不利な状態を悪化させているのか改善しているのかという，政治経済学の第2の重要なメッセージを強化している。健康格差を減らす政策努力の重要性を第3章は強調している。ジェンダーと婚姻状況の相互作用の分析では，高齢者間に非常に大きな格差が今なお存在することが示されている。例えば，高齢期に低所得に陥るリスクは，離婚した女性は結婚している男性の実に5倍近くになる。離婚した男性の経済的状況は，それ以外の男性に比

# 第1章　グローウィング・オールダー・プログラム

べると不利かもしれないが，彼らの所得は離婚女性のそれよりもずっと高いのである。この研究もまた，QOLのコンテクスト（context, 状況）をつくる個人のライフコースと社会的プロセスのインパクトの両方の影響を指摘している。

高齢期における民族的なQOL格差についての考察では，少数民族間や，少数民族と白人との間の著しい格差を提示した。格差は特に，所得・財産，住宅，健康に顕著に現れた。また重要なことは，この分析が白人と少数民族との間の格差だけでなく，少数民族間の多様性も浮き彫りにしたことであった。第3章の第4番目の研究は，前期高齢期における格差である。他の研究と同様に，この研究もライフコース視点の重要性を示している。特に，家族や雇用におけるライフコースにわたる不利な状況の累積と，それが高齢期のQOLに与える悪影響を強調している。しかし，このような累積的に不利な状況を，現在の要因と並べて分析すると，現在の要因の方がQOLにより強い効果があることを示した。しかし，研究者らは，ライフコース要因が多くの現在要因に内包されるため，これらを完全に区別することは適切ではないと認識している。

社会的，文化的，経済的，物理的環境は，QOLを向上させる，または悪化させる要因として，グローウィング・オールダー・プログラムの多くの研究で強調されてきた。プログラムはQOLのコンテクストを説明することを優先課題としていたが，その結果，高齢期のQOLにとって環境は非常に重要な要因であることがわかった。第4章は，4つの研究の結果を用いてこのテーマを論じている。研究者らは，「環境」とはひとまとまりの経験ではなく，日常生活が営まれる一連の場であると論じている。研究者らは，歩き回ったり外出することがQOLにおける基本的な問題であると主張する。例えば，都市部でも農村部でも，健康上の問題が原因で外出できないことは，モラールが低くなるリスクを約3倍引きおこす。第4章は，近隣，社会的コンタクト，交通，安全などの重要性も検討している。そして，4つの研究結果を統合することにより，高齢期の環境の物質的，社会的，心理的側面の重要性の様相を提供することに成功している。章は，政策立案者に対して，動き回ったり外出する機会の重要性を認識するよう訴えて結んでいる。

第4のテーマは，第2のテーマのように，政治経済学の理論的パラダイムを反映しており，高齢期の物質的境遇を決定する要素として，家族役割と就業役割の重要性を強調している。しかし，第5章における家族役割と就業役割についての議論は，

次の二点でこのアプローチを拡大している。まず，家族役割が高齢期の幸福に重要であることを強調している点である。次に，経済的役割の分析に，その役割を望んでいるのかどうかの考慮を含めている点である。3人の著者は，多重の役割従事や，家族役割の重要性，世代間交流などの理論的背景について簡明に述べている。まず初めに，幸福感には家族関係が決定的に重要であることを，祖父母性についての研究を用いて強調している。孫との関係の重要性は圧倒的であった。8割以上の祖父母回答者が，孫との関係が自分のQOLを向上させていると答えた。次に，有給就業の役割について議論し，特に就業しているか否かで幸福感への影響がどのように異なるかについて検討した。失業している高齢者が最も不幸であったが，その一方で，就業している高齢者と退職した高齢者の間で，幸福感や人生の満足度に差はみられなかった。著者らは，QOLは単に就業しているかどうかによって決定されるのではなく，個人が置かれている環境の性質と，その役割（就業か退職か）を本人が望んで行っているのか，という2つの要因によって決定されることを主張している。最後に，家族役割と経済的役割の両立について分析している。ここでは，「親」「介護者」「有給就業者」としての役割に焦点をしぼっている。これらの役割の両立は，ある一時点を観察するよりも，ライフコースにわたって調べると，はるかに一般的に行われていることがわかる。多くの女性は，子育てや介護という非常に重要な役割を担うことでペナルティーを背負い，高齢期になると，資力調査を伴うわずかな国の福祉手当に依存して生活するようになるのである。

第5のテーマ，社会参加は，グローウィング・オールダー・プログラムの元々のトピックの一つである。なぜなら，イギリスにおいてこの領域は比較的研究が発展しておらず，特にジェンダーや民族性による差に関してあまり知見が得られていない。第6章は3つの研究を基に社会参加について議論している。著者らは，高齢者の社会的コンタクトについての情報が，全国世帯調査（General Household Survey）やイングランド加齢縦断研究（English Longitudinal Study of Ageing）などの全国的な調査によって拡充している事実は望ましいと考えるが，このような調査方法によって，果たして社会参加の性質を理解することができるのかどうか疑問をもっている。彼女らは質的調査によって社会参加の質や程度を決定する要因を説明し，特に年齢，性別，民族性による差に注目した。そして高齢男性の社会参加の程度に，婚姻状況によって顕著な差があることを報告している。離婚した男性と結婚経験のない男性

第1章　グローウィング・オールダー・プログラム

のもつ，親族・友人・隣人のネットワークは最も小さかった。また，少数民族の女性の生活にとって，家族やその他のネットワークがいかに重要であり，コミュニティや何かに所属していることが中心的であることを強調した。最後に第6章は，高齢女性の人生にとって，個人の精神的資源がいかに重要な部分を占めているかを報告している。

　第7章では，クリスティーナ・ヴィクターとトーマス・シャーフが，社会参加や社会的孤立，孤独感について議論を交わしている。まず初めに，孤立や孤独感の議論の基礎として，高齢者の社会参加や市民参加の全般的なパターンについて概要を述べている。第7章の2つの研究の両方において，高齢者が近隣や友人，家族などの様々な人々と頻繁な交流を維持していることが示されている（シャーフらが調査した貧困地域の高齢者の，隣人との交流程度はやや劣っていたが）。また両方の研究で，高齢者が地域生活に深く関与していることも示されている。例えば，イングランドの最も貧困な地域に暮らす高齢者の約75％が，過去3年以内に少なくとも1種類の市民的活動に参加していた。著者らは社会的孤立比較指標を作成し，両研究のデータを比較した。それによると，中程度から重度に孤立していた高齢者の割合は，全国を対象にした調査において36％であったのが，貧困地域では20％であった。また孤独感については，2つの研究間で評価方法が異なるものの，非常に孤独と回答した者は両研究において，ごく少数であった。2つの研究間で，孤独感の全体的な程度に差異がみられ，この理由は議論されているが，両研究とも孤独感は婚姻状況と関連があるとし，特に配偶者と死に別れた高齢者が最も危険であることを示唆した。この発見は，第3章のQOL格差における発見とも通じており，また第9章の議論にもつながっている。

　第7番目のテーマは，身体的・精神的に衰えていくことがQOLに与える影響と，高齢者がこれに直面したときに，アイデンティティを維持するためにとる戦略である。第8章はこのテーマについて，マッキーらの回想の研究，テスターらの虚弱な高齢者のもつQOLの感覚の研究，ギルフーリらの認知機能の研究を基に議論をする。3つの研究は，高齢者の身体的・精神的虚弱やその影響に対してそれぞれ異なるアプローチをとったが，共通のテーマが現れた。例えば，虚弱な高齢者が断絶や喪失感を経験するのは，家庭を失ったり，友人などとの親しい交流を失ったり，身体的機能や認知機能が衰えたり，世界から切り離されているように感じたり，介護

施設で入所者が互いに無関心であったりするためであった。一方，明るい側面をみると，このような断絶を打開するために高齢者は様々な戦略をとっていた。例えば，家族のなかで重要な役割を維持したり，活動的でいたり，認知機能を維持しようと努力していたのであった。これらは全て，アイデンティティの維持を目指しているのである。ここで重要な役割を果たすのはコミュニケーションである。例えば，回想や，意味のある活動への参加を通して，人間関係を構築したり維持していたのであった。

第9章は，社会的支援サービスの役割についての3つの研究を基に，引き続き虚弱とアイデンティティというテーマについて議論している。3つの研究が導いたのは，介護サービスの利用が，アイデンティティや社会的関係の維持や再構築という重要な活動を介して行われていることであった。3つの研究の対象となったのは，それぞれ脳卒中患者，自由に外出できない虚弱な高齢者，そして少数民族の高齢者である。どのグループも，自立を喪失し他者への依存度が高まったために，自己意識を維持する必要が生じ，アイデンティティ活動を行っていることを説明していた。また，状況の改善と共にその活動の調整も頻繁に行われていることも示された。しかし，3つの研究の回答者らは，専門家によるサービスを，自己意識を改善してくれる資源とはみていない傾向にあった。むしろ，他者との交流の増加が，最も自尊感情の改善に寄与していた。また，3つの研究が明らかにしたのは，状況やニーズについて高齢者自身がもっている概念と，サービス提供者のそれとには大きな隔たりがあることであった。どちらかが間違っているということではなく，双方の見方が異なるのは当然なことである。

第8番目のテーマは死別である。死別は，プログラムの元々のトピックで言及されてはいたが，6つのメイントピックではなかった。しかし死別が配偶者を亡くした高齢者についての2つの研究の焦点であったため，プログラムの開始後に新たに設定することになった。第10章では，ピーター・スペックらが，まず，死別の様々なモデルについて概要を述べている。そして，死別経験後の精神的信念の役割について，個人の事例を基にした探索的研究と，ジェンダーと死別が高齢期の QOL に与える影響についての研究を紹介している。精神的信念の研究では，死別経験後の精神的信念と幸福の明らかな関連性を発見した。後者の研究は宗教的な信念に特に焦点をあてていないが，それが一部の回答者にとって，配偶者を失った後の人生に

意味を与えてくれる重要な役割を果たしていることを発見した。第10章はまた，このような繊細なトピックを研究する際に彼らが直面した，方法論に関する問題について述べている。

高齢期の QOL について，全ての要因やプログラムの全ての研究結果を本書にまとめることは不可能であることは既に述べた。それでも，各章の著者らは，何が高齢期の QOL を構成するのかについて理解を深めるために，それぞれの研究結果を他の研究と比較し，共通要素を統合するのに成功したのである。

## 4　QOL 測定の方法論的アプローチ

高齢期の QOL の様々な側面についての研究プロジェクトを委任する際，我々は明確にこれまで主流であった健康関連の次元を超えた，より幅広い領域を含むように明確に計画することから始めた。既に述べたように，グローウィング・オールダー・プログラムの特徴とは，まず，QOL の性質や構成要素について，高齢者自身の感覚から直接引き出し，より広い概念化を行うことである。第2に，これまであまり認識されていない領域を含めること。そして第3に，高齢期の生活は本質的に問題であるという社会的構築を否定する立場を反映することである。したがって，各研究では，実に多様な方法がとられることになった。そして，QOL の客観的な指標を提供するだけでなく，高齢者の生活に何が価値や意味を与えるのかについて高齢者自身の主観的または「当事者」の見解をとらえるために，質的方法も併せて多く用いられたのであった。

全24プロジェクトのうち18プロジェクトは研究方法において何らかの形態を併用し，それ以外の6プロジェクトは，質的または量的のどちらかを採用した（それぞれ3プロジェクトずつ）。社会老年学の領域では，複雑な論点について理解し説明するために，質的なアプローチがとられるのが主流であるが（Cobb and Forbes 2002），我々のプログラムにおいても，実に様々な質的方法のテクニックが採用された。観察，詳細なインタビュー（in-depth interview），フォーカスグループ，自由傾聴法，個人日誌，そして革新的な投影法のツールなどが用いられたのだった。例えば，テスターら（Tester et al. 2003）は，言語，聴覚，認知機能の低下などによってコミュニケーションが困難になった虚弱な高齢者が，介護施設という限られた設定のなか

で，どのように QOL を定義し実現させているかを調査するために，多様なエスノグラフィーの方法を利用した。これには，観察，構造的グループ討論，詳細なインタビューなどが含まれ，そしてコミュニケーションに障害のある高齢者に対しては，「トーキングマット」と呼ばれる新たなツールを開発した。これは，回答者に絵を描いたカードを提示して選択させる非言語の抽出法である。このような研究は，口頭で意見を表示できない人々の QOL を実証的に調査することの可能性に対する多くの憶測や挑戦を克服しているという点において，高齢期の QOL 研究の分岐点となるのである。実際，グローウィング・オールダー・プログラムの多くの研究プロジェクトが，これまでの老年学研究において QOL を評価するために使われ，「簡単に計測できる法則」と呼ばれてきた伝統的アプローチ (Hennessy and Hennessy 1990) を超越しているのである。また，グローウィング・オールダー・プログラムで行われたもう一つの包括的な研究の例として，高齢女性の QOL の経験を直接引き出すことを目指したクックらの参加型アクションリサーチがあげられる (Cook et al. 2003)。高齢女性回答者は，研究のデザインや調査の実施，そして調査結果の解釈の過程に密接に関わり続けた。

各プロジェクトの研究者らはまた，集められた膨大な量の質的データを分析する際に，様々な戦略をとった。これらの戦略のなかにはより帰納的で，データに根づいた理論構築を目指しているものもあり（例えば，ライフヒストリー・アプローチ，ナラティブ分析，内容分析），また一方，ナズルーら (Nazroo et al. 2003) が使用したフレームワーク分析 (Ritchie and Spencer 1993) などはより演繹志向であり，QOL についてかなり的をしぼった質問に答えさせることを意図した研究もある。以上のような質的方法とアプローチが集まってできたこの豊富なツールセットによって，高齢者の QOL の動態的で経験的な側面をとらえ，その内容やコンテクストをより深く分析することが可能になったのである。

QOL の量的データを利用した研究には，既存の全国調査のデータセットを二次的に分析した研究がいくつかあった。このような分析のデータ源には，イングランド健康調査，全国世帯調査，世帯パネル調査，家族と就業生活調査，退職調査，少数民族全国調査などがある。また歴史的なコーホートを追跡するためにアーカイブの調査データを利用した研究が 2 プロジェクトあった（1937/39年のボイド・オア研究と1972年のペイズリー・レンフルー疫学的研究）。また，現在も継続中の大規模な臨床

試験からデータを利用した研究もある。また他方で，例えば全国オムニバス調査などを利用して，大規模な全国調査サンプルに基づく一次的分析を行う研究もある。また，全国的なサンプルからのデータを使った研究の多くが，その後に行う質的インタビューのために，そこから理論に基づいた有意サンプルを抽出している。

　グローウィング・オールダー・プログラムにおいて QOL を測るために利用されたツールは，研究対象の次元を反映して非常に広範であった。多くの研究プロジェクトは定評のある QOL 尺度を活用した（例えば，疾病影響プロファイル，PGC モラール尺度，SF-36，SEIQOL，WHO-QOL，LEIPAD，そして嬉しい―悲しい表情スケールなど）。一方，コントロールや自律性，自己実現，喜びという個人のニーズを満たす能力に注目した，19項目からなる尺度 CASP-19 を新たに開発した研究もある（Blane et al. 2002）（本書の第 2 章と第 3 章を参照）。多くの研究プロジェクトは，少数民族高齢者のような，多くの既存の尺度の内容妥当性が確立されていないグループに対しても QOL 尺度を試している。QOL の量的測定に伴う心理測定の問題については，ケン・ギルフーリ，メアリー・ギルフーリ，アン・ボウリングが第 2 章で議論している。

　グローウィング・オールダー・プログラムにおいて QOL を探索するために用いられた方法や測定法は極めて多様で，QOL の広範な概念形成をとらえるために，概して複合的なアプローチがとられたのであった。質的データと量的データの両方を扱った研究プロジェクトの多くは，2 種類のデータを用いて相互に仮説を設定して探索するという分析戦略をとっていた。それによって調査結果の洞察を深め，妥当性の確認を行うことが可能となっていた。また，ほとんどの研究プロジェクトは横断的なデザインを基にしており，したがって，QOL の時間経過に伴う動態的な性質をとらえることには限界がある。しかし，これらの研究成果は，今後の縦断的研究によって探索する多数の研究課題の土台となるのである。

## 5　結　論

　グローウィング・オールダー・プログラムの研究で明らかにされた QOL の要因やプロセスは，レンウィックとブラウンの，being, belonging そして becoming の 3 つの QOL の基本的な次元からなる枠組みで要約できるだろう（Renwick and

Brown 1996)。Being とは QOL の身体的，心理的，精神的側面である。Belonging は，個人のもつ社会的関係や物理的，社会的，そしてコミュニティーの環境の適切さに関係する。Becoming は，目的のある活動，有益な活動，余暇の追究，個人的成長などに関する個人の熱望である（Nolan et al. 2001）。

　総括して，グローウィング・オールダー・プログラムで生み出された研究成果が示したのは，高齢期の QOL というものが，本質的に多次元であり，動態的であり，過去や現在の自己に関連して活発に構築されており，そしてコンテクストに依存するという性質をもっていることである。言い換えるならば，我々の研究成果は，ライフコースにわたっておこる個人と社会的構造の再帰的相互作用を強調している理論構築を支持する傾向にあるのである。つまり，社会的構造のなかでのエージェンシー（主体的行為）の多様な働きである。グローウィング・オールダー・プログラムは高齢者や加齢に対する様々な理論的アプローチのための豊かな試験台を提供しただけでなく，高齢期の QOL についてのさらなる実証研究のための出発点を提供したのである。またプログラムで生み出された研究成果は，高齢者の生活を改善するための介入策に携わる政策立案者や実践者に重要なガイダンスを提供するのである（政策やその他のアクションがグローウィング・オールダー・プログラムの研究成果から生まれるかという問いについては，最後の章で議論する）。政策立案者や実践者がこの挑戦に応えてくれることが，グローウィング・オールダー・プログラムに携わった我々全研究者の切実な願いである。

**訳注**
(1) Economic and Social Research Council（ESRC）とは，社会経済分野の研究や研究者の養成に対して財政的支援を行う団体である。独立組織であるが，政府の Office for Science and Innovation から資金を受けている（http://www.esrc.ac.uk）。
(2) 全プロジェクトについては本書の「訳者あとがき」に掲載。
(3) GO Findings Series は，http://www.growingolder.group.shef.ac.uk で公開している。
(4) シリーズ書として以下のタイトルが Open University Press から刊行されている。
- Walker, A. and Hagan Hennessy, C. H. (ed.) (2004) *Growing Older : Quality of Life in Old Age*.（山田三知子訳『高齢期における生活の質の探求』ミネルヴァ書房，2009年）
- Walker, A. (Ed.) (2005) *Growing Older in Europe*.
- Bowling, A. (2005) *Ageing Well : Quality of Life in Old Age*.

- Evandrou, M. and Glaser, K. (2006) *Family, Work and Quality of Life for Older People*.
- Peace, S. M., Holland, C. and Kellaher, L. (2006) *Environment and Identity in Later Life*.
- Afshar, H., Franks, M., Maynard, M. and Wray, S. (2008) *Women in Later Life : Exploring Race and Ethnicity*.
- Victor, C., Scambler, S. and Bond, J. (2008) *The Social World of Older People : Understanding Loneliness and Social Isolation in Later Life*.
- Cook, J., Maltby, T. and Warren, L. (2009) *Older Women's Lives and Voices : Issues in Participation and Policy*.
- Scharf, T., Phillipson, C. and Smith, A. E. (2009) *Ageing in the City : Everyday Life in Poor Neighbourhoods*.

# 第2章
# QOLの意味と測定

メアリー・ギルフーリ，ケン・ギルフーリ，アン・ボウリング

## 1　序　説

　辞書によると「質 (quality)」とは「良さの程度 (grade of goodness)」と定義されている (Chambers Twentieth Century Dictionary 1961)。メンドーラとペリグリーニ (Mendola and Pelligrini 1979) は QOL を，「自らの物理的キャパシティー内で実現させた，個人が満足できる社会的状態の達成」と定義している。一方，シンとジョンソン (Shin and Johnson 1978) は QOL を，「個人のニーズ，欲求，欲望を満たすのに必要な資源をもっていること，個人的成長と自己実現を可能にする活動に参加していること，そして他者と比較して自分自身に満足できること」と定義している。より最近では，世界保健機構 (WHO) の QOL グループが，人々が生活している文化や価値システムの状況において，また目標との関係において，個人が自分の位置をどのように認識しているかを含めて定義している (World Health Organization Quality of Life Group 1993)。

　このような様々な定義は，QOL の概念がいかに複雑であるかを表しているだけでなく，QOL についての見解が非常に多様であることを示しているのである。そして，我々グローウィング・オールダー・プログラムの研究者も QOL の概念化や測定に苦心してきたのである。本プログラムにおいては，QOL について特定の観点をとるような要求はされず (Walker 2001)，各チームはそれぞれの志向を反映して様々なアプローチをとった (Tester et al. 2001)。例えば，ハイドら (Hyde et al.

2001) は，QOL の理論と性質へのアプローチを描写する際，多くの研究者らが，QOL 自体と QOL に影響を及ぼす要因とを混同していると述べている。彼らは前期高齢期における QOL 格差の研究において，QOL の測定と，QOL に影響する可能性のあるものとを明確に区別することを試みている。ブレーンらがとった QOL の観点は，社会的ニーズと生物学的ニーズを同等の構成要素とみなす，人間のニーズ理論から導かれている（Blane et al. 2002）。一方，ギルフーリは，交通手段と加齢についての研究（M. Gilhooly et al. 2002）と認知機能についての研究（M. Gilhooly et al. 2002）の両方において，全く実用的な見方をとっており，QOL は「我々が採用した方法で測定される」としている（M. Gilhooly et al. 2002）。

本章はまず，幸せや幸福（happiness, well-being）という，QOL と関連が深い概念との関係性を議論し，QOL の意味を明らかにした上で，QOL の測定にまつわる問題を議論する。また随時，我々の研究の発見事項を他の研究と比較検討する。

QOL の測定についての我々の考察は主に心理測定学の論点に焦点をあてている。しかし，そもそも QOL というのは測定ができるのか，そして，単なる主観的意見ではなく，客観的な測定というものができるのだろうかという重大な議論が存在する。我々はここでは主観 vs 客観の議論を詳細に論じることはしない。これについては，ガブリエルとボウリングがシリーズの第 1 巻「Growing Older: Quality of Life in Old Age（Walker and Hagan Hennessy 2004）」で述べているし，グローウィング・オールダー・プログラムに参加している他の多くの研究者が論文や報告書でこの問題について論じている（例えば，McKee et al. 2002; Higgs et al. 2003; Hyde et al. 2003）。それよりも我々が目指すのは，グローウィング・オールダー・プログラムの論文などから測定に関する諸論点を考察することによって，グローウィング・オールダー・プログラムの研究を広げることである。

## 2　QOL

### QOL の意味

QOL に対する関心の高まりは最近の現象ではない（Chung et al. 1997）。ギリシャの哲学者らは幸せ（happiness）や良い人生（good life）という概念について非常に頭を悩ませてきた。紀元前 4 世紀に活躍したアリスティッポスは，人生の目標とは最

## 第2章　QOLの意味と測定

大量の快楽を経験することであり，幸せとは快楽的な出来事の総和である，と説いた。快楽主義（hedonism）の流れをくむものには，幸福とは人間の欲望を追求し満たされることにあると説いたトーマス・ホッブズや，快楽や刺激の追求こそが人生の究極の目標だと唱えたマルキ・ド・サドがいる（Ryan and Deci 2001）。最近では，クボヴィー（Kubovy 1999）などの心理学者が，快楽主義には肉体的快楽だけではなく心の喜びや選好も含むと主張している。

　アリストテレスは，快楽主義的幸福は低俗な理想であると信じ，真の幸福とは価値あることを行うことのなかにみつけられると論じた（Ryan and Deci 2001）。エウダイモニア（eudaemonia）とはこのタイプの幸福を指す。ウォーターマン（Waterman 1993）によると，エウダイモニアとは，活動が，深い価値観と調和し全体論的に行われているときに生じる，としている。自己決定理論（Ryan and Deci 2000）はエウダイモニアの概念を幸福の中心に取り入れてきた。リフとシンガーは，彼女らの人間の繁栄の生涯理論のなかで，心理的幸福（psychological well-being）とは人間の自己実現という側面にふれているゆえ，主観的幸福（subjective well-being）とは別物であると論じている（Ryff and Singer 1998, 2000）。

　古代におこった快楽主義vsエウダイモニアの論争は，幸福の概念に影響を与え続けているのである。しかしこの20年の間に，その焦点は幸福の構成要素を測ること（そして関心）から，QOLの中身の検討へ流れが変わった。この変化は，研究上の関心だけでなく，その他の多くの要因が寄与しているのである。まず医療分野において，たいていの治療や介入が病気を完全に治癒することはできず，せいぜい不快な症状を和らげることしかできないという事実を認める必要性が生じた。例えば，心臓冠動脈バイパス手術では心臓病を治すことも，必ずしも心臓発作を防ぐこともできないが，狭心痛などを和らげることはできる。狭心痛の軽減によって，患者はより普通で自立した生活を送ることができるかもしれないし，惨めな気持ちは和らぐだろう。言い換えれば，痛みの軽減によってではなく，自己実現につながるような活動ができるという理由で，患者はより幸せになるのである。しかし，「幸福の増大」（あるいは「不幸の減少」）という表現は，治療や介入の影響を評価する際にあまり科学的な響きをもたないのである。一方「QOLの向上」の方は結果測定としてずっと客観性を帯びる。QOLという概念が，より科学的なニュアンスをもっているように聞こえるだけでなく，それが患者の主観的な考えに頼るのではなく客観

的に査定できるものだと信じられた(そして今でも広く信じられている)からであろう。

　第2の要因は,健康や社会的排除の格差,そして政策そのものが多くの国民を不利な状況に追いやっているのではないかという関心が高まったことである。概して政府は,個人の幸福に対しては責任を負わないと考えるが,住宅の質や労働,住環境など,政府が大きな影響を及ぼしている部分があることが徐々に認識されるようになってきた。政府にとってこれら全てを「QOL」とひとまとめにして,その改善を政府の目標として取り扱うことは大変便利である。また同時に,その改善が確実に個人を幸せにすること(あるいは心理的幸福の増大)を政府が保証することはできず,政府が家族や個人の生活に直接介入するのは不適切だと主張するのに都合がよいからである。こうして,政府の各省庁がプログラム評価を行っていくなかで,QOL は概念として定着してきた。医療分野と同様,政治においても QOL は便利な概念であることが証明された。なぜなら,政府は社会にあふれる問題全てを「治す」ことはできないが,市民の生活の質を向上させる可能性はあるからである。

　QOL の定義が一つではないことはよく認識されているが(Smith 2001),一つ明らかなことは,QOL を快楽主義的幸福やエウダイモニアと同一視することには一般的に抵抗があるということである。これはおそらく幸福や心理的幸福が,生涯安定し,生物学的に決定されている個人の性格特性に関係していることを示唆する文献が増えてきているからであろう (Diener 2000)。性格特性のなかで主観的幸福に最も一貫して強く関係があるのは,外向性と神経質である。楽観主義と自尊感情は主観的幸福と相関関係があるが,因果関係の方向が確定していない。性格と幸福の関連を表す気質モデルは,感情的経験の生物学的設定値(セットポイント),そして刺激に対する感情的反応の生物学的決定要因が存在し,よって,ある一定の性格の人々は環境からより多くの報酬を得ることができると仮定している (Diener and Lucas 1999)。

　もし性格の特性が主観的幸福の程度を決定するなら,政府が(少なくともリベラルな民主主義をとっている政府が)幸福を増大させるためにできることは非常に限られているだろう。それゆえ彼らの関心は QOL の構築にあり,幸せや心理的幸福の実現ではない。しかし,政策立案者らが期待できるのは,政策によって環境,サービス提供,富の分配などを変え,それによって人々がより良い QOL を感じられるよ

うにすることである。しかしまた、その結果としての幸せや主観的幸福のレベルというのは、個人の性格によって決定される、と議論できるのかもしれない。

　身体的な健康はもちろんQOLの感覚に大きく影響する。しかし近年、政府の政策そのものが健康格差を生んでいるという議論がなされている。それは貧困の程度や富の分配などを決定する政策が健康に影響を及ぼすからである。身体的健康の他に、経済的状況もQOLの知覚に大きな影響を与えるだろう（多くの研究ではそれが特に富裕な国において複雑であることを示してはいるが）。お金で幸せを買うことができるという意見に多くの人が反対するだろうが、もし「もう少しお金があれば、あなたはもう少し幸せですか」と問われたら、多くの人が「はい」と答えるだろう（Myers 2000）。ミシガン大学の調査で、「あなたのQOLを上げてくれるものは何ですか」という質問に対して、最も多かった回答は「お金」であった（Campbell 1981）。国際比較研究がほぼ一貫して示しているのは、低所得であることが基本的な人間のニーズを脅かしている国では、裕福であればあるほどより幸福であることが予測できることである。しかし、国民総生産額が一人当り8000ドルを超える国では、富裕さと幸福の相関関係が消滅するのである（Myers 2000）。また、富裕、市民権、読み書き能力、民主主義の年数などの影響が混同し、その関係性を複雑にしている。個人を対象にしたアメリカの研究も、非常に所得の高い人々が平均所得層の人と比較して、ほんの少ししか幸福ではないことを露呈した。お金と幸せの関係性についてマイヤーズ（Myers 2000）は、幸せとは、一般的に考えられているほど、何を所有しているかに依存しないと総括した。事実、ライアンとデシ（Ryan and Deci 2001）が記述したように、個人が経済的・物質的目標を重視すればするほど、幸福度は低くなることが複数の研究で示されている。

　もし幸福というものが経済的状況などの外的要因の影響をほとんど受けない完全に主観的なものであり、まして気質によって生物学的に決定されているならば、QOLとはどのように相違するのであろうか。先ほど述べたように、QOLを向上させようという関心の高まりは、「QOL」が「幸福」ほど主観的な概念ではないと広く考えられていることを表している。しかし近年、QOLの評価は、それを経験している人の判断に大きく依存しているという認識が高まってきた（Benner 1985；Bowling 1997）。これに加えて最近は、QOLが医療などの特定の領域で定義されたり、特定の病気に関連して定義されるようになってきた（例えば、喘息QOL測定や

糖尿病 QOL 調査）(McKee et al. 2002)。このことは，測定の発達が概念形成を行わせているためなのか，またその逆かは明らかではない。そしてほとんどの QOL 測定が，健康，就業，社会的関係，環境など生活のあらゆる領域を考慮しており，よって QOL の核となる概念は，生活全般の満足度となっている。興味深いことに，これは快楽主義というよりもエウダイモニアに近い響きをもつのである。

　もちろん，QOL は快楽主義的幸福とエウダイモニアの両方を併せもつだろう。ブレーンらは，QOL を 4 つの領域でニーズが満たされていることと概念化した (Blane et al. 2002)。①コントロール (control)：自由に行動できるというニーズ，②自律性 (autonomy)：他者から不当な干渉を受けないというニーズ，③自己実現 (self-realization)：自己実現のニーズ，④快楽 (pleasure)：楽しむニーズ，である。したがって我々は，快楽主義的幸福（快楽）とエウダイモニアの重要な構成要素であるコントロール，自律性，そして（エウダイモニアの核である）自己実現が QOL を構成していると提示しているのである。

### 測定方法

　QOL の測定については，その概念についてよりもはるかに多くの研究が存在する。これはおそらく，たとえそれを定義することが難しかったとしても，「QOL」という言葉の意味を多くの人が何となく理解していると感じているからであろう。しかし先行研究から明らかなことは，QOL の測定方法が実に広範囲にわたっており，また QOL の測定を実際に行う際，いくつかの深刻で難しい問題に直面することである。

　① 回答のプロセス

　QOL 調査のほとんどは，「最近あなたはどの程度生活に満足していますか？とても満足していますか？満足していますか？満足していませんか？それとも不満ですか？」といった，複雑で漠然とした質問に対してなされる個人の回答能力に完全に依存している。一体誰がこのような質問にまともに答えられるだろうか。誰が心のなかにいつも主観的幸福度の計器をもっていて，回答の選択肢にあてはめることができるであろうか。後述するように，回答者は様々な文脈要因に影響されやすく，これは不可能というものである。むしろ回答は，回答者が質問を受けた瞬間に思い出した情報によってその場で構築されているのである。主観的幸福の再テスト法に

第2章　QOLの意味と測定

よる信頼性は，質問がたった一時間の間隔で行われた場合でも低い場合が多い（0.4から0.6）という事実は，文脈効果の重要性を示しているのである。ギルフーリらの交通手段に関する研究では，再テスト法による信頼性が0.74という値であった。これは許容できる範囲の値であるかもしれないが，回答者が QOL を判断するときに文脈効果に影響されていることを表しているのである。その他には，小銭を拾ったなどのささいな出来事や，質問の順番などが大きく回答に影響した例がある（Schwartz 1987; Schwartz and Strack 1991）。さらに，ボーモントとケナリーはグローウィング・オールダー・プログラム内の研究で，「回答者の QOL 評価は，質問の性質に著しく影響される」と報告している（Beaumont and Kenealy 2003）。

② アクセスしやすさ

QOL を尋ねる典型的な質問は，「全体として，最近あなたの生活はどうですか？」というものだろう。ボウリングとガブリエルは，彼女らの質的研究の部分で，「まず初めに，あなたの生活全般をみて，何が生活をもっと良くしてくれると思いますか？」という質問を行っている（Bowling and Gabriel 2004）。このような質問に，回答者は生活の全ての領域を体系的にまた網羅的に見直して，総合的な判断を下せるだろうか。むしろ回答者は，回答するのに必要と判断した情報のみを取り出すだろう。そうすることによって，人々は質問された瞬間にアクセスできた情報のみに頼って回答するのである。情報の「アクセスしやすさ（accessibility）」とは，「新近性（recency）」と「頻度（frequency）」に依存している。例えば，つい最近楽しかった幼少時代を思い出し，その情報に簡単にアクセスできた場合，それがその人の人生全般の満足度の評価に影響するだろう。あるいは，仕事上のある問題についてしきりに思い悩んでいる場合，そのことがその人の今の人生の満足度を決定するプロセスに影響する可能性は高いだろう。

多くの研究が，生活の満足度や幸福度の判断に対してアクセス効果がどのように影響しているかを証明してきた。例えば，ストラックらは大学生に，デートの頻度と生活全般の満足度を尋ねている（Strack et. al, 1998）。デート頻度についての質問を，生活満足度の質問の後にした場合，デートの頻度と生活満足度の相関関係は低かった（0.12）。しかし，デートの頻度を生活満足度の前に質問すると，二つの相関関係は高くなった（0.66）。同様の結果は，既婚者を対象とした結婚生活に対する満足度と生活全般の満足度を質問した調査にもみられた。結婚生活に対する満足

度の質問が先行した場合，2つの質問の回答の相関関係は高く，結婚生活の質問が後になされた場合は，相関関係は低かった（Schwartz et al. 1991）。これらの結果が示していることは，先行する質問（デートの頻度）が，生活全般の満足度を判断する際に本来なら使わない情報を思い出させるということである。したがって，学生の生活満足度におけるデート頻度の役割というのは，質問の順番によって大きく変化するのである（質問順序が新近効果（recency effect）によってアクセスしやすさに影響するからである）。

読者はこれらの研究が高齢期の QOL 評価にはそれほど関係がないと思われるかもしれないので，高齢者の交通手段に関するギルフーリらの研究をあげておく。ギルフーリらは，総合的な QOL 評価の結果が，公共交通機関の質についての質問よりも先行した場合に非常に高くなることを発見した（M. Gilhooly et al. 2002）。回答者にバス，電車，地下鉄の質についての質問を先にした場合は，総合的な QOL 評価はより「普通の」分布になったのである。これは，回答者が初め QOL を何かもっと自分の生活とは無関係なものと考えていたが，公共交通機関を利用するときの困難を思い出したことが，総合的な QOL の感じ方に影響を与えたといえるだろう。

③ 同化・対照・継続時間効果

同じ出来事から取り出した情報でも，それがどのように使われるかによって，対照的な効果をもたらすことがある。例えば，不幸な出来事について，それが最近おこったものならば，「今の私の人生」を判断する際に「同化（assimilation）」される傾向にあり，その結果生活満足度は低下する。しかし，好ましくない出来事がはるか昔におこったことであった場合，現在の状況とは「対照（contrast）」となり，現在の生活満足度を上げるのである。エルダーが発見したのは，若いときに大恐慌を経験したアメリカの高齢者が全般的に主観的幸福が高い傾向にあり，彼らが10代で厳しい経済状況を経験していたことであった（Elder 1974）。もう一つの対照効果の例として，社会階層を上昇移動した人は，下降移動した人に比べて幼少期の満足度が低い傾向にあることをラニアンが発見した（Runyan 1980）。これはおそらく，現在の状況との対照によるものであろう。

長期間のエピソードを評価する際，人々は出来事のピークと終結時の情緒的価値を特に考慮する傾向にあるようだ。カーネマンらは，辛い医療処置を経験した患者らが，最終段階で激痛を伴うかもしれないが短期間で治る医療処置よりも，痛みの

減少が穏やかであるなら長期間の不快さを好む傾向にある，という驚くべき結果を報告した（Kahneman et al. 1993）。よって場合によっては，より多くの痛みの方が好まれているのである！これはまるで痛みが持続する時間についての情報が忘れ去られているようである。痛みのピークのレベルもまた好ましいかどうかの判断に影響があるようである。総括的に，痛みのついての判定は，「ピークと終結発見法（'peak and end' heuristic）」に従うようで，これら二つの要素しか考慮されないようである。同様のパターンは，刺激として映画を使用し，楽しかったエピソードを判定させる実験でも観察された（Kahneman et al. 1993）。よって，先ほどの（期間の長さを無視する）ピークと終結発見法に従うなら，3年間の不遇の期間（例えば失業中など）の生活全般の満足度に与える影響は，長い目で見れば短期間の不遇な期間が与える影響と比較してそれほど変わりないのである。また反対に，長く続いた幸せな期間は，最後におこる下降によって，その主観的価値が損なわれてしまうかもしれないのである。

④ 気　分

　QOLを判定する瞬間の感情は回答に影響を与えてしまう。例えば，快適な部屋で，または日光があたる場所で行われた調査は主観的幸福に影響を与える（Schwartz and Clore 1983；Schwartz 1987）。なぜこのようなことがおこるのであろうか。一つの可能性は，その時の，または直近の出来事が強く気分に影響を与え，それが今度は気分と合致した情報にアクセスするからであろう。幸せな気分の状態にいる人は，よりたやすく幸せな記憶を取り出しやすく，悲しい気分の状態にいる人は，悲しい記憶を取り出しやすいのである。よって，判断プロセスに入ってくる情報がそのとき優勢である気分と合致し，しかるべく判断に影響を与えるのである。第二のルートは，気分そのものが，回答の急ごしらえの基礎として利用されるという考え方である。つまり回答者が，「もし今この瞬間私が幸せなら，きっと私の生活全般が良いはずだ」という「気分発見法（mood heuristic）」を採用する場合である。したがって，QOLについての全般的な質問がなされた場合，関連する情報についての広範な認知プロセスを経ることなく，即答が返ってくるのである。実際，ロスらが，生活満足度の判断をどのようにしたのか説明を求めると，過半数が「ええっと，気分がいいんです」などと，そのときの感情に言及したのであった（Ross et al. 1986）。

この「気分発見法」は、全体の評価についてなど、より認知的に困難な質問がなされた場合によく利用されるようである。というのはこの方法が楽で近道だからである。質問がより特定の領域にしぼられたものならば、この方法はあまり利用されない。シュワルツは、サッカーの勝敗の結果が回答者の生活全般の満足度には影響を与えるが、仕事や所得などのより特定の領域についての満足度はそれほど影響力がないことを発見した（Schwartz 1987）。

⑤ 報告と編集

生活全般の満足度、幸福度、そして QOL を答える際、社会的望ましさ効果（social desirability effect）」が作用している可能性がある。QOL の自己評価は概してかなり高い。世界の様々な地域で行われた多数の調査を再検定した研究（回答者数計約110万人）でマイヤーズとディーナーは、幸福度の平均が10段階評価（0＝とても不幸、10＝最高に幸福）で7点であると報告した（Myers and Diener 1996）。デトロイトにおける顔の表情の絵を用いた大規模調査でも、生活全般を表す感情として、回答者の9割が幸せな顔の絵を選んでいた（Andrews and Withey 1976）。同様に、ギルフーリらの高齢期の認知機能の減退に対する中年期のリスク要因の研究で、145人の回答者の89％が、今の QOL を表すのに幸せな顔の絵を選んだ（Gilhooly et al. 2002, 2003）。同じく、公共交通機関と QOL についての研究でも、顔の絵を用いた回答が「幸せな顔」の方に偏っていた（Gilhooly et al. 2002）。グローウィング・オールダー・プログラムの別のプロジェクトでも、QOL の自己評価について999人の回答者のうち8割が7件法の5、6、7点に集中していた（Bowling and Gabriel 2004）。ブレーンらの研究でも、彼らの開発した57点尺度で中央値が42.2であり、大部分の回答者が自らの QOL をまあまあ良いと回答していた（Blane et al. 2002）。このように分布が典型的に上方に偏っているのは、ある程度回答者が自分を良くみせたいとする編集プロセスを反映しているだろう。

概して社会的望ましさ効果は、匿名方式の調査より対面式による調査の方がより強く現われる（DeMaio 1984）。スミスは郵送による回答と比べて対面式の調査による幸福度の結果が高かったことを報告している（Smith 1979）。しかし、ギルフーリらの公共交通機関と加齢の研究では、「幸せな顔―悲しい顔」を用いた7件法の調査において、郵送によるアンケートの結果（中央値＝5.5、標準偏差＝1.09、回答者数＝1,004）と対面式調査の結果（中央値＝5.5、標準偏差＝1.06、回答者数＝297）に差が

第2章　QOLの意味と測定

みられないことを証明している。

　ストラックらは，自分をどのようにみせるかは状況的効果に影響されることを発見した（Strack et al. 1990）。匿名の回答による調査よりも面接による調査の方が幸福度は高かったが，調査員が明らかに障害をもっている場合はそうではなかった。これはおそらく，自分より不遇にみえる人に対して自分の生活がどんなに良いか語りづらいという感情を反映しているのであろう。しかし，障害をもっている人が自分と同じように回答者として同室でアンケート用紙を記入していた場合，幸福度の回答の結果が高くなり，これは対照効果によるものと推測できる。このように他者が同じ場にいるような場合でなくても，他者との比較というのはよく行われている現象である。ギルフーリらは交通手段の研究で，高齢者らがインタビューのなかで，他の高齢者らと比較して自分は幸せだと頻繁に口にしたことを記述している（Gilhooly et al. 2002）。ボーモントらも健常な高齢者を対象としたQOL研究で，圧倒的に多くの回答者が自分のQOLを考えるとき，自分より不遇な他者との比較をするという戦略をとっていたことに注目した（Beaumont et al. 2003）。言い換えると，自分のQOLを高く報告する回答者ほど，自分自身をより不遇な人々とは異なっていると考える傾向にあるということである。「ここの多くの人は私よりずっと恵まれていない」や，「不幸な人たちがいることをよくわかっている」というのが，ボーモントとケナリーの研究でみられた典型的な社会的比較のコメントだった（Beaumont and Kenealy 2003）。

　以上のように，QOLの自己評価はある程度編集され，本心よりはやや高く報告されているようである。しかし，回答者が社会的な望ましさにどの程度影響されるかについては，ある研究で幸福度との相関関係が弱い（0.20）ことが証明されたことを記述しておくべきだろう（Diener 1984）。総括して，実験手続の状況要因の方が個人的な差よりも影響が大きいといえるだろう。

### 質的評価と量的評価

　これまでみたように，社会的望ましさのバイアスやその他の媒介要因が，QOLの知覚についての回答に影響を与えている。同様に，質的アプローチと量的アプローチとでは，QOLについての質問に対して，全く違う回答を導き出すことが考えられるのである。ボウリングらは，質的アプローチと量的アプローチを併用した

が，両アプローチの回答に相当の類似がみられるものの，興味深い違いも報告している (Bowling et al. 2003)。

　ボウリングらは，主に構造化された質問事項を中心に構成された QOL サーベイ質問票を作ったが，その冒頭に自由回答式の質問を設定した。それは，QOL についてや優先順位，そしてどうすれば自身や高齢者一般の QOL が向上するかについての回答者自身による描写を引き出すためであった。具体的には，「まず初めに，あなたの人生全般を考えて，生活の質を良くしてくれるものは何ですか？　好きなだけあげてください」。そして次に，「あなたの生活の質を悪くするものは何ですか？　好きなだけあげてください」と質問した。次にこれらの領域のなかで最も重要な領域を選んでもらった。「今あなたがあげた良いことと悪いことのなかで，どれがあなたにとって最も重要ですか？」（質問者はまず「あなたがさっきあげたのは…」とヒントを出す）。そして「生活の質を良くするものを一つだけあげるならどれですか？」そして最後に「あなたと同世代の人々にとって，生活の質を良くするものを一つだけあげるなら，あなたの目から見て何だと思われますか？」と尋ねた。これらの自由回答式の質問の後には，生活全般の質を7件のリッカート尺度で，「これ以上良くなり得ないほど素晴らしい」「とても良い」「良い」「ふつう」「悪い」「とても悪い」「これ以下になり得ないほど最悪」で評価してもらう構造化された質問をしている。

　自由回答式の質問は，他のより具体的な質問や尺度からのバイアスを防ぐために冒頭で行っている。自由回答式質問を使用した目的は，回答者が固定観念やフォーマットから影響を受けることなく，その感覚に洞察を与えるためである。これは有益なアプローチである。なぜなら，回答者自身による定義や解釈を大量に分析することが可能になるからである。このような方法の方が，QOL のようなあいまいな概念について尋ねる場合，回答者をあらかじめ設定されたカテゴリーに押し込めるよりも一層洞察が深くなるのである。これは高齢期の QOL という，多数の高齢者の代表的サンプル収集を伴う測定や概念化の内容妥当性を証明し，そしてまた QOL について文脈のある情報を提供するため，回答者の人生をより深く洞察するための補足となるのである。

　サーベイにおいて構造化された形式で測定された独立変数，また先行研究から得た独立変数は心理的自己構成を含んでいたのであるが，自己効力感（支配やコント

ロール），不幸なライフイベントのリスクの認識，楽観主義—悲観主義傾向，健康の価値観，身体的機能，健康状態の認識，精神的健康状態，個人の社会関係資本（社会的ネットワーク構造やサポートの認識），外的社会資本（地域設備，治安・安全，地域や近隣の問題），社会的比較，社会的期待，そして社会人口学的，社会経済的基本属性であった。

自由回答は9つの主なテーマ，①社会的関係，②社会的役割と活動，③健康，④住まいと近隣，⑤心理的幸福，⑥経済的状況，⑦自立，⑧社会／政治，⑨その他，に分類できた。

ガブリエルとボウリング（Gabriel and Bowling 2004）は，自己評価によるQOLの回帰分析モデル（構造化サーベイ）を，回答者自身によるQOLの定義（自由回答），そして追跡調査で詳細なインタビューを行ったサブサンプルの回答と比較した。

回帰分析によるQOL評価の主な独立指標は，①自分より不遇な他者と比較し，肯定的な社会的期待をもっていること，②楽観的であること，③健康状態・身体的機能が良い（自己報告による），④社会的活動に活発であること，⑤社会的サポートが多い（自己報告による），⑥孤独感が低い，⑦自宅周辺の設備環境の良さ，⑧安全，治安が良い（認識），であった。回帰分析モデルは，自由回答と詳細なインタビューの両方より経験的に導かれたモデルと類似していた。高齢期のQOLの核となる構成要素は，3つの方法で一貫して強調されたのであるが，心理的変数（社会的期待，社会的比較，楽観的か悲観的か），健康状態・身体的機能状態が良いこと，そして個人的社会関係資本・外的社会資本であった。

しかし経験的モデルでは，十分なお金があること，自立の維持，そして自分の人生をコントロールしていると感じることが重要であった。したがって質的アプローチと量的アプローチの結果を比較することで，当事者の感覚をQOLの定義のなかに組み込むことの必要性が示されたのである。ボウリングらが指摘したように，健康状態や身体的機能などを強調する従来の視点を越えて，自己構成や認知メカニズムを含んだ新たなパラダイムに移る必要があるだろう。

本研究は，体系的に質と量の両方のアプローチを併用し，QOLとは人生の主観的そして客観的な領域の多次元の集合であることを示した。そしてその各部分は相互に影響し合うのである。高齢者は，健康，家庭環境，社会的環境が悪化していくなかで，それでも満足を感じるように適応していくのであるから，対処メカニズムは

QOL の感覚に深く関連があるのである。よって，既に述べたように，楽観的であることや自己効力感など個人の性格特質というのが加齢という挑戦において重要なのである。それゆえ，QOL の定義や測定というのは，認知，個人の性格特質，生活状態，そして社会的構造のダイナミックな相互作用をもっと認識したものである必要がある。

## 3 結論

　グローウィング・オールダー・プログラムはこれまで高齢期の QOL に影響を与える広範な要因について理解を深めてきただけでなく，概念の本質についての学術的議論に重要な貢献をしてきた。本章は，QOL 調査の典型的な質問にまつわる重要な論点のいくつかを考察することによって，この議論を発展させた。健康や機能の衰えや貧困に焦点をあてたこれまでの高齢期の悲観的なパラダイムから，近年の QOL の定義や測定の研究は，高齢期を人生の自然な構成要素としてもっと積極的にとらえる方向にシフトしている。限られた資源，健康の衰え，そして配偶者の依存状態などが高齢者の様々な機会を制限するかもしれないが，多くの人にとって高齢期とは就業や子育てなどの多くの社会的役割から解放される時期なのである。個人に充実感を与えてくれるような活動や領域を切り開いていく自由は，高齢期の「生活の質」という言葉に新たな意味を与えてくれるのである。

**訳注**
(1) 邦題『高齢期における生活の質の探求』山田三知子訳，ミネルヴァ書房，2009年。

# 第3章
## 高齢期におけるQOL格差

ポール・ヒッグス，マーティン・ハイド，サラ・アーバー，ディヴィッド・ブレーン，
エリザベス・ブリーズ，ジェイムズ・ナズルー，ディック・ウィギンス

## 1 序　説

　本章は，イギリスに住む高齢者の間に存在する様々なQOL格差について議論する。特に，この何十年かに格差の根幹や性質がどのように変化したか，そしてこのような変化が高齢期のQOL向上を目指す人々にどのような新たな挑戦を投げかけたのかについて取り組む。本章は，グローウィング・オールダー・プログラムで行われた以下の4つの研究を基にしている。
　①地域で暮らす高齢者を対象とした一般診療医（general practitioner）のスクリーニング記録の分析
　②全国世帯調査（General Household Survey）
　③第4回全国少数民族調査（Fourth National Survey of Ethnic Minorities）
　④1936年のボイド・オア調査（Boyd-Orr Survey）参加者の追跡調査
　これらの研究の発見事項を紹介しながら，高齢期のQOL格差を深く理解するためにはジェンダーや民族性といった社会的要因がいかに重要かを説明していきたい。

## 2　QOL

　今日ではほとんどの産業国の社会にとって，QOLの問題の重要性が広く認識されている。しかし，実際にQOLとは何で構成されているかについてはあまり理解

されていない。イギリスを含む多くの産業国は1950年代から経済発展を経験し，ほとんどの感染病を根絶し，寿命を延ばしてきた。研究者ら，例えばイングルハート（Inglehart 1997）は，我々が今や，経済的に生き残ることから QOL に関心がとってかわった「脱物質主義（post-materialist）」文化に生きているのだと論じた。ギデンズ（Giddens 1994）やベック（Beck 1992），ボーマン（Bauman 1999）の研究を特徴づけているいわゆる「ポスト欠乏社会（post-scarcity society）」の議論はこの立場を反映している。ギデンズは，貧困や格差といった伝統的な関心事よりも，環境など彼がいうところの生活政治（life politics）の方が，多くの人にとってはより重要であると提示している。同様にベックは，「危険社会」では富の分配よりむしろ危険の分配の方がより大きな関心となっていると論じている。このような見方は，格差の問題を隠してしまうか，あるいは少なくとも格差が個人の行為作用（agency），または行為作用の欠落の結果だとしており，議論の余地がある。このような論者は暗に，QOL というのが人々の置かれている状況から切り離せるのかという疑問を提起しているのである。明らかにそれは誤っている。しかし重要なのは，何が QOL を構成するのかという問いについて，単にそれを非唯物論的関心よりも軽視するのではなく，ポスト物質主義社会の状況というのが，むしろそれを理解するための新たなコンテクスト（context, 状況）をつくるかもしれない点である。我々が高齢期に顕著な QOL 格差とは何なのかについて探求する際，格差の意味は単なる欠乏ではなく，より多くの要素を含めるように拡大される必要があるのである。

　社会参加は QOL の重要な構成要素であると認識されている（Bowling 1995）。しかし，個人を取り巻く社会形態は絶えず変化している。これは高齢期についても当てはまり，消費主義や避妊，離婚率の上昇などの社会変化によって影響されてきたそれまでの人生と同じである。現代の高齢期の生活というのは，これまでのコーホートの人々よりも，若い年齢で退職し長期間の（健康な）老後を送る期待によって説明できる。また今の高齢者が，昔のコーホートと比較して，経験や意欲などの点において若い年齢層により近いということもいえる（Hirsch 2000）。これらの要因が組み合わさることでいえることは，少なくとも QOL について考える際，コーホートや世代を考慮する必要があるということである。コーホートは順に死を迎え，違った「世代的」体験をもった新たなコーホートに取ってかわられる（Ryder 1985；Gilleard and Higgs 2002）。公的福祉が拡大した時代に生まれ育ち，恩恵を受けてきた

「福祉世代（welfare generation）」の存在については多くの議論がなされてきたが（Hills 1995），「60年代」世代が退職する影響についてはあまり語られていない。この2つの世代に期待されることの差というのは高齢期に到達するとむしろより重要になるのである。そのような領域の一つは世代とジェンダーの相互作用であり，家庭生活の変容に伴い生じた自律性と資源のバランスが矛盾した結果をもたらしている。後で論ずるが，コンテクストの重要性はまた，移住を通して世代的経験が形成された人々にとっても重要である。よってQOLの格差というのは，高齢期の変わりゆく環境を考慮する必要がある。

　QOLがそのような方法で測定されていないことは，これまでそれがどのように研究されてきたかをみれば明らかである。概してQOLは代替物か個別の尺度に単純化される傾向にある（Hyde et al. 2003）。特に高齢者のQOLは多くの場合，健康か社会的交流に縮小される。ボウリング（Bowling 1997）は，もはやQOLを単に医学的結果として測定することは不可能であると述べている。しかし，所得などのその他の代替を使ってもあまり進展がない。特に我々がQOLの不平等な構造について理解しようとする場合，都合が悪い。そうではなく，階層やジェンダー，民族性などの様々な社会的構造がどのように相互作用することによって，高齢者が与えられた機会に従事できているか（あるいは制限されているか）を探求する必要がある。健康のQOLを生存率や治癒のみをもって理解することがもはや受け入れられないのと同様，QOL全般にもそれがあてはまる。言い換えると，QOLは限定的な概念ではなく，より拡大された概念で理解される必要があるのである。現代社会ではそれは余暇活動の追求（Midwinter 1992 ; Scase and Scales 2000）や海外旅行（Burnett 1991）を重視することを意味するかもしれない。このような活動は取るに足らないと，その重要性が疑われるかもしれないが，これらはむしろ新たな格差の領域を示しているのである。

## *3*　社会経済的不利益と高齢期のQOL

　QOLの主要なコンテクストはその人の置かれている社会経済的状況である。しかし，QOLについての研究と我々の関心の両方から浮かび上がる疑問は，この社会経済的状況がどのようにQOLに影響するのかということである。社会経済的状

況の貧しさと身体的・精神的健康の悪さが関係していることはよく証明されているが，社会経済的地位（socio-economic status：SES）のそれぞれの側面がどのように健康に影響を及ぼすのかは比較的わかっていない。これは，労働人口のデータで，様々な社会経済的地位尺度によって健康の自己評価の結果が異なってくるとき，より一層複雑になる（Singh-Manoux et al. 2002）。結果的に退職者の人口をみる時，社会経済的地位を構成する他の側面がより重要になるだろう。例えば，住宅所有関係というのは一般的に物質的資源と関連があるが，高齢者の場合はそれが必ずしも所得が高いことや，住宅事情が良いことを意味しない（Department of Environment 1998）。しかし，それは地位や誇りといった物質的ではない特権を示唆する（Macintyre et al. 2000）。なぜなら，高齢者世代にとって住宅を所有することは現在に比べてまれであったからである。今の高齢者世代は，就職が所得や地位によって非常に階層的であった時代にキャリアを築いてきた。また，職場環境は多くの場合安定的ではなかった。その結果，経験や所得，そして自分の人生をコントロールできた程度に影響された心理社会的な要因が組み合わさって，社会階層が健康に影響を及ぼしてきた。我々はこれらの論点について，二次的データ分析法を用いて，QOL（モラールや健康・機能）が社会経済的地位によって体系的に異なるのかに取り組んだ。

## 方　法

我々は，医学研究会議（Medical Research Council）の，地域で暮らす高齢者を対象としたアセスメントと管理についての大規模な試験のデータを利用した。本研究はそのなかで，75歳以上の高齢者全員に対して一般診療医が行っている年一回の健康診断の追跡と管理に焦点をあてている。サンプリングは一般診療所が無作為化の単位であり，募集された106か所の一般診療所のなかから無作為に23か所を抽出した。審査のデザインと方法の詳細はフレッチャー他を参照していただきたい（Fletcher et al. 2002）。社会経済的地位の基本的情報と住宅所有関係についての情報は，一般診療所で行ったQOLインタビューで集めた。23か所の一般診療所に登録している9547人のうち，調査の対象要件を満たしている8707人に対してまずインタビューを行った。しかし，このうち2249人（26％）は住宅所有関係分類において不適格として除外した[1]。さらに情報が欠損しているなどの理由で何百人かを除外し，最終的に

5987人（69％）の回答を分析することにした。QOL インタビューの回答は性別や年齢であまり差はみられなかったが，住宅所有関係分類で除外されたサンプルには男性より女性の方が，そして年齢の若い人よりも高い人の方が多く含まれていた（85歳以上では男性の25％と女性の48％，そして80歳未満では男性13％と女性22％であった）。分析の対象となったサンプルには，除外されたサンプルに比べ QOL の低い人は少なかった。例えば分析対象サンプルでは13％が家事能力が貧しく，19％はモラールが低かった。それと比較して，除外されたサンプルの値はそれぞれ34％と25％であった。

### QOL

一般診療所とは独立した立場の，訓練されたインタビュアーが回答者の自宅でインタビューを行った。質問票には，イギリス版の疾病影響プロファイル（Sickness Impact Profile：SIP）（Bergner et al. 1981）のなかの4つの次元と，PGC モラール・スケール（Philadelphia Geriatric Centre Morale Scale）（Lawton 1975）の17項目のモラールの尺度を含めた。疾病影響プロファイルは機能の限界を明確にするのであるが，本調査の回答の選択肢は「いいえ」「はい，それは健康が理由である」「はい，でもそれは健康が理由ではない」の3つとした。両方の「はい」の回答は統合して分析した。4つの次元とは，「家事能力（買い物，家事など）」，「可動性（家の内外での移動の程度）」，「自己管理（寝たきり状態から器用さの程度まで）」，そして「社会的交流（頻度や感情的側面など）」である。住宅所有関係は，就業期間の人生において達成した社会経済的地位を表すものと考えられるので，退職後人生と社会階層の社会経済的地位の指標として含めている。現在の住まいと，主に就いていた職業，そして女性の場合は夫の主な職業についての情報をインタビューで集めた。分析は一人暮らしか夫婦で住んでいる回答者を対象にすることにした。というのは，このグループが最も住宅所有関係と社会経済的地位の関連が明確だと判断したからである。シェルタードハウジング(2)やレジデンシャルホーム(3)は社会経済的地位との明確な関連はない。そして配偶者以外の人（子など）と同居している回答者の場合，住宅所有関係は物質的資源や地位に関連しない。また退職前に就いていた主な職業を尋ね，社会階層を1991年職業分類（OPCS 1991）を利用してコード化した。既婚女性は夫の（場合によっては亡夫・離婚前の夫の）社会階層に分類した。

## 結　果 (4)

　全ての尺度において同じようなパターンを示し，最も社会経済的地位の低い人々は健康状態や身体的機能が悪く，モラールが低い傾向にあることが明らかになった（図表3.1）。まず「家事能力」と「可動性」についてみると，社会階層Ⅰ/Ⅱ（知的専門職／管理職・技術職）の持ち家のグループ（参照集団）と比較して，他のグループは全て，「家事能力」と「可動性」において問題がある確率が高かった。最も社会経済的地位の低いグループ，すなわち社会階層Ⅳ/Ⅴ（準熟練肉体労働職／非熟練肉体労働職）に属し社会的住宅に住む高齢者は，社会階層Ⅰ/Ⅱの持ち家に住む高齢者と比較して，可動性の問題をもつ確率が2倍以上であった。社会階層が一つ下がるごとに，可動性の問題をもつ確率が上がっていた。また各社会階層のなかでは，社会的住宅に住むグループが，可動性の問題をもっている確率が最も高かった。次に「自己管理」についてみると，社会階層Ⅰ/Ⅱの持ち家グループと比較して，他のグループは全て「自己管理」の問題をもつ確率が高かった。可動性と同様に，社会階層による明確な傾斜がみられ，持ち家でみると社会階層Ⅳ/Ⅴのグループは社会階層Ⅰ/Ⅱグループに比べ，自己管理の問題をもつ確率が2倍近かった。また社会的住宅に住んでいることの付加的な効果も明らかにみられた。社会階層Ⅰ〜Ⅲにおいて，社会的住宅に住む高齢者は持ち家に住む高齢者よりも，自己管理の問題をもつ確率が著しく高かった。「社会的交流」については，社会階層Ⅰ/Ⅱの「その他」に住む人々を除いた全てのグループで，社会的交流が少ない傾向にあることがわかった。社会階層が低いことと社会的住宅に住むことの両方の要因によって社会的交流が少なくなるリスクが上がることを証明できた。しかし，住宅所有関係の付加的効果は社会階層傾斜に沿っているわけでなく，階層による差を著しく和らげていた。「モラール」についての結果もやはり同様のパターンであったが，社会階層が最も低いグループ（持ち家と借家の両方）でそれほど確率は高くなかった。

　退職する以前にすでに機能が低かったということは考えにくいため，社会階層が機能低下に先行すると断言できる。また我々は，独居か夫婦で暮らしている高齢者のみを分析することによって，住宅所有関係とQOLの因果関係が逆になることを防いだ。社会階層ⅣとⅤに属するサンプルの約4分の1が除外された住宅所有関係に住んでいたのに比べ，社会階層Ⅰ/Ⅱではそれは10分の1以下であった。これはおそらく社会経済的多様性の程度を過小評価していたのであろう。他の健康や行動

第 3 章　高齢期における QOL 格差

**図表 3.1**　自立して暮らす高齢者の社会階層と,住宅所有関係の累積的効果
　　　　　——低 QOL の危険率（95％信頼区間）[1]

| QOL | 現在の住宅所有関係 | 社会階層[2] | | | |
|---|---|---|---|---|---|
| | | 知的専門職／管理職・技術職 | 熟練非肉体労働職 | 熟練肉体労働職 | 準熟練／非熟練肉体労働職 |
| 家事能力 | 持ち家 | 1.00[3] | 1.12(0.9, 1.4) | 1.63(1.4, 1.9) | 1.47(1.2, 1.9) |
| | 社会的住宅 | 1.28(1.0, 1.6) | 1.43(1.0, 2.1) | 2.09(1.6, 2.8) | 1.89(1.4, 2.5) |
| | その他 | 1.23(1.0, 1.5) | 1.38(1.0, 2.0) | 2.00(1.5, 2.7) | 1.81(1.3, 2.6) |
| 可動性 | 持ち家 | 1.00 | 1.12(0.9, 1.4) | 1.62(1.4, 1.9) | 1.71(1.4, 2.1) |
| | 社会的住宅 | 1.31(1.1, 1.6) | 1.47(1.0, 2.1) | 2.12(1.6, 2.8) | 2.23(1.7, 2.9) |
| | その他 | 1.16(0.9, 1.4) | 1.30(0.9, 1.9) | 1.88(1.4, 2.6) | 1.98(1.4, 2.7) |
| 身の周りの管理[4] | 持ち家 | 1.00 | 1.17(1.0, 1.4) | 1.46(1.2, 1.8) | 1.85(1.5, 2.3) |
| | 社会的住宅 | 1.97(1.4, 2.8) | 1.93(1.2, 3.0) | 2.31(1.9, 2.9) | 1.77(1.4, 2.3) |
| | その他 | 1.38(0.9, 2.1) | 1.54(0.9, 2.6) | 2.20(1.5, 3.2) | 1.38(0.8, 2.4) |
| 社会的交流[4] | 持ち家 | 1.00 | 1.23(0.9, 1.7) | 1.53(1.2, 1.9) | 1.86(1.5, 2.3) |
| | 社会的住宅 | 2.29(1.7, 3.0) | 2.04(1.4, 3.0) | 2.33(1.8, 3.1) | 2.06(1.5, 2.8) |
| | その他 | 0.73(0.4, 1.2) | 1.48(0.7, 3.3) | 1.86(1.3, 2.7) | 1.63(1.0, 2.7) |
| モラール | 持ち家 | 1.00 | 1.28(1.1, 1.5) | 1.45(1.2, 1.7) | 1.31(1.1, 1.6) |
| | 社会的住宅 | 1.33(1.1, 1.6) | 1.71(1.4, 2.2) | 1.94(1.6, 2.3) | 1.74(1.5, 2.0) |
| | その他 | 1.21(1.0, 1.5) | 1.55(1.2, 2.1) | 1.75(1.4, 2.2) | 1.58(1.2, 2.0) |

| サンプル数 | 合計（％） | | | | |
|---|---|---|---|---|---|
| 持ち家 | 4,291( 71.7) | 1,923( 32.1) | 583( 9.7) | 1,327( 22.2) | 458( 7.7) |
| 社会的住宅 | 1,223( 20.4) | 100( 1.7) | 112( 1.9) | 608( 10.2) | 403( 6.7) |
| その他 | 473( 7.9) | 142( 2.4) | 50( 0.8) | 172( 2.9) | 109( 1.8) |
| 合　計 | 5,987(100.0) | 2,165( 36.2) | 745( 12.4) | 2,107( 35.2) | 970( 16.2) |

(注)1)　QOL は,イギリス版疾病影響プロファイルと PGC モラール・スケールに基づき測定。「低 QOL」は各次元のスコアが上位 5 分の 1 に入るサンプル。
　　2)　主に就いていた職業（回答者本人による定義）を統計局1991年職業分類により分類。女性は夫の職業,又は本人の職業に基づいて分類。生涯無職であった,もしくは回答された職業が分類できない場合は除外した。
　　3)　参照集団は,知的専門職／管理職・技術職階層で持ち家に住み,調査時点で自立して生活をしていたサンプル集団。指定値は性別と年齢によって調整。
　　4)　社会階層と結果の関連は住宅所有関係により異なる（交互作用のテストは,「身の周りの管理」で $p=0.009$,「社会的交流」で $p=0.015$）。

的要因が社会経済的違いを説明するかもしれないが，それは社会経済的地位と機能限界の間の経路の一部だろう。社会的階層の（何年も前に獲得された）累積効果と現在の住宅所有関係は，高齢者が自分の社会経済的経歴から逃れられず，今の社会経済的影響から免れないことを示している。このような格差を縮小するために求められる方策は，若年層に対する方策とは異なるかもしれない。例えば高齢者の場合，既に多疾病罹患があり治療が大きな関心事かもしれない。政府の目標でも掲げられている，高齢者福祉の向上には，健康格差を減らす努力が不可欠なのである。

## 4 ジェンダーと婚姻状況の QOL への効果[5]

QOL のもう一つの重要な問いは，ジェンダーと婚姻状況がどのように物質的格差に関係しているかである。高齢期の格差についての先行研究の多くはジェンダーや社会階層に焦点をあてており，また人種や民族性に着目する研究もあるが，必ずしもこれらの要因がどのように相互作用するかには注意を払っていない (Arber and Ginn 1991)。しかし，フェミニズム論者は，階層，民族性，ジェンダーの間の相互作用を分析することの重要性を強調してきた (Calasanti and Slevin 2001)。特に婚姻状況は，男女ともにライフコースを差異化し QOL に影響を与える，ジェンダーに基づく力関係の例なのである。

婚姻状況が男女ともに健康や死亡率に影響を与えることはよく知られている (Welin et al. 1985; Lillard and Waite 1995)。しかし，これらの原動力がどのように高齢期の QOL に影響するかを探求した研究はあまり存在しない。

高齢の女性男性共に，現在の経済的状況はそれまでの就業役割とそれに伴う年金資格に直結している。子どもや夫の世話役割という女性特有の形態は，結婚の経験がある高齢女性の雇用機会やキャリアが家族の世話責任で妨げられたことを意味している (Ginn 2003)。高齢者人口における婚姻状況の割合は急激に変化しており，将来の高齢者世代に非常に大きな影響が予想される (Arber et al. 2003b; Arber and Ginn 2004)。寡婦であることは高齢女性にとってそれほど珍しいことでない。というのはイギリスに住む65歳以上の女性の半分が寡婦である。それとは対照的に，男性の多くには死ぬ時まで妻がいる。しかしこのことは，少数の寡夫高齢者や，今は少数だが急増している離婚男性が直面する問題をみえにくくしているかもしれない。

## 方　法

　本研究は，全国世帯調査の1993年から1996年と98年の5年分（1997年には全国世帯調査は実施されなかった）のデータを利用している。65歳以上の男女合わせて1万5000人のサンプルを分析した。ロジスティック回帰モデルを使い，高齢女性と男性の経済的状況に与える婚姻状況の影響を比較した。男女それぞれ，①結婚/同棲している人（有配偶者），②配偶者を亡くした人（死別者），③離婚/離別した人（離婚者），④結婚経験のない人（未婚者）の4つに分類し，全部で8グループを作った。年齢は5歳ごとに分類して分析した。

　物質的 QOL は「世帯所得が低い」，「借家（持ち家ではなく）住まい」，「世帯で車を所有していない」の3つの二分指標で測った。世帯所得については，65歳以上人口の所得分布の下位4分の1（25％）に属する人を世帯所得が低いとして計測した。[1] 全ての分析を通して，有配偶者男性を参照集団とし，したがって他のグループでオッズ比が1.00より高い場合は，有配偶者男性に比べて不利である確率が高いことを示している。

## 結　果

　図表3.2a は，離婚女性が高齢期に低所得に陥る危険性が最も高いことを示しており，オッズ比は有配偶者男性の実に4.7倍である。死別女性がその次に不利で，オッズ比は有配偶者男性の2.7倍である。死別男性の世帯所得は有配偶者男性とそれほど変わらない。つまり，女性とは違い男性では，死別することが経済的不利に直結していない。男性のなかでは，離婚男性が最も経済的に不利だが，離婚女性に比べると所得はずっと高い。婚姻状況による所得の差は，男性よりも女性において圧倒的に大きくなる。

　その他の物質的な QOL の指標は，住宅と車の所有についてである。住宅の所有は重要な資産を表し，有配偶者男性・女性共に最も優位であり，離婚男性・女性共に最も不利だった（図表3.2b）。離婚男性は，離婚女性よりもなお，借家住まいの確率が高かった。未婚男性は，有配偶者男性に比べて借家住まいの確率が非常に高く（オッズ比＝3.0），未婚女性と比べてもまだ高い。死別男性・女性共に有配偶の男女に比べて，借家住まいのオッズ比が2倍であるが，これは借家住まいが死別そのものに密接に関係していることを示している。なぜなら性別による差がみられな

**図表 3.2** 性別・婚姻状況別の物質的境遇のオッズ比[1]（65歳以上）[2]

(a) 世帯所得が下位1/4に入る

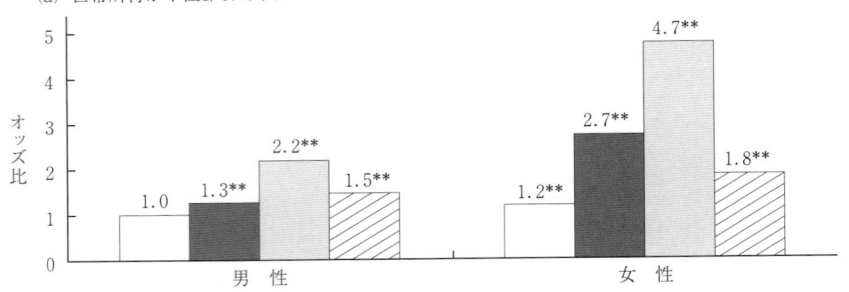

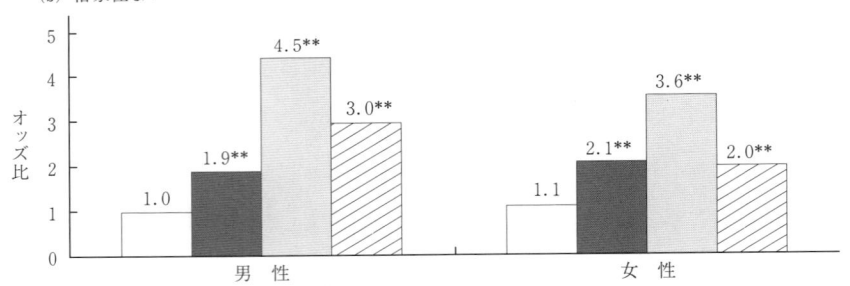

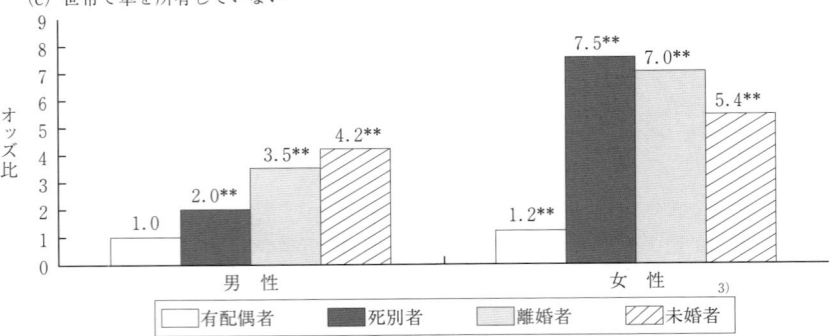

男性：有配偶者 1.0、死別者 1.3**、離婚者 2.2**、未婚者 1.5**
女性：有配偶者 1.2**、死別者 2.7**、離婚者 4.7**、未婚者 1.8**

(b) 借家住まい

男性：有配偶者 1.0、死別者 1.9**、離婚者 4.5**、未婚者 3.0**
女性：有配偶者 1.1、死別者 2.1**、離婚者 3.6**、未婚者 2.0**

(c) 世帯で車を所有していない

男性：有配偶者 1.0、死別者 2.0**、離婚者 3.5**、未婚者 4.2**
女性：有配偶者 1.2**、死別者 7.5**、離婚者 7.0**、未婚者 5.4**

凡例：□有配偶者　■死別者　□離婚者　▨未婚者

(注) 1) オッズ比は5歳ごとのグループ（65-9, 70-4, 75-9, 80-4, 85+）で調整した値。参照集団は有配偶者男性であり、オッズ比1.00と設定。
2) 世帯所得はマククレメンツ尺度を用いて世帯構成によって調整した値。
3) サンプル数：男性；有配偶者—4673人，死別者—1196人，離婚者—284人，未婚者—389人，女性；有配偶者—3651人，死別者—4160人，離婚者—372人，未婚者—596人。
 $*\ p<0.05,\ **\ p<0.01$
(出典) 全国世帯調査1993年-96年，1998年。

# 第3章 高齢期における QOL 格差

いからである。

　男性にとっても女性にとっても，自家用車を持っていることは自立し続けるために重要である。買い物，子どもや友人宅への訪問，娯楽施設，孫の世話，病院など車で出かける機会は多い。高齢のコーホートに属する女性にとっては，移動を夫に依存することが普通であり，運転免許をもっているのは少数派である。よって女性にとって，夫を亡くすことや離婚することは，単に稼ぎ手やパートナーを失うことを意味するだけでなく，可動性を失うことも意味する。車の所有は性別によって大差がある（図表3.2c）。離婚・未婚・死別女性グループは，男性の全グループ，そして有配偶者女性に比べて不利である。車の所有率の男女差は将来の高齢者コーホートでは小さくなっていることが予想できるが，それでも高齢女性はやはり車を所有するための金銭的余裕がないだろう（Ginn 2003）。

　以上の3つの物質的格差の測定によって，配偶者のいることが女性と男性の両方にとって物質的幸福に関係していることがわかった。しかし，この優位性は男性では約4分の3，女性ではたった5分の2のことである。このコーホートに属する死別女性と離婚女性は，妻や母親としての役割のために自分のキャリアを犠牲にして生きてきた場合が多く，不利な立場にいる。離婚した高齢男性・女性は特に不利なグループであるが，このグループはイギリスの離婚率の上昇を反映して，将来著しく増加することが見込まれている（Arber and Ginn 2004）。結婚経験のない女性の多くが高学歴の「キャリアウーマン」という事実にもかかわらず，彼女らの所得レベルや自家用車所有率は未婚男性よりも低い。高齢者の経済的・物質的幸福度を理解するには，ジェンダーと婚姻状況の「相互作用」を考慮する必要がある。なぜなら，有給就業や家庭の構築に従事してきた人生を反映しながら，どのような婚姻状況かによって，ジェンダーに基づく異なるプロセスが高齢者の幸福に影響を与えるのである。婚姻状況によるジェンダー差は主に生涯にわたるジェンダー関係を反映している。例えば，結婚経験のある女性は家族の世話をする責任で雇用機会を制限され，一方結婚しなかった男性は，勤労生活に対する妻のサポートという利益を受けてこなかった。本研究が指摘したいのは，個人の人生と共に，QOLをつくる社会プロセスのパターン化の重要性である。最近高齢者層に加わった人々が離婚率の高いコーホートであるという事実もまた，高齢期のコンテクストをつくる社会変化の重要性を示している。

## 5 高齢期の QOL における民族格差[6]

　イギリスに住む少数民族高齢者の QOL については，所得やジェンダーといったより伝統的な格差問題と比較すると，あまり関心がもたれていない。その明らかな理由は，そもそも少数民族の高齢者の割合が少ないからである。50歳以上人口において，非白人人口は男性で3.5％，女性でわずか2.5％である (Gjonça and Calderwood 2003)。しかし，少数民族が高齢期に経験する加齢の動態や状況について理解することの必要性が高まっている。移住とその後の就職，健康状態の履歴，移民コミュニティーの形成，そして家族ネットワークの分断など全てがこのコーホート特有の重要な要素である。本研究は，少数民族高齢者の QOL に影響を与えている6つの要因を明らかにした。それは，①役割をもっていること，②支援ネットワーク，③所得や財産，④健康，⑤時間があること，⑥自立，であった。

### 方　法

　質的技法と量的技法を併用し，カリブ系，インド系，パキスタン系，白人の4つの民族の QOL にどのように要因が分布しているかを探求する。また，それぞれのグループがこれらの要因についてどのように異なる経験をし，価値を見出しているかを考察する。量的データは第4回全国少数民族調査から引用した (Modood et al. 1997 ; Bajekal et al. 2004)。量的データはまた質的研究部分のためのサンプリング枠組みとして利用した。サンプルは男性・女性，そして様々な年齢層（60歳から74歳まで），社会階層，地域をカバーして抽出した。質的研究部分は，民族間におけるQOL への影響要因の違いや，QOL のレベルの違いを探求することに焦点をあてた (Grewal et al. 2004)。合計73人の高齢者を対象に詳細なインタビューを行い，あらかじめ決めておいた話題の他に，回答者自身が提供した予想外の話題についても情報を集めた。図表3.3 は，白人グループと比較した他の3つの民族グループについての量的分析の結果をまとめたものである。周辺環境，社会参加とネットワーク，物質的状況そして健康の次元をカバーしている。数値が0よりも大きい場合は白人よりも優位な状況を示し，低い場合は不利な状況にあることを示している。図表右端の総合の値は，4つの次元をまとめたものであり，少数民族の高齢者が白人の高

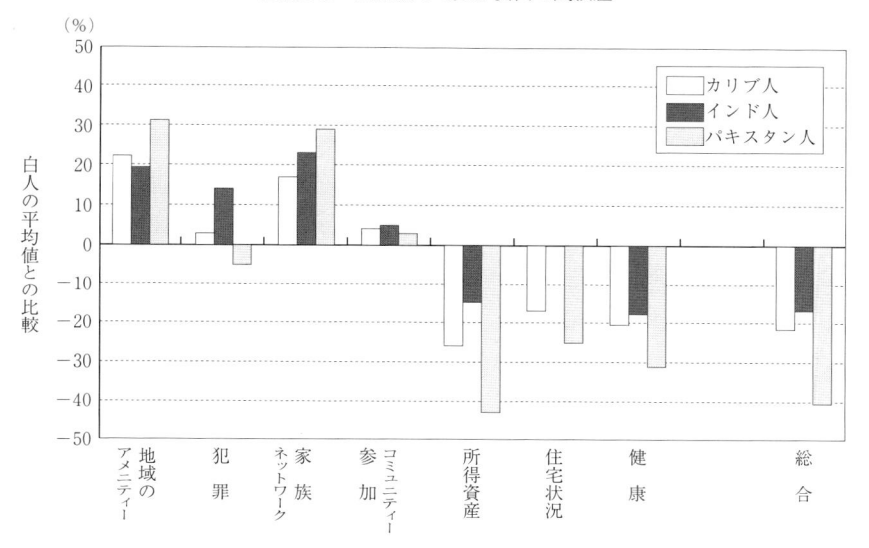

第3章 高齢期における QOL 格差

**図表 3.3** 高齢期の QOL 要因の民族差

齢者に比べて非常に暮らし向きが悪いことがわかる。しかし，このパターンは個々の次元において一貫しているわけではない。次に質的データを用いてこれらの発見事項について述べていく。

### 物質的状況

図表 3.3 で示された全ての要因のなかで，白人と少数民族グループの差が最も大きかったのは所得と資産であり，また住宅状況も大きな差がみられた。このことは質的研究のインタビュー調査においても確認されている。これらが示しているのは，所得や資産は職歴に影響されており，結果的に民族性や性別で格差が生まれることである。どのグループでも女性は，国の年金だけを受給している人が多い。なぜならキャリアが中断されるなどの理由で，追加的な年金制度に加入できなかったからだ。このことは少数民族の男性にもあてはまり，概して長期間の病気や失業が年金の加入に影響していた。

### 健康状態

図表 3.3 に示した健康状態についての結果も，民族グループによってはっきりと

差が表れている。白人と比べ，全ての少数民族グループは著しく健康度が低い。そして少数民族グループのなかではパキスタン系がとりわけ低い。質的インタビューでは，非常に多くのパキスタン系男性が労働によって健康を害していたことがわかった。しかし健康についてのとらえ方は様々であり，精神的健康を維持していることの方が肉体的健康の維持よりも重要視されていた。

### 近隣の質

平均して少数民族の回答者は，白人の回答者よりも，地域のアメニティーの有用性を非常に高く評価していた。しかし，犯罪や環境に関しては，評価は白人と少数民族で大差はみられなかった。これは，地域の欠乏度合を客観的に比較した評価（例えば「2000年欠乏指標」）と明らかな対比をなしている。この評価では，白人の居住する地域は，少数民族の住む地域と比べて平均してそれほど貧困ではないこと，そして少数民族のなかではパキスタン系のグループが，最も貧困でサービスへのアクセスが悪い地区に住んでいることが示されている。少数民族回答者自身による近隣の評価が客観的評価よりも高い理由について，インタビューデータから推測できることは，少数民族が，例えば適切な礼拝の場所や店舗や社交クラブが備わっている地域に住み着いたか，あるいは必要なインフラを自分たちで投資して築いてきたことの結果であろう。

### 支援ネットワーク

質的調査のインタビューでは，支援ネットワークが個人のQOLのなかで非常に重要な要素であることがわかった。配偶者，家族，友人そして宗教が主なサポート源としてあげられた。インタビューで示されたのは，移住したことによって，少数民族高齢者がもっていた家族・友人ネットワークが分断されてしまったことであった。学生時代に築いた友人関係などの社会的ネットワークが就職などで減少したことは，少数民族の家族との交流レベルが非常に高いことを説明しているかもしれない。図表3.3は，白人に比べインド系とパキスタン系の家族ネットワークの値が非常に高いことを表している。その他のサポートとして，インタビューでは全てのグループにおいて，特に悲しみや苦難の時などに，宗教が重要な精神的支えになっていることがわかった。少数民族にとって宗教組織はまた，実用的な生活上のサポー

ト源でもあった。故郷への旅行の財政的支援や，外出できない高齢者のために家事支援サービスの提供を行っていたからだ。

### 時間と役割

質的調査インタビューで明らかになったのは，退職あるいは子育てが終わったことで，自由な時間が増えたと回答者が感じていたことであった。健康状態が良く経済的に余裕のある回答者は旅行や趣味を楽しんだり，宗教活動で活発な役割を担ったりして，この自由な時間を楽しんでいた。退職や子育ての終了がもたらすマイナス面は，目的意識や役割の喪失であった。家族，コミュニティー，宗教，ボランティア，就業は全て社会的役割の主な供給源である。白人のイギリス人にとってボランティアの仕事は，地域や全国のチャリティー団体を通して行われている場合が多いが，少数民族高齢者は，地域にある民族・宗教に特定したコミュニティーで得ている場合が多い。言い換えると，コミュニティー参加はどの民族でも等しく人気があるのだが，少数民族と白人ではその供給源が異なるのである。

### 発見事項のまとめ

これまで簡潔に重要な格差の次元について述べてきたが，我々は少数民族高齢者の置かれている状況が，単に彼らが多重の苦難に直面しているという主張よりももっと複雑であると示すことができた。本研究の量的調査部分は，QOL の主な影響要因が民族間によって広範に異なることを明らかにした。格差に関する研究で典型的に含まれる要因（物質的状況，健康，犯罪・物理的環境，社会参加評価）などは典型的なパターンを示した。つまり白人グループの点数が最も高い傾向にあった。しかし，コミュニティーについてのあまり形式的でない要素，つまり社会的サポートとアメニティーの質についての認識において，その優位性は逆転していたのであった。

## 6 高齢期の QOL に対するライフコース影響と現在の影響

これまでにも述べられているように，高齢期の暮らし向きや QOL というのは加齢の経験と切り離すことができない。近年，ライフコースという概念が，社会老年

学（Dannefer 2003）や健康科学（Blane et al. 1997；Kuh and Ben-Shlomo 1997；Blane 1999；Graham 2002）の研究において注目されている。疫学的研究はこれまで，高齢期の身体的健康（Montgomery et al. 2000）と精神的健康（Power et al. 2002）へのライフコースの影響を証明してきた。しかし，前期高齢期のQOLに対するライフコース影響はまだ研究が十分になされていない。本章最後に紹介するのは，前期高齢期のQOL格差について，新たな測定法を用い，ライフコースのデータと現時のデータを統合して分析した研究である。

### QOL

これまでの多くの測定法は理論的裏づけが不十分であるという批判がされているが，これを受けて我々は新たな測定法を生み出した。既存の多くの尺度は理論的モデルや，測定される概念について明示的ではない（Gill and Feinstein 1994）。主な問題は，健康や経済的状況，社会的ネットワークなど代替の測定がQOLの測定として使用されていること，もしくはQOLを完全に主観的現象として取り扱っていることである。我々の新たな測定法はニーズ満足の理論に基づいている。質問事項は，フォーカスグループ，認知インタビュー，そして統計解析によってテストした。これにより19の質問項目からなる尺度，CASP-19[7]を開発した（Higgs et al. 2003；Hyde et al. 2003）。

### 方 法

本研究の回答者はユニークなサンプルである。回答者らは1937年から39年に児童だった頃，ジョン・ボイド・オア卿の監督下で医学と栄養学の専門家チームによって調査された人々である。ほぼ全ての記録が1996年に回復され，国立統計局（Office for National Statistics）は，NHS中央登録（National Health Service Central Register：NHSCR）を利用して，最初の調査に参加した児童の85％を追跡することに成功した。次にその追跡できた記録のなかから層化無作為抽出を行いサンプルを得た。1997年から98年にライフグリッド法（Berney and Blane 1997）を用いて，この層化無作為抽出標本から296人の回顧データを集めた。世帯全員，そして住居と職業についての履歴を記録し，生理学的，人体測定学的なデータを作成した。サンプルの人々は概してイギリス人の同世代を代表していた（Blane et al. 1999）。これらの人々

に対して，2000年に QOL について尋ねる自記式のアンケート用紙を郵送した。

### 前期高齢期の QOL 得点の分布

全サンプルのスコアの分布をみると，前期高齢期の QOL にばらつきがみられた。男性は女性よりも若干 QOL 得点が高い傾向にあった。同様に，肉体労働者と非肉体労働者では QOL 得点にほとんど差がなかった。大きな差がみられたのは年齢であった。70歳未満の回答者は70歳以上の回答者よりもはるかに QOL 得点が高かった。

### QOL に対するライフコース効果

ライフコースにわたる家庭や就業での累積的な不利は，高齢期の QOL に悪影響を及ぼす（Blane et al. 2004）。社会経済的地位が低い人の早期退職と高齢期の QOL が非常に低いことの間には関連があることが証明されている（社会経済的地位が比較的高い人にはこの関連はみられない）。高齢期の QOL に影響を及ぼした最も重要なライフイベントは住宅の購入であった（特に公営住宅の売却が行われた時）[8]（Blane et al. 2004）。しかし，図表3.4が示すように，ライフコースにわたって不利な状況にさらされたことの効果と現時の要因を一緒に考察すると，現時の要因の方が高齢期の QOL により大きな効果があることがわかった。

### QOL に対する健康と経済的状況の効果

活動を制限するような病気を長期間患っている人とそうでない人の間で QOL に大きな差があることがわかった。一方，持ち家に住んでいる人は借家に住んでいる人よりも QOL 度が高かった。しかし，世帯で受給している公的あるいは職業年金の数と個人の QOL には関連がみられなかった。健康と経済的状況の QOL に対する効果を比較するため，これらを組み合わせて，①健康状態が良く，経済的状況も良い，②健康ではあるが経済的状況は良くない，③健康状態は悪いが経済的状況は良い，④健康状態も経済状況も悪い，の4グループをつくった。その結果，①の健康状態も経済的状況も良いグループが最も QOL 度が高く，②の健康ではあるが経済的状況が良くないグループが続き，④のどちらも悪いグループは QOL 度が最も低かった。この結果が示すのは，このコーホートの QOL にとって，経済的状況よ

図表 3.4 CASP-19 の重回帰分析結果

| 変数 | 基本 | +ライフコースの危険 | +ライフコースの蓄積 | +社会関係資本 | +社会的ネットワーク | +最近のストレスフル・ライフイベント |
|---|---|---|---|---|---|---|
| (定数) | 43.05 | 44.62 | 50.50 | 47.15 | 39.21 | 39.81 |
| 女性 | −0.33 | −0.36 | −0.28 | −0.25 | −1.59 | −1.62* |
| 70歳以上 | −4.25 | −4.40 | −3.87 | −3.63 | −3.37 | −2.98 |
| ライフコースの危険 | | −0.07 | −0.04 | −0.02 | −0.03 | 0.01 |
| 借家住まい | | | −0.95 | −0.82* | −1.04 | −1.11 |
| 不本意の退職 | | | −0.77 | −1.08 | −1.73 | −0.99 |
| 低い年金収入 | | | −4.90 | −4.38 | −4.16 | −3.86 |
| 健康状態が悪い | | | −2.23* | −1.97* | −2.08 | −1.88* |
| 車を所有していない | | | 0.47 | 0.04 | −0.61 | −0.56 |
| 地域に対する嫌悪感 | | | | 0.31 | −0.08 | −0.04 |
| コミュニティ帰属意識 | | | | 0.66 | 0.22 | 0.05 |
| 貧困地域 | | | | −3.98 | −2.95 | −2.45 |
| 快適さ | | | | 0.05 | −0.22 | 0.05 |
| 交流の密度 | | | | | 0.57 | 0.57 |
| 交流の質 | | | | | 0.49 | 0.46 |
| 交流の頻度 | | | | | 0.01 | −0.01 |
| 最近のストレスフル・ライフイベント | | | | | | −5.44 |
| R2乗 | 0.05 | 0.08 | 0.17 | 0.23 | 0.35 | 0.40 |
| R2乗値の変化 | | 0.03 | 0.09 | 0.06 | 0.12 | 0.05 |

(注) 太字の回帰係数は全ての反復分析で $p<0.05$。＊は $p<0.10$。

りも健康の方が重要であることであった。

### 社会的ネットワークと地域の効果

社会的ネットワークについて，コンタクトの質，頻度，密度の3つの要素に分けて調べた。回答者の過半数が，誰かと週に一度会っていたり，1人か2人の親友がおり，質の良いコンタクトをもっていた。コンタクトの質と密度は，QOL に有意な正の影響があった。一方，頻度の方は QOL にそれほど影響していなかった。周辺環境についての認識は QOL に若干の効果があった (Wiggings et al. 2004)。

本研究ではライフコース尺度が回答者の QOL に決定的な効果を与えていることが観察できなかったが，ライフコースは高齢期を理解するための欠かせない要素である。人々が質の高い生活を楽しむことができるかどうかは，生涯をかけて人的そして経済的資本を蓄積していけるかどうかに依存しているのである。よって，ライ

フコースが間接的に現時の要因に影響し，それが結果的に QOL に効果を与えるのだろう。しかしこのような区別は，全ての現時要因に内在する潜在的なライフコース要素を覆い隠してしまう。例えば，年金の受給資格は職歴に依存し，社会的ネットワークは長い年月をかけて築くものであるし，個人の健康（特に慢性病など）は生涯を通して形成されるものである。

## 7　考　察

　以上の研究で我々は，高齢期の格差の現実を明らかにした。また，このような格差がその原因と効果の両方において非常に複雑であることに注意を向けた。しかし，格差の多様さを理解するだけでは，格差がどのように QOL に影響しているかを突き止めたことにはならない。これらの研究で明らかになったのは，QOL に影響を及ぼす可能性のある要因である。我々が QOL を，健康や財産などの生活のある1つの次元に縮小するという過ちを犯さないためには，このような影響を及ぼすものと QOL 自体を切り離して扱わなければならない。本章の冒頭で述べたように，QOL というのは，人々が生きている社会的環境によって文脈づけられ，個人が生き抜いてきた社会的プロセスによって条件付けられるのである。

　調査を行った時の QOL 格差のコンテクストを理解するために，当時のイギリスの高齢者の平均的な生活水準について理解しておかなければならない。所得の計算は，その比較可能性や有意義性に問題を伴うが，調査当時，高齢者の所得は上昇していたといって差し支えないだろう。これは，平均所得と全人口の所得分布における位置の両方においていえる（Department of Work and Pensions 2003, Pensioners' income series 2001/2）。逆説的現象は，この所得の上昇が高齢者間の格差拡大を伴っていることである。これは高齢者人口が，社会の貧困を過剰に代表しているというよりむしろ，社会全体の格差を反映し始めたのである。この変化は，これまで述べてきたように，一部の人々により大きな影響をもたらしている。このことを指摘し，その因果関係を突き止めることは研究として重要であるが，それは QOL への影響を説明することと必ずしも同じではない。前期高齢者を対象とした CASP-19 研究プロジェクトが示したのは，QOL 度は所得によって大差がないことであった。これは，貧困や欠乏が蔓延していない文化に大半の人が属する社会においてそれほど

驚くことではない。本章で報告された結果によると，少数民族高齢者や高齢女性のなかに，資源の欠乏や格差によって深刻な影響を受けていた人々がいたことは事実であった（図表3.4）。しかし，低所得や障害などで最も不利な立場にいる人々にとってさえも，手当の支給というのは単なる貧困の軽減のことではない。それは，QOL のいくつかの要素を経験する方法として考えることができる。高齢者の市民権と社会的排除を検討した研究で，クレイグは，多くの障害をもった高齢者に手当を支給することの重要性は，経済的困難を満たすこと自体にあるのではなく，むしろそれが与える自立や選択にあると主張している（Craig 2004）。特に，追加的な収入はこのような高齢者がコミュニティーに参加したり，アイデンティティを維持することを可能にしていた。これには，贈り物を買ったり，海外に住む家族に会いに行くことなどを含んでいる。結果として，資源の格差というものが（単に所得や健康といった堅牢なデータに頼るのではなく），人々の生活のなかで実際に何を意味するのかという論点に取り組むことが重要になるのである。これらは QOL に影響を与えるものであり，QOL そのものではない。

　個人の完全な社会参加を制限するような資源の格差や期待を基準として QOL というものを概念化すれば，期待というものは個人のライフコースに影響を与える社会化のプロセスにより決定される。このことは，高齢女性や移住してきた少数民族高齢者の置かれている状況をみれば容易にわかる。このような人々の人生は，ジェンダーや家庭管理を取り巻く社会的プロセス，そして人種差別を取り巻く社会的プロセスによって強く決定づけられている。このような条件付けのプロセスの効果はこれまで略述してきた格差のなかにみることができる。一方，社会階層の影響をみると，その影響はそれほど明確ではない。住宅所有関係は間違いなく本来の社会階層の結果であるが，1980年代から公営住宅は，その住人を社会の周縁に追いやる意図的な政策に影響を受けてきたのであった。このような政策に対して，経済的余裕のあった人々はより良い住宅へ移ったり，公営住宅を買い上げて生活環境を改善したが，それができなかった人々は，「住み慣れた場所で年老いていく（ageing in place）」ことが叶わなくなった。住宅所有関係の変化，そして職業的構造というのは，個人のライフコースによる QOL 格差の影響を理解するために必要な2つの（しかし突出した）条件付けプロセスである。

　しかし，QOL 格差を理解する際に，ライフコースが圧倒的に決定力のある条件

付けプロセスであると結論づけるのは誤りである。現時の影響とライフコース影響を比較すると，前者の方が格段に高齢期の QOL に強く影響を与えるのである（Wiggins et al. 2004）。実際，公営住宅を買い上げたことが CASP-19 の点数を上げたことは，QOL がライフコースの不利とは関係なく，行動によって向上することがあることを示している[2]。QOL の社会的コンテクストについて考えることは，QOL の本質について疑問を投げかけた本章の冒頭に戻る。現代のイギリス社会においてこれは，消費と余暇を切望する豊かな社会に参加することと関連づけてとらえる必要がある。これらは高まる世代的な切望として受け入れなければならない。ベビーブーム世代の退職生活も，コンテクストと条件付けのプロセスの両方の帰結である（Gilleard and Higgs 2002）。QOL は何から構成されるのか，そしてどのように分配されるかは，彼らの経験が決定するだろう。このような見地から格差やその影響が評価されるべきであり，単なる QOL の代替物という意味ではない。

## 8　結　論

　本章は高齢者の間に存在する QOL の格差について論じてきた。我々は，資源や健康の格差を証明することと QOL の格差を証明することが同じではないと示そうとしてきた。資源や健康等の格差が QOL に影響を及ぼす可能性はあるが，そのプロセスは複雑で容易に解きほぐすことはできない。QOL の理解における格差の重要性というのは，格差が社会参加を抑圧し，所得や健康において不利な状況へ追いやるその影響力にあると示してきた。QOL はまた特定のコンテクストに位置づけられ，社会参加の要素を設定する社会的環境の変化に条件付けられるものとして考える必要がある。このような状況において，重要な格差というのは，質の高い生活を得る機会を制限するものであり，十分に「具体化された」現実ではない。格差の形態を明確に叙述することと同じくらい重要なのは，その結果が何であるか，そして個人の QOL にどのように影響するかを解明することである。我々の研究がこれらの一部について論証できていることを望むが，今後さらなる研究が必要であろう。

謝辞

我々は，4つのプロジェクトに携わった以下の研究者仲間の大いなる貢献に謝意を表明したい。ケイト・デーヴィッドソン，キム・ペレン，デボラ・プライス，イニ・グレウォル，マドヴィ・バジェカル，ジェイン・ルイス，サフロン・カールソン，アスリッド・フレッチャー，ポール・ウィルキンソン，ディー・ジョーンズ，アミナ・ラティフ，クリス・ブルピット。我々はまた協力して下さった回答者の皆様に深く御礼を申し上げたい。

注

[1] 所得レベルは，小売物価指数を使用して1998年の価格に調整した。また世帯構成はマククレメンツ所得同等化尺度を使って調整した（Department of Work and Pensions 2002）。

[2] もちろん，ライフコースの影響要因が現在の影響要因を形成することによってQOLを決定する。しかし，これらのライフコースの影響要因は高齢期のQOLに対してそれ以前と同程度の影響力があるだろうか。少なくとも，消費文化のいくつかの特徴は，1960年代や70年代の退職生活を特徴づける質素な社会的条件よりも，より大衆参加になじみやすいといってよいだろう。

訳注

(1) 住宅所有関係で不適格として除外した26％とは，持ち家で配偶者以外と同居（7％），借家で配偶者以外と同居（3％），シェルタードハウジング（13%），レジデンシャルホーム（3％）である（Growing Older Programme のウェブサイト，Research Findings：1 より）。

(2) シェルタードハウジング（sheltered housing）とは，住み込み（または巡回する）管理人がおり，24時間対応可能の緊急通報システムを備えた高齢者向けの小規模集合住宅である。個室部分の他，ラウンジ，庭，洗濯室などの共用部分もある。

(3) レジデンシャルホーム（residential home）とは通常，食事，入浴介助などの介護を提供する住宅を指し，シェルタードハウジングよりも自立度の低い高齢者を対象としている。より自立度の低い高齢者を対象とした介護や看護を提供する nursing home と区別されてきたが，現在はこれらを統合して care home と総称し，かつての residential home は care home（without nursing），nursing home は care home with nursing と呼ばれる（http://www.ageuk.org.uk）。

(4) 住宅所有関係カテゴリーや結果についての定義が原著では不明であったので，著者ブリーズに定義を尋ね，以下の回答を得た。「社会的住宅」とは，住宅ニーズのある人々に対して低家賃で貸借される住宅で，一般的に，自治体や住宅協会などの非営利組織によって提供され，住宅困窮度合いに応じて割り当て，管理される。「その他」には，商業ベースで民間の家主が賃貸する住宅や，雇用主または家族が提供する無家賃の住宅な

どが含まれる（但し，無家賃住宅の割合は非常に低い）。「低い QOL」は，スコアの上位5分の1の層を指す。
(5) 詳細は，山田三知子訳『高齢期における生活の質の探求』（ミネルヴァ書房，2009年）の第7章「高齢男性」を参照。
(6) 詳細は，同前書の第3章「民族的格差」を参照。
(7) CASP とは，彼らが概念化した QOL の4次元，control（コントロール），autonomy（自律性），self-realization（自己実現），pleasure（喜び），の頭文字をとったものであり，これらの4領域のニーズが充足されている程度を測る（Wiggins 他 2004）。
(8) それまで人気の高かった公営住宅（council housing）は，持ち家を奨励するサッチャー政権下で1980年代より価値が急落する。1980年の住宅法の Right to Buy Scheme によって，入居者に市場価値の半値ほどで売却し，10年間で100万戸以上が賃借人によって購入された。また同時に家賃も引き上げられたため，結果として公営住宅の入居者は，住宅手当に依存する失業者や低所得者が中心となった。ところで，イギリスでは政権交代によって住宅政策が激しく入れ替わるため，住宅政策は，「政策サッカー（policy football）」（一方に蹴られた後，すぐに反対方向に蹴り返される）と呼ばれる（Alcock, P (1996) *Social Policy in Britain*, Macmillan）。

# 第 4 章

## 高齢期の外出，移動と QOL

キャロライン・ホランド，レオニ・ケラハー，<br>
シーラ・M・ピース，トーマス・シャーフ，<br>
エリザベス・ブリーズ，ジェイン・ガウ，メアリー・ギルフーリ

　外に出かけるのはとっても大事なことよ。じゃないと植物みたいに無気力になって，暗い顔になってしまうわ。(研究4の回答者)

　歩けないから一人ではどこにも出かけられないのよ。付き添い無しでは外出してはいけないことになっているわ。これもここ（レジデンシャルホーム[1]）で禁止されていることの一つね。(85歳の女性，研究1)

## 1　序　説

　一般的に，人間は外出したり動き回ったりする欲求があり，ニーズがある。高齢者も例外ではない。買い物，仕事，社交，サービス利用，そして家族から支援を受けたり与えたりするために移動する。また実用的な活動以外に，ほとんどの高齢者は，家の外にある楽しみや挑戦を味わうため，できるだけ長く自立して外出できるよう努めている。いよいよこれが難しくなると，家のなかで様々な方法を試行錯誤して，外の世界とつながっていようとするのである。本章ではグローウィング・オールダー・プログラム内の4つの研究結果から，高齢者がいくつかの層の「環境」について決定し相互作用する際に，どれほど戦略的になり得るかを証明したい。我々は，高齢者が公共交通機関そして私的な移動手段を使って，普段の活動領域を出て冒険することの重要性，そして外出したり動き回る能力がモラールに与える影響の重要性について考えた。家庭の内や外で動き回る時に，単にそれが日常の必要な活動を行うためではなく，自由に選択をし，それを実行できることが高齢者に

とって決定的に重要であると考えている。なぜならそれは，自分が誰であるか，そして物質的・社会的世界にどのように位置しているかという感覚，そしてその結果として人間の QOL にとって不可欠だからだ。

## 2　4つの研究プロジェクト

本章は4つの研究プロジェクトの調査結果を元にしている。これらの4プロジェクトは，大規模で量的な研究から，特定の地理的ロケーションで少数のサンプルを対象とした質的研究まで様々である。4つのプロジェクトの概要を述べた後，各チームの分析から浮かび上がった共通点を元に議論を行う。

**研究1**：環境と高齢期のアイデンティティについての横断研究（ピース他〔Peace et al. 2003〕）[2]

この研究では，小規模の農村からロンドンまで，様々なロケーションで，多様な種類の住宅（レジデンシャルホームから一戸建ての家まで）で暮らす高齢者について，まず10組のフォーカスグループを実施し，そして事例研究を行った。生活環境やアイデンティティの意識についてのグループ討論を基に質問事項やインタビューのツールを開発し，ベッドフォード，ノーサンプトンシャー，ハリンゲー区（ロンドン）において54人を対象に詳細なインタビュー（in-depth interview）を行った。

**研究2**：貧困地域に暮らす高齢者——高齢期の社会的排除と QOL（シャーフ他〔Scharf et al. 2003〕）[3]

この研究では，1998年の地域欠乏指標（Index of Local Deprivation）（DETR 1998）で最も貧困な自治体とされたリバプール，マンチェスター，ニューアム区（ロンドン）のうちから，9つの選挙区を選び，60歳以上の600人を対象にインタビューを行った。次に，同じ地域で少数民族を含む130人に対して詳細なインタビューを行った。

**研究3**：75歳以上高齢者の QOL 格差（ブリーズ他〔Breeze et al. 2002〕）[4]

本研究は，医療研究会議の調査に参加している一般診療所のなかから無作為に23か所の一般診療所を抽出し，そこに登録している75歳以上の高齢者8000人

のQOLを調査したものである。PGCモラール・スケール（Philadelphia Geriatric Centre Morale Scale）と，機能限界プロファイル（Functional Limitations Profile）の4セットの質問を用いてQOLを測定した。

**研究4**：交通と加齢――公的・私的交通手段とQOL（ギルフーリ他〔Gilhooly et al. 2003〕）

　本研究は，スコットランド西部レンフルー州の町ペイズリーとロンドンに暮らす45歳以上の人々に意見を尋ねたマルチ方法型研究である。17組のフォーカスグループ，路上調査，選挙人名簿を基に18歳以上の住民を対象に行った郵送調査（1128件回収），そして高齢者人口のなかから層化割当抽出法で得たサンプル306人に対して行ったインタビューによりデータを収集した。また，交通サービス提供者やその他の関係者に対してもインタビューを実施した。

　以上4つの各プロジェクトの詳細は，グローウィング・オールダー・プログラムのウェブサイト（http://www.growingolder.group.shef.ac.uk）に掲載されているのでご参照いただきたい。またここで，我々はこれらのプロジェクトに協力してくださった高齢者の皆さまに改めて御礼を申し上げたい。以下の議論の部分では，これらのプロジェクトを簡潔に研究1～4と呼ぶことにする。

　「環境」とは，最も広い意味では，家庭を構成するミクロ環境から，都市部や農村部などのマクロ環境を含む。我々の4つの研究では，「環境」を単に人間の活動や作用の背景として扱うよりむしろ，人間と環境間の相互作用の探求を可能にするような概念を採用することにした。このアプローチは，高齢者と家・近隣の間の相互作用を考察し，人間と場所のライフコースにわたる相互作用や社会全般での相互作用の役割を理論化した先行研究者らと同じ立場である（例えば，Rowles 1978, 2000；Lawton 1980；Bourdieu 1984；Laws 1984；Rubenstein 1989；Lefevre 1991）。

## 3　移動と可動性

　日帰り旅行なら大丈夫だけど，それ以上になるとトイレのこととかいろいろ考えないといけないでしょ。（研究4の回答者）

　我々の議論の基本は，環境というものが決して単一であったり，一枚岩的なもの

として経験されているのではなく，人々が日々暮らす設定の連続であるという考え方である。人々が自由に動き回って様々な場所で様々な行動がとれる限り，環境は分割されているものとして理解され，感じられ，そして生きられるのである（Lefebvre 1994）。そして少なくとも，一つの「いかりをおろす場所（anchor point）」で構成されている。それはおそらくお気に入りの部屋か，あるいは一つのいすでさえあるかもしれないが，そこから人は冒険に出るのである（Kellaher 2002）。移動先は，単に別の部屋かあるいは別のいすかもしれない。あるいは簡単に移動できる場所か，移動が困難な場所かもしれない。このような移動でさえ手助けなしでは一時的に（あるいは永久に）できない人もいる。このような場合に個人の可動性と社会的環境の相互作用が重要になるのである。このような移動がもはや叶わなくなると，いかりをおろす場所のみになり，移動先を思いつくことができなくなる。我々の研究で示されたことは，高齢者が他者や思考，本などのメディアを通し，様々な戦略を使って外の世界と関わり続けようとするにもかかわらず，このような移動能力の限界の前に，アイデンティティやQOLというのは低下してしまうことであった（研究1）。

4つの全ての研究で，物質的環境については障害物となるものが高齢者にとって重大な意味をもっていた。交通の流れ，道の傾斜，歩道の縁石，老朽化や公共物の汚損などが，高齢者の外出に影響を与えていた。さらに，健康状態や交通機関へのアクセスの善し悪しもまた，このような障害物に高齢者がどう対処するかに影響していた。回答者のなかには感覚の衰えによって移動が制限されている人もいた。また，老化によって感覚に与えるミクロ環境の影響が大きくなり，地面の質感，段差，障壁が問題になっている人もいた。加齢につれ，人々は休憩したり座る場所が必要となり，またトイレも必要であった。可動性が低くなるにつれ，モラールの低下は顕著だった。研究3では，社会的階層に関係なく，可動性が最も悪い5分の1に入る人々は，可動性が最も良い5分の1の人に比べて，モラールの低い人が出現する確率（オッズ比）が11倍だった。以下はある77歳の女性回答者（研究1）の話であるが，可動性の低さがいかに社会的活動や自己意識に影響を与えているかをよく説明している。

> 独りで暮らしています。寂しくないとは言えないわ。ええ，孤独です。夫が死んで，今でも悲しくて，たぶん一生立ち直れないわ。だから，できるだけ忙

第 4 章　高齢期の外出，移動と QOL

しくするようにしているのよ。他に何ができる？私はスクーター（訳注：電動車いす）を持っているから幸運だわ。高かったんだけど，そのとき自分に言ったのよ。「銀行にお金を貯めておくのか，生活の質かどっちが大事？」って。それでもちろん今の生活の方が大事だって結論がでたから，買いに行ったのよ。全く後悔してないわ。だって，これがあるから外に出かけて楽しめるってことだもの。

　だから外出して，月曜日はクラブに顔を出して，木曜日にはビンゴをやりにいくのよ（笑）。読書クラブにも参加してるし，お年寄りのお友達のところにもよく行くのよ。だから，いつも何かしてるわね。街へ出かけたり，買い物に行ったり。それから，残念ながらもういなくなってしまったんだけど，ここに友達がいてね，一緒に出かけたりしたものだわ。残念ながら私もだんだん足が不自由になってきたから最近は前ほど出かけられないけどね。私は外に出ていないとだめなんだと思うわ。時々家にいて静かに過ごす日があってもいいとは思うけど。実際のところそれもいいのよね。でも時々，わかるでしょ。何だか気分が落ち込む日もあったり。頑張るようにしてるけど，時々気分が沈んでしまって，特に冬のお天気の悪い日，薬を飲んで乗り切るのよ（笑）。独りでいるのは構わないのよ。だいたい何かすることがあるから。もし何もすることがなかったら本を読むわ。でも読書も飽きてきちゃうし。それで誰かに会いたいなって思うの。大人数よりも少人数で会う方が好きね。大勢は好きじゃないわ。

　私はちょっと出かけたりするのが好きなのよ。でも今はできないから。やりたいことを自由にできないってことに慣れるなんてとても難しいこと。恐ろしく難しいわ。ただ受け入れるしかないんだけど，とっても難しいわ。例えば，ピーターバラ（訳注：都市名）かどっかへの日帰りツアーに申し込むとするでしょ。それで，家に帰って思うの。「そんなの無理よ。そんなに歩ける訳ないじゃない。私ったら何をしてるのかしら」って。よくこんなことをしてるわ。行きたいから申し込むの。それで後から無理だって気がつくの。例えば，バスツアーに参加してて素敵な村を通過した時に，「いつかここに友達と来たいわ」って思うんだけど，「どうやってここに来るのよ。歩けないくせに」って気がつくの。

## 4 場所，移動，モラール

　この女性の話は，外出することがまさに QOL の問題であることをよく表している。よって研究3において，寝たきり状態にある回答者にモラールの低い割合が多かったことは驚くに値しない。図表4.1に示すように，可動性スコアの9つの構成要素のうち，6要素がモラールのスコアに寄与していた。(5)これらの構成要素は様々な可動性の程度を表し，個人的，社会的，そして環境的な特質によって形成されている。可動性が極度に制限されている「ほとんど寝たきりで過ごしている」は，該当者がサンプルの1％以下であったので分析から除いた。4つの構成要素については，制限されている理由として健康以外の理由をあげる人が多かったため，「健康が理由」と「他の理由」の2つに分けて分析した。「ほとんどの時間を家で過ごす」「短時間なら外出する」「日没後外出しない」については，その理由が健康の場合，低モラールの割合が高かった。

　研究3では，農村部の方が総合的にモラールの低い人の割合が小さく，また都市部と農村部では可動性とモラールの関連性に違いがあることがわかった。まず「ほとんどの時間を家で過ごす」についてみると，農村部でも都市部でも，健康が理由の場合は，低モラールのオッズをほぼ3倍に増加させる。しかし健康以外の理由の場合になると，農村部では「ほとんどの時間を家で過ごす」と回答しなかった人に比べ，モラールの低さのオッズにそれほど影響を与えない。一方都市部の場合，健康以外の理由で「ほとんどの時間を家で過ごす」と答えたグループは，そう答えなかった回答者に比べて，モラールの低い確率が60％も高い（95％信頼区間26-108％）。また，「短時間なら外出する」についてみてみると，農村部では理由が健康によるものなのかそうでないのかが低モラールのオッズ比に大差を与える（健康が理由の場合のオッズ比が－1.5（1.0，2.3），健康以外の理由の場合は0.7（0.4，1.1））。しかし農村部以外の地域では，健康が理由と健康以外の理由の両方において，モラールの低さのオッズの増加に関係があった（健康が理由の場合のオッズ比は1.3（1.0，1.6），健康以外の理由の場合は1.3（0.9，1.9））。

　これらのデータは横断的であるため，可動性の低さとモラールの低さの因果関係は断定できない。社会階層が可動性とモラールの両方を予測するので，可能性とし

第 4 章　高齢期の外出，移動と QOL

**図表 4.1**　可動性構成要素のスコアと低モラールの関係

| 可動性の構成要素 | 出現割合(%) 男性 | 出現割合(%) 女性 | 低モラールの オッズ比[1] | $p$ 値 |
|---|---|---|---|---|
| 1つの建物内のみ移動する | 5.2 | 11.0 | 1.06(0.8, 1.4) | 0.59 |
| ほとんどの時間を一室で過ごす | 0.9 | 1.3 | 2.10(1.3, 3.3) | 0.003 |
| ベッドに寝ている時間の方が長い | 15.5 | 14.4 | 1.84(1.5, 2.2) | <0.001 |
| 現在は公共交通機関を利用しない | | | | |
| 　健康が理由 | 13.4 | 28.1 | 1.08(0.9, 1.3) | |
| 　他の理由 | 24.6 | 16.3 | 1.04(0.9, 1.2) | 0.61 |
| ほとんどの時間を家で過ごす | | | | |
| 　健康が理由 | 23.9 | 36.3 | 2.66(2.2, 3.2) | |
| 　他の理由 | 31.7 | 24.7 | 1.49(1.2, 1.8) | <0.001 |
| トイレが近くにある場合のみ外出する | 16.8 | 18.2 | 1.79(1.5, 2.1) | <0.001 |
| 街へ出かけない | 14.9 | 20.0 | 1.12(1.0, 1.3) | 0.12 |
| 短時間なら外出する | | | | |
| 　健康が理由 | 20.1 | 28.3 | 1.34(1.1, 1.7) | |
| 　他の理由 | 25.6 | 22.0 | 1.16(0.8, 1.6) | 0.05 |
| 助けてくれる人の同行なしに日没後または照明のない所へ出かけない | | | | |
| 　健康が理由 | 16.5 | 27.9 | 1.75(1.4, 2.3) | |
| 　他の理由 | 25.2 | 43.8 | 1.41(1.1, 1.7) | <0.001 |

(注)1)　性別，年齢，婚姻状況，独居，社会階層，人口密度，その他の可動性構成要素により調整。また，一般診療所内のクラスターを考慮した。
(出典)　研究 3。

ては，社会階層の低さが可動性の低さのリスク要因となり，それが今度はモラールの社会階層差の説明になっているということが考えられる。特に，「ほとんどの時間を一室で過ごす」や「ベッドで寝ている時間の方が長い」と回答した人は，低モラールであるオッズ比が 2 倍であった。「ほとんどの時間を家で過ごす」ことも低モラールの要因であったが，それが健康が理由の場合なおさらであった。おそらく好んで家にいるのではないのだろう。

研究 3 では，「現在は公共交通機関を利用しない」あるいは「街へ出かけない」は共に低モラールの要因とはなっていなかった。しかし，トイレがなかったり街灯がなかったりすることが外出を妨げ，モラールの低下リスクを増加させることが証明されており，家の外の環境や施設が重要となり得たのだった。一方研究 4 では，公共交通機関を利用しないことは多くの場合，私的な移動手段を使うことを意味しており，それは翻って QOL が高いことを意味していた。その他にも研究 3 の発見事項について可能な説明はあり，例えば，失禁の心配が，トイレの存在を確認する

必要性やモラールの低さの原因となっていた。また，視力の低下が，日没後の外出を避けたり，モラールの低さの原因になっているかもしれない。これについても農村部がモラールの高さについての優位性をもっている。農村部に住み続けている人は，あまり遠くまで出かけなくても生活を不自由なく送ったり楽しむことができるという，自主的な選択によってそこに暮らしているのだろう。今後，農村部と都市部の社会的環境の違いを十分に考慮した研究が必要であろう。

## 5　モラール，近隣，変化

　環境について研究1が明らかにしたのは，そのおおまかな構造と細部の両方が，人々がどのように地域を利用するかに影響を与えることであった。近隣の物理的細部というのは，農村部であれ，郊外であれ，都心であれ，人々にとって重要であった。馴染みのある場所，特に人々が長年にわたってつながりをもっている場所というのは，これまでの居住歴のおかげでその場所への資格が与えられているようなものだ。周りの人々を知っている，あるいは知られている（顔見知り程度であっても）という安心感や，道をどこで横断したらよいかだとか，公衆トイレ，近道，安全なルート，特別な場所など，物理的環境を知り尽くしているという自信を得られるのである。近隣について精通しているということはまた，ある程度聴覚や視覚の衰えを補うことができることでもある。回答者らはまた，その近隣に暮らしているという地位によって，地域に支えられていると感じることができるようであった。

　その人の効力が及ぶ近隣，関心やコントロールの及ぶ快適なゾーンの広さはどうであれ，障害や衰えによってコントロールは急速に失われるのである。問題を抱える近隣では，ほとんど全ての人にとってその失われ方が急であろう。急速な衰退というのは，それに適応しなければならない高齢者にとって死活問題である。近年，社会的に欠乏している地域では，住宅ストックやランドマーク的な建造物等の老朽化がみられ，様々な公的サービスや商業的サービスが失われている。このような地域はまた，比較的人口の入れかわりが激しく，犯罪被害の発生率も高いのである (Social Exclusion Unit 1998)。

　　　変わり果ててしまったわ。次々と人が引っ越して来たから，汚くなってしまったでしょ。私がここに住み始めた頃は道路は整備されててきれいだったけ

ど，今は汚くなってしまったわね。(69歳女性，研究1)

　この辺の人をよく知らないんだよ。皆ここに引っ越してきてまたすぐ出て行くからね。住民が次々変わるのさ。次から次に引っ越していくから，この通りに住んでいる人を最近はあんまり知らないんだよ。ここに38年住んでいるけどね。彼らは通過していくだけだね。ここに住んですぐまたどこかに行ってしまう。(63歳男性，研究2)

　家を空けておくのは危険だよ。空き巣が入るからね。昔はよく6か月とか7か月とか休暇で海に行ったりして家を空けても大丈夫だったけどねぇ。今じゃあったった半時間家を空けただけでも空き巣に入られたりするよ。(ソマリア人男性，研究2)

貧困な都市近隣がもつ様々な特徴は，相互に作用しながら，高齢の住民の幸福を奪っている。近隣の変化に適応しなければならないことは，その地域に長く住んできた高齢者にとって大きな挑戦であり，また彼らの行動パターンに深く影響するのである。例えば，サービスの撤退でいえば，高齢者は店や薬局や郵便局を求めて，遠くに行かなければならなくなるだろう。犯罪にあうことを恐れ――この後の節でまた詳しく述べるが――，一人で外出するのをやめたり，タクシーに依存する人もいるだろう。住民の入れかわりが激しいことは，高齢者が安定的な人間関係を築くことを阻害するだろうし，自分と似通った人々に囲まれて暮らしたいという多くの高齢者がもっている願いを妨げるであろう（Cattell and Evans 1999）。人間は，自分と似た属性の人々に囲まれていると守られているように感じるだけでなく（Phillipson et al. 1999），自分とだいたい類似した生活歴をもつ人々と一緒に暮らすと安心感を覚えるのである。このような自然なグループ分けは，シェルタードハウジングのような設定で営まれる集合的居住とは異なるだろう。シェルタードハウジングは安全ではあるが，家と近隣の境界が固定され，近隣との融合を妨げてしまうのである。

## *6* 社会的交流

　基本的に私のご近所というのはこのマンションだね。みんな知り合いなんだよ。(61歳男性，研究1)

今朝そこの家の横を通って買い物に行こうとしたら，女の人が歩いていて，「おはようございます」って言ってきたんです。今まで一度も見かけたことのない人だったんですけど。この辺の人はみんな友好的です。ほとんどの人がね。
　（81歳女性，研究2）

　高齢者の日常の社会的活動の重要な部分は，彼らの近隣で行われていることが研究1でわかった。特に車を所有していない人の場合はなおさらだった。このような方法でコミュニティーの一員となることで，人々は必要な時には助けてもらえるだろうという確信を得ていた。人生のある段階にくると，その時どこにいようと，どこかに落ち着いて生涯の家とコミュニティーを築く必要があるのだと説明する回答者が何人かいた。このような戦略は，個人の性格，境遇，健康などと関係して，近隣との関わりの深さを決定する。

　研究2の多くの回答者は，自分の近隣について気に入っている点を説明する際に，同じ地域に暮らす家族や友人，そして隣人のことをあげた。このことは，居住地域内またはその周辺で頻繁に交流が行われていることを示す社会的関係の様々なデータでも確認されている。子がいる回答者の（サンプル全体の81％）のうち，26％は同居しており，22％は自宅から1マイル（約1.6 km）以内の距離に子が住み，24％には1～5マイルの距離に子が住んでいた。子がいない回答者，あるいは子が遠くに住んでいる回答者の多くには近くに住む親族がいた。兄弟姉妹のいる回答者（サンプル全体の76％）のうち41％は，自宅から5マイル以内に兄弟姉妹が住んでいた。このように家族が近くに住んでいることは，高齢者家族の交流の頻度に非常に大きな影響を与える。34％の回答者が親族に毎日会い，32％は少なくとも週に1回親族に会っていた。したがって，これらの貧困地域に住む高齢者の3分の2は家族と日常的にかなり高い頻度の交流をしていることになる。その他の人々をみると，9％は2週間に1回か月に1回程度家族に会い，11％はそれよりも頻度が低かった。子やその他の親族がいない，あるいは全く会わないと回答したのは15％であった。

　もちろん交流と個人の可動性は同じことではないが，関連はある。例えば，子や親族が高齢者を訪ねてきたら，別の部屋やいすへ移動させたり，あるいは外に連れ出したりするだろう。社会に参加したり関わったりすることは，高齢者のQOLの重要な要素だと認識されている（Victor et al. 2003）。また孤独や孤立を感じている高齢者が実は少数派であるということを研究が示してはいるが，未だなくならない高

齢期の孤独というのは今後も政策と実践において重要な課題である。高齢者自身または他者からの働きかけによって行われる家の内外での社会的交流は、「外出することや動き回ること」に含意される相互作用の原動力に貢献するのである。

　研究2の貧困な地域に暮らす高齢者の多くは、友人や隣人とも定期的に会っていた。79％は自分のコミュニティーで少なくとも一人の友人をあげることができた。そのうち約半数（47％）は、友人と毎日お喋りをするか何かその他のことをしていた。29％は、週に2、3回友達に会い、17％は少なくとも週に1回友達に会っていた。それ以下の頻度であったのはたった8％だった。隣人との交流の頻度は友人との交流頻度に比べほんの少し低かったが、やはりよく行われた。3分の2の高齢者が毎日隣人とお喋りをするか何かをしていた。そして5分の2は少なくとも週に1回隣人に会っていた。全く隣人と交流しないあるいは月に1回以下の回答者は17％であった。

## 7　交通手段

　　ふだんは健康のために往きは歩いて、帰りはバスに乗って帰るんだ。（84歳男性、研究1）

　　ストラットフォードはいいところだと思うわ。だって歩いて街に行って買い物をして、家まで歩いて帰って来れるでしょ。バスの心配なんてしなくていいのよ。ここからイルフォードまでだって行けるのよ。ロムフォードまでだって行けるし。年寄りはニューアムまでのバスの無料乗車券だってもらえるしね。どこへだって行けるわ。駅が結構近いのよ。ストラットフォード駅からたいていのところへ行けるわ。ここに住んでて幸せだわ。（65歳女性、研究2）

　多くの高齢者が様々な交通手段を組み合わせて利用していた。家の近辺では徒歩で移動していたが、遠くへ移動する場合は、自家用車があるかや公共交通機関へのアクセスが良いかなどが重要な問題であった。現在のイギリスの高齢女性は特に車を所有している人の割合が少なく、また男女とも高齢になるにつれ運転をあきらめる傾向にあった。若年層に比べ、特に独居の場合、高齢者は自家用車の所有率が低かった。これは多くの場合経済的な理由によるが、それ以外にも、駐車場の問題や損傷・盗難の対策などの現実的な問題を多く伴い、車を所有することがあまりに厄

介なのである。研究2では，たった26％の回答者しか自家用車を所有していないことがわかった。つまり多くの高齢者にとって，徒歩圏外に出ようとするならば，公共交通機関かタクシーあるいは誰かの助けが必要となることを意味している。移動を他人に依存しなければならないという状態は，自尊感情や自分の能力感にとって決定的に重要な，コントロールの意識を損なってしまう。

　研究4では，交通手段へのアクセスがあること，そして自家用車を所有していることが，その人の経済的状況とは無関係に，QOL感の高さに関連していることがわかった。車を所有していることの利点として利便性，柔軟性，快適性が最も多くあげられた。車を所有していることで外出が可能になり，それが生命線になっている人もいた。車の所有が「より充実した生活」を可能にするものと考えられていたり，アクセスを広げてくれる手段として理解されていた（研究1，4）。実際，研究4の回答者のなかには，「車を中心に生活が成り立っている」と表現する人もいた。車の所有がQOLにとって重要だと考えるのは，女性よりも男性が多い傾向にあった。研究4では，車の所有や運転が自立と関連づけられていた。しかし，維持費の増加の心配（特に高齢になるにつれて）や，健康の悪化，いつまで安全に運転できるかといった心配などが言い表された。運転をあきらめることは，単なる移動の意味以上の部分が理由で難しくなっていることが多くの人の意見でわかった。それは，自尊感情であり，ステイタス，社会的役割，アイデンティティ，価値ある技術の保持，他者を車で送迎してあげられる能力などであった。当然ながら，車をあきらめることは深刻な喪失感をもたらすことが予想されていた。しかし，もうすでに車を手放した人は，まだあきらめていない人に比べて，車の無い生活について前向きな考え方をもっていた（経済的理由のために手放した場合を除いて）。また，タクシーは高価だと考えられており，特別な場合にのみ利用されることがわかった。

　自家用車を所有していない人，または身近に車を所有している人がいない人は，送迎の手配が大きな問題となっていた。多くの人が必要な時には誰かに送迎を頼めるようではあったが，その手配がしばしば厄介であることは明らかであった。研究4の多くの回答者が，車に乗せてくれるよう頼むのが非常に不本意であり，自立をしたいのだと表現した。頼む相手が自分の子であっても，「彼らには彼らの生活がある」と考えていた。この文脈での自立とは，もう全く行くのをあきらめてしまう，タクシーを使う，あるいは可能な場所なら公共交通機関を利用することを意味して

第4章　高齢期の外出，移動と QOL

**図表 4.2**　70歳以上の回答者が"問題"として最も多くあげた10の障害

| 問　　題 | 賛成した回答者（%） |
|---|---|
| 夕方・夜間の身の安全 | 80 |
| 便の遅れ | 68 |
| 待たなければならない | 68 |
| 重い荷物を運ぶのが困難 | 66 |
| 欠便される可能性 | 66 |
| 他の乗客の行動 | 64 |
| 不潔 | 54 |
| 悪天候のなか，出なければならない | 54 |
| 乗り換えがある | 53 |
| 行きたい場所に行くのが難しい | 50 |
| 利用したい時間に便がない | 48 |

（出典）　研究4。

いた。

　公共交通機関を利用することは社会的活動であり，「バスで他人と話ができる」と前向きにとらえる回答者もいたが，他の乗客の行動を心配したり，携帯電話，喫煙，ゴミなどを嫌うなど否定的に考えている回答者が多かった。研究4では，多くの回答者が公共交通機関を利用する際の身の安全（特に夜間）を心配していた。図表4.2は，公共交通機関を利用する場合の問題点をあげている。

　公共交通機関を利用する際の障害となっているものは，公共交通機関自体の問題点に加えて，人々が加齢に伴い虚弱になることによる。信頼できない，アクセスが難しい，費用がかかるといった公共交通機関の問題点は，多くの場合運行サービス量の減少を引きおこすのである。たとえ割引運賃が設定されていても，公共交通機関が高齢者に優しくない部分が多く存在するのである。これら全ての要因が高齢者の生活に影響を与えているだろうが，最も多くあげられた問題が日没後の身の安全であったことは，広く多数の高齢者が望むようには外出できていないことを表している。

　研究4の回答者が，運転をあきらめることも含めて，外に出かけることに関して予想している問題は，高齢期を否定的にとらえていることに関連していた。それゆえほとんどの人が，そのような事態に備えて積極的に計画する気にはなれないと語っていた。多くの回答者は維持費や健康の悪化に直面し，また特に，公共交通機関を利用する方が高齢者にはストレスとならないし，環境的にも良いと広く考えら

れているなか，まだ運転を続けるかどうかについてあいまいな表現をした。そして次の心配は，バスや電車の運転手のなかに，高齢者をお客様ではなく「厄介者」扱いする人がいることであった。公共交通機関の利用の障害となっていることの多く，例えば不潔であること，アナウンスが聞き取りにくいこと，情報提供の問題などは，簡単に改善できるはずである。政府は，高齢者の乗客がもつニーズというのを，差別のない交通を目指す政策のなかで真剣に受け止めなければならない。そうすることで高齢者以外の全ての人々に対するサービスも向上するだろう。

## 8 安　全

　　夜は外出しないよ。車でない限り，考えたこともないね。夜は街のなかだって歩かないよ。(63歳男性，研究1)

　　昔は夜によく犬を散歩に連れて行ったんだけどね。でも今ではこの辺りは若者がたくさん住んでいてね。ひどいものよ。感じの悪い連中だわ。(63歳女性，研究2)

　研究1でわかったのは，都市部と農村部の両方の回答者が，夜間の外出を危険だと考えていたが，都市部では農村部よりも，日中でも身の安全について心配する回答者が多かったことだった。主な心配事は犯罪（特に薬物がらみの犯罪），わいせつな行為，過剰な交通量，騒音，ゴミ，歩道の障害物などであった。これについて，なかには移民が増え多文化になってきたためだと考える人もいたが，大多数の回答者は，主な原因は子どもや若い家族，ティーンエイジャーを含む若者にあると考えていた。

　貧困な地域に暮らす高齢者は，イギリス全土の平均に比べ，犯罪被害にあう確率がはるかに高い（Scharf et al. 2002）。当然ながらこのことは，犯罪の被害にあうことを恐れ，外出を控えることにつながっている。研究2の回答者の圧倒的多数が，夜間に近隣を独りで歩くことが危険だと感じており，安全だと答えたのはたった7％だった。また，高齢者のうち，75歳以上の回答者の方が，60〜74歳の回答者に比べて，夜間の外出の安全を案ずる傾向が強くみられた。男女差をみると，56％の女性が夜間近隣を独りで歩くことを危険だと感じていたのに対し，男性では28％であった。他の調査でも同様の差が報告されており，2001年の英国犯罪調査（British

Crime Survey）によると，60歳以上の回答者で，女性の33%，男性の 9 %が夜間の独り歩きを危険だと考えていた（Kershaw et al. 2001 : 75）。

　夜間に独りで外出することが危険だと感じている人の大多数は，夜間の外出を避ける傾向にあった。この点でいえば，貧困地域に暮らす高齢者の多数は，夜は自宅にいる方がずっと安全だと感じていることを強調することが重要であろう。全体でみて，研究 2 の回答者の46%はとても安全だと感じており，41%はまあまあ安全だと感じていた。とても危険だと感じていたのはわずか 4 %だった。この質問への回答では，年齢や性別による差はあまりみられなかったが，インド人，パキスタン人，ソマリア人の高齢者では10人に1人が夜間自宅にいるのがとても危険だと感じており，白人やカリブ人と比較して安全だと感じる人が少なかった。

## 9　結　論

　犯罪を減らし，高齢者に限らず全ての人に適切な近隣を創造するならば，全ての住民がより安全に感じることができ，そして地域のコミュニティー参加を促進することができる。このことは地域再生の重要な課題であり続けるだろう。研究 2 は，同じ地域に暮らす家族・友人・隣人との交流パターン，そして犯罪の日常生活への影響を分析することにより，高齢者と貧困都市環境のあいまいな関係を露呈した。高齢者が家族や友人とお互いの家を行き来する活発な交流が観察されたが，その一方で，その行き来は，外で身の危険にあう心配によって制限されていたのであった。このことは必然的に社会的ネットワークに影響を及ぼす。このようなインフォーマルな社会的関係が地域のコミュニティーの存続にとって重要であることを政策は認識するべきである。

　グローウィング・オールダー・プログラムで行われた様々な研究を統合することによって，質的そして量的方法論で集められたデータの「際限のない多角的接近」を行うことができた（Fielding and Fielding 1986）。4 つの研究のデータを組み合わせたことにより，環境の物質的，社会的，そして心理的側面が「外出することや動き回ること」に影響を与えていたことを証明できた。このように，社会階層やジェンダー，民族性といった重要な要素が，安全，社会的相互作用，可動性，そして利便性といった多くの論点を強調する。これらの要因が全て，高齢期の生活の可能性と

限界を左右するのである。

　人間には，様々なやり方を試行錯誤することを許容するような家庭環境や近隣環境へのアクセスが必要である。我々は，いかにモラールの低下が一部の高齢者をベッドや寝室に閉じこめてしまうかを述べてきた。そして以前の研究で明らかにしたことであるが，入所施設に代表される一室での生活では，何十年もの人生経験をもつ複雑な個人を（他人に対しても自分自身に対しても）表現するには不十分なのである (Willcocks et al. 1987)。高齢者は不本意ながらも自分の行動範囲が非常に限定されているという現実を受け入れているようである。そして物理的，認知的操作ができる範囲が残っている限り，彼らのアイデンティティは必ずしもおびやかされない。高齢者の QOL や幸福というのは，環境を重視し，高齢者の外出や移動の機会を創造するような政策を実現させることによって，決定的に豊かになり向上するだろう。

### 訳注
(1) 本書第 3 章訳注(3)を参照。
(2) 山田三知子訳『高齢期における生活の質の探求』（ミネルヴァ書房，2009年）の第 4 章「高齢期の環境とアイデンティティ」参照。
(3) 同前書の第 5 章「貧困と社会的排除」参照。
(4) 本書第 3 章の第 3 節「社会経済的不利益と高齢期の QOL」参照。
(5) 「低モラール」の定義が原著では不明確であったので，著者ブリーズに問い合わせた結果，「低モラール」とは，スコアが上位 5 分の 1 の層であるという回答を得た。

# 第5章
# 高齢者の家族役割と経済的役割

リンダ・クラーク，マリア・エヴァンドロー，ピーター・ウォー

## 1 序　説

　人間は生涯において，配偶者，親，祖父母，介護者，有給就業者など，様々な社会的・経済的役割を担う。本章は，3つの研究プロジェクトからの発見事項を基に，このような役割を担うことの経験について考察し，様々な環境でおこる社会的・経済的交換について議論したい。これらの3つの研究では質的方法と量的方法の両方が用いられており，データは第2章で紹介されているいくつかの概念を用いて横断的かつライフコース視点で分析した。

　まず，データ分析に有効な理論的枠組みについて議論する。次に，祖父母性（grandparenthood）の研究からの発見事項を報告し，祖父母の役割，活動，制限，そしてQOLへの影響について述べる（Clarke and Roberts 2003）。家族役割と経済的役割の両方を担うことは，人生のどの段階においても，個人そして家族に利益と負担をもたらす。その次の節では就業と退職における心理的幸福についての研究を報告する（Robertson et al. 2003）。第3に，多重役割責任（multiple role responsibility）について考察し（Evandrou and Glaser 2002a），最後は，政策との関連について考察する。

## 2 理論的背景

　多重な役割従事についての知見は主に北米の研究が基になっており，またその焦

点は多重役割責任と健康・幸福との関連性に集まっている。これらの研究は、二つの正反対の理論的観点、すなわち多重役割責任と幸福の負の関連を示唆する役割緊張仮説（Goode 1960）と、多重役割が幸福に肯定的な影響があるとする役割強化仮説（Sieber 1974 ; Marks 1977）を反映している。実証研究の結果を総括すると、役割を多重に担っている人ほど肉体的・精神的健康度が良い傾向にあり（Adelman 1994a, 1994b ; Voyandoff and Donnelly 1999）、より多くの社会的活動に従事する傾向にある（Farkas and Himes 1997）。その一方で、役割を多重に担う女性に心理的緊張が高い傾向があることを示した研究もあり（Beck et al. 1997 ; Jenkins 1997）、あるいは様々な尺度で測定された幸福にほとんど、または全く影響がないとする研究もある（Verbrugge 1983 ; Spitze et al. 1994 ; Penning 1998 ; Reid and Hardy 1999）。

このように結論が異なってくるのは、単に役割の数が問題なのではなく、その内容も重要であるという事実を反映しているだろう。例えば、家庭で育児や介護をしながら有給就業につくことは、社会的交流や収入の増加といったメリットがある一方で、過度の負担による様々な困難や潜在的な危険がある。このように複数の役割をこなすことの価値はその特徴に依存するのである。いくつかの主要な環境的特徴については後に説明する。

この領域の因果関係の解釈は直接的ではなく、役割責務が幸福にどのように影響を与えるかについて単純なパターンを推測するべきではない。例えば、多くの場合、担っている役割に対して自主的な選択がなされたのかを考慮することが重要である。役割を担うことと主観的幸福の間のポジティブな関連は、その役割を好む人がその役割を自ら選び取り、役割を好まない人がそれを担わないことにしたという事実を反映しているかもしれない。よって研究においては、役割選択の背後にある個人の選好について尋ねることが重要である。この点についての要約を後ほど述べる。

高齢者の QOL はまた、家族内で彼らが担う役割の作用である。家族の絆や世代間の結束は多くの高齢者の幸福にとって決定的に重要であり、社会的排除を免れるという意味でも重要である。ボウリングの QOL 調査（Bowling 1995）では、家族や親族との関係が何にもまして重要であることがわかった。50歳から74歳の回答者を対象とした我々の研究でも、家族活動が生活満足度と情緒的幸福の両方に強い関わりがあることも判明した（Warr et al. 2004）。このような関係は情緒的・実用的・経済的支援だけでなく、互恵的な義務の感情を含んでいる。

世代間の交流は双方向に働く（Quereshi and Walker 1989；Aldous 1995）。高齢者は通常子にケアを依存することができ，子夫婦が働いている場合や離婚した場合などは，祖父母が孫の世話をしたり，経済的，感情的に孫を支援することが期待される。家庭の崩壊，そして特に孫との関係が断絶してしまうことは，高齢者の肉体的・精神的健康にとって深刻な打撃となり得る（Kruk 1995）。これらの論点については次の節で詳しく考察する。

## 3 高齢者の家族内の役割と高齢期の QOL[1]

家族関係というのは，個人や家族，社会一般の幸福に最も重要なものである。このような人間関係には情緒的・実用的・経済的支援だけでなく，相互支援や互恵的義務などの感情が含まれる。若い年齢層では配偶者，子ども，親との関係が最も重要であるかもしれないが，高齢者にとっては孫との関係も非常に重要である。しかしイギリスでは孫と祖父母の関係性についての情報は非常に少ない。

政府の諮問文書「家族を支える（Supporting Families）」（Home Office 1998）は，祖父母が家族を支える重要な役割を担っていることに言及し，祖父母が家庭生活においてよりいっそう積極的な役割を果たせるよう促進したいと述べている。しかし，祖父母のことを一般化するのは，高齢者を一般化するのと同様，誤解を招きやすい。アメリカ合衆国の研究では，祖父母の役割について，かなりの多様性や異質性が報告されている。我々の研究（Clarke and Roberts 2003）の主な目的の一つは，祖父母の役割の本質を探り，祖父母が子家族に対して行っている経済的・実用的・情緒的支援の実態を理解することである。また，祖父母性が高齢者の QOL に良い影響を与えているのかどうか，また祖父母の役割，活動の程度や種類がどの程度高齢者自身の選択によるものなのか，あるいはやむをえずなされているものなのかを探求した。

本研究は質的調査と量的調査を併用している。第1段階では，1999/2000年に国立統計局（Office of National Statistics）より，全国を代表するサンプルに対して電話インタビューを行い，2001年にもサンプルを追加して行った。第2段階では，第1段階のサンプルから45人の祖父母を抽出し，祖父母業やその意味について尋ねる詳細なインタビューを行った。第3段階では祖父母と孫の間のサポートについての情

報を集めた。これまでの国内調査のデータよりも我々の国立統計局の調査データが優れている点は，これまでの調査が回答者の孫のうち何人かのみについて質問しているのに対し，我々の調査は回答者の全ての孫について調査している点である。

## 祖父母性と QOL

回答者らは，祖父母性が自分の生活の重要な部分であるという意見で一致した。7割の回答者が孫との関係を「生活で最も重要なものの一つ」と答え，15％は「最も重要なもの」と答えた。また，55％の回答者は祖父母であることが QOL に「非常に」良い影響があるとし，31％は「かなり」良い影響があると答え，全く影響がないとしたのはたった4％だった。

詳細なインタビューでも孫との関係の重要性について質問し，また孫以外の人物との関係についても尋ねた。45人中7人は孫との関係が生活のなかで最も重要であると答え，9人は重要な関係であるが，最重要ではないと答えた。量的調査と同様，過半数の回答者が孫との関係を生活のなかで最も重要なものの一つと答えた。孫の他には，自分の子や家族全般との関係が重要であると答え，そして結婚している人やパートナーのいる人は，夫婦関係をあげた。また友人関係も重要であるとしてあげられた。

詳細なインタビューではまた，QOL を向上させる3つの要因をあげてもらった。最も多かったのは家族（子や孫を含む）との関係であった（45人中28人）。続いて，健康（13人），そして配偶者やパートナーとの関係（9人）であった。十分なお金を持っていること，という回答もあった（8人）。その他の回答は（多かった順に），友人，やりたいことができること，働くこと，休暇，教会のメンバーである／信仰をもつこと，であった。QOL を悪化させる要因にあげられたのは，自分や家族が病気になること（17人），経済的困難（6人），仕事のストレス（4人），自由に歩き回れないこと（4人）であった。他には，家族についての悩み，孤独であること，近隣環境が悪い，などであった。このように家族との関係は QOL を向上させる要因として圧倒的に重要であった。

回答者の中に1人だけ孫との関係が QOL を悪化させたと回答した男性がいた。彼は娘の薬物依存問題で2歳の孫娘を引き取っていた。彼が唯一のケースであったが，イギリスではアメリカ合衆国（Fuller-Thompson et al. 1997；Casper and Bryson

1998）に比べて，監護権をもつ祖父母についてほとんど調査されていないため，報告する価値がある。孫を引き取ったことで，この回答者の生活は激変するが，それは良い方向にばかりではなかった。しかし彼は，どのような犠牲を払ってでも孫との関係を維持したいと考えたのであった。彼の生活がどのように変化したかを尋ねた。

　　重荷という言葉は使いたくないけど，確かに私の生活を変えてしまいました。悪い方向にね。もし私が間に入ってこうしなければ，孫は誰かに引き取られ，私はもうあの子に会えなくなったでしょう。だから私が引き取ることにしたんです。もちろんこれが理想ではなかったけど，あの子に会いたいから，だからその意味では私の生活をめちゃくちゃにしたとはいえませんね。でも基本的にこれは私の人生を保留しているようなものです。10年か15年かこれが続くかもしれません。

### 祖父母が行う支援

　祖父母についての全国的なデータが十分に存在しない状況で，政策は祖父母の置かれている状況，役割，義務の多様性を無視する傾向にある。政府は，母親が就業している家庭や，離婚家庭やその他の困難を抱える家庭において，家族を支える祖父母の役割の重要性を強調している。この目的で，政府は地方の住宅部局に対して，祖父母が子家族の近くに住むことができるよう支援することを促している（Home Office 1998）。我々の研究では，祖父母の行っている支援内容についての情報を質的インタビューで集めた。調査から明らかになったのは，祖父母が行っている支援の種類や方法，そしてしてあげたいと思っている支援の内容が多様であることであった。どのような支援が適切かについて回答者間で意見が大きく分かれた。ほとんどの祖父母が，自分の子や孫が必要とするとき支援する意思をもっていた。例えば，子育てや，赤ちゃんを預かることや，離婚などの危機の時などの助けであった。なかには「孫のためなら全て投げ出す」覚悟の人もいたが，自分の時間は自分のもので，何が合理的で何がそうでないかの境界線を引いている人もいた。「娘達には，本当に困ったとき以外は頼らないで，って言ってあります。私は備え付きのベビーシッターじゃないって。危機の時には私が必ず助けに来るって彼女たちはわかっています」。

祖父母が行っている支援は主に，実用的，経済的，情緒的の3種類に分類できた。祖父母，特に祖母は歴史的に子育ての追加的資源として中心的な役割を果たしてきた。そして赤ちゃんの誕生や引っ越し，そして親が病気になった時など，人生の一大事に決まって駆り出される。しかし祖父母はもっと長期的な危機にも重要な役割を担う。回答者のなかには，離婚した子家族が実家に戻ってきて長い期間になるので，辛く感じている人もいた。または子が離婚／死別して，孫や子が困っているので実用的な支援をしている人もいた。回答者のなかには，かなりの範囲の支援を行い，特に母親が就業している場合には孫の世話のために多くの時間を費やしていた人もいた。極端な例は，前述の孫娘を養育していた男性である。

　全般的に，実用的支援は家族交流の範囲内とみられていたが，回答者のなかには子育てをどの程度手伝うかについて選択権はないと表現するものもいた。例えば，娘（または義理の娘）が家賃（またはローン）を支払うために働かねばならないが，保育費がまかなえない，あるいは納得のいく保育サービスがない，といったものであった。祖父母らはこのような事態に憤っていたものの，孫や娘らが受ける不幸に比べたら自分が強いられる不便の方がまだましだと考えていた。

　調査で明らかだったのは，経済的支援の程度は，祖父母の所得レベルや価値観，そして子の境遇の両方によって実に異なっていたことだった。祖父母のなかには，孫のために贅沢品をわざわざ買いに出かける人もいた。「孫に自転車も買ったし，オーディオセットも買ってやったし，スカイテレビの代金も払ってやったよ」。その一方で，必需品を買うことで支援している祖父母もいた。「靴を買うのはいつも私の役目なのよ」。そしてまた，自分の経済的状況から，自分が望むほどには物を買ってあげられないことを嘆く祖父母もいた。「ああ，孫に何も買ってあげられなくて。そのことが辛いんです」。

　子が離婚した場合などは，多くの場合祖父母が介入して経済的困難を救済していた。時にこれは，両親が揃っているいとこ達の生活との差を埋めるためであった。「孫達にちゃんとした休暇を与えてあげたいんです。友達に話せるような。あの子のいとこ達と同じようにしてあげたい」。あるいは，シングルマザーが必要とする基本的な支援も行われていた。

　ほとんどの家族でみられる情緒的支援は，家族関係のなかの日常的な「やりとり」ととらえられていた。情緒的支援が言及されるのは特別な場合であり，特に離

婚との関連が多かった。このような状況にある祖父母の多くは，どのように個人的感情を抑えて，どちらか片方の味方につくことなく，「孫のための安全地帯」を提供する役割に徹するかを語っていた。祖父母のなかにはとても傷ついた孫を救うために非常に深く関与している人もいた。「私たちは夜でも何かあったらいつでも呼び出されたよ。ジョセフがお父さんのことを恋しがって悲しい時，まあそれはいつものことだけどね，よく我々の家に連れて帰ったものだよ」。概して，祖父母の回答者による説明を分析すると，彼らは広範なサポートを提供しており，多くの場合それは望んで行われていたが，他に支援する人がいないために仕方なく行われている場合もあった。

### 祖父母役割の制約と交渉

　祖父母の役割とは，ある程度祖父母自身のコントロールが及ばないことである。孫をもつという決断は必ずしも祖父母が影響できることではない。孫と祖父母の間にいる親世代が孫と祖父母の相互作用の性質を大きく支配する。ある祖母は自分の気持ちを，「祖母になるのは特権だわね。だけど私たちが懇願するものではないわ」とまとめた。孫の親は「門番（gatekeeper）」の役割をしており，祖父母達はそのことをよく理解していた。実際，祖父母の役割の交渉，そして「干渉しない」ことが祖父母の談話のキーテーマだった。

　量的調査のほぼ全ての祖父母回答者が孫の生活に関与しており（孫に全く会わないと回答したのはたった0.5％だった），干渉しすぎて親と衝突したり緊張状態にならないよう，支援のバランスをはかる必要があることを理解していた。ほとんどの回答者が祖父母のあいまいな立場を認識しており，「親が自分たちで子育てをするのを離れたところから見守る」ことの必要性を認識していた。むしろ祖父母の責任は，必要とされた時に助言を与えること，支援的な態度でいること，そして批判や干渉はしないが関心を示すことと考えられていた。多くの回答者は，おそらく孫の誕生と同時に，親となった我が子に対する態度が変わり，子育てのやり方に口出ししないよう心がけるようになったと感じていた。祖父母らは，子との安定的な関係を維持するためにとっていた多くの戦略を報告してくれた。

　孫に関する祖父母と親の間の衝突は，孫が幼い場合の方が多く発生していた。これはたいていが親の行うしつけ方法に関係しており，特に食事に関することが多

かった。意見の相違や衝突を償う必要があると祖父母が感じていたことは，祖父母役割の不安定さを露呈している。干渉をしないでいるのも難しく，特に孫の親が離婚している場合はなおさらであった。祖父母らは家族の問題に干渉しないように努めるのだが，我が子を助けるために介入する責務も感じていた。このことは先行研究でも観察されており（Drew 2000），カーディフ法科大学院による離婚家族についての研究でも確認されている（Ferguson et al. 2004）。

回答者のなかには，子の離婚が自分の祖父母役割にそれほど影響していないという人もいたが，多くは子の離婚によって自分の生活が甚だしく変化したと回答した。それは特に支援の種類や量という意味で，これまで以上のものを求められているように感じたり，両者に公平に振る舞ったり仲良くつきあっていこうとすることで緊張をより強く感じることなどであった。離婚は祖父母役割の交渉を通常よりいっそう危険をはらんだものとし，祖父母の生活に厳しくはね返り，極端な場合には完全な絶縁状態を招いていた。このようなケースは今のところまれではあるが，多くの回答者はこのような事態になるのを恐れ，そうならないように努力するのであった。昨今の離婚の増加から，このようなケースはますます珍しいものではなくなるだろうが，我々の量的調査からわかったのは，離婚後に孫と交流が途絶えてしまうのは父親側の祖父母である傾向が強いことであった。

## 4　就業と退職の心理的幸福

有給就業というのは西洋社会の中核をなすものである。ほとんどの成人が人生の大半を就業に費やし，退職でそれを終える。ここ何十年かで早期退職の傾向が現れ，最近はより定着しつつある。現在イギリスでは，50～64歳の男性，そして50～60歳の女性の70％が有給就業している。それ以上の年齢ではその割合はたった9％である。

就業や退職の問題は高齢者自身にとって個人的に重要であるが，また政府にとっても年金制度や国の生産力との関連で重要である。もう一つの関心は，例えば幸福の差の可能性である。なぜなら幸福かどうかが就業を求めるのかあるいは避けるのかの動機づけに影響する可能性があるからである。

これについてこれまで多くの研究が行われてきた。有給就業を続けることは，退

職することと比較して有益であるという結果の研究と，有害であるという結果の研究の両方が存在し，また差異はないとする研究も多い。例えば，就業が有益であるとするアキノらの研究（Aquino et al. 1996），退職した方が幸せだとするライツらの研究（Reitzes et al. 1996），そして違いが観察されなかったロスとドレンテアの研究（Ross and Drentea 1998）などである。このように結果が異なるのは，研究ごとの年齢層や就業カテゴリーの定義の差が原因であると考えられる。

しかし先行研究の結果の不一致はそれだけではなく，サンプルが経験している環境の差によるところもある。ある人にとっては退職（または就業）が望ましい特徴を伴っており，一方では退職や就業が主に悪い環境で経験されている人もいる。例えば，家庭で相当量の介護を担っている高齢者がさらに有給就業でも過重な労働を強いられている場合などである。

幸福に影響する環境的特徴の一般モデルは（Warr 1987），あらゆる状況をカバーしており，おそらく高齢期の生活空間にもあてはめることができるだろう。若年層の雇用や失業の研究を基に作成したこのモデルは，いかなる環境も以下の9つの特徴の影響によって個人の幸福を増強したり損なうことを提議している（身体的健康との類似性によって「ビタミン」と形容する）。それらは，①個人がコントロールできる機会，②技能を活用できる機会，③外的設定目標，④変化・多様性，⑤環境的明瞭さ，⑥所得水準，⑦身体の安全，⑧人的交流の機会，⑨評価された社会的地位，である。これらの各カテゴリー内での作用が若年期の心理的幸福に大きく関係することを証明する多くの証拠が存在する。

就業と退職に関する本研究において，このモデルを50～74歳の人々に応用することにする。有給就業しているか退職しているかの役割（そしてまた公的年金支給年齢未満の場合は，失業や求職状態）は，主要な環境的特徴のレベルを通して，その影響が異なってくると考えられる。このようにして，例えば働き続けることがこれらの特徴のレベルによって，その高齢者にとって良くも悪くもなる。退職した人の幸福もこれらの特徴のレベルに依存するだろう。よって我々の研究は，単に「退職」か「就業」のどちらのカテゴリーかで比較するのではなく，それぞれの役割での人々の置かれている環境の性質を評価するのである。QOLは環境の内容に依存するのであって，単にどちらのカテゴリーに属するかではない。

アンケート調査票を50～74歳の男女1167人から回収することができ，回答者を就

業者，失業者，退職者に識別した。回答者には多項目スケールを完成してもらい，先の9つの環境的要因についての認識を引き出した。従属変数は情緒的幸福と生活満足度である。生活満足度の尺度は，これまでの人生をふりかえった熟慮に基づいており（例：「もし人生をやり直せるとしても，ほとんど何も変えないだろう」），一方，情緒的幸福というのは，もっと短期間の感情の状態に基づいている（例：「沈んで憂鬱」に感じるのではなく「穏やかで平和」に感じる）。これらの尺度の項目は以前の論文で提示している（Warr et al. 2004）。

環境的特徴は，就業・失業・退職の3つのグループで非常に異なることがわかった。失業者の環境は，就業者・退職者と比較して，全てにおいて非常に貧しいことがわかった。さらに，就業者は退職者に比べて，コントロールの機会が非常に低く，外的設定目標の値が大きく，人的交流が多く，そして評価された社会的地位の値が大きいことがわかった。

環境的レベルが低い失業者は，両方の幸福感も非常に低かった。他の研究でも報告されているように，我々の研究の失業高齢者サンプルも，それ以外の人々に比べ非常に幸福感が低いのであった。しかし，就業者と退職者の比較では概ね，生活満足度と情緒的幸福はほぼ等しいことが示された。つまり，高齢期の退職者と就業者では，幸福に大差はないと結論づけることができるだろう。短期間の過渡期の混乱はあるだろうが，概して退職者でも就業者でも幸福感はほぼ同程度であった。

しかし，状況によってパターンは変わる可能性があり，我々は調整要因の可能性を考慮する必要がある。例えば，9つの主要な環境的特徴における個人差は，生活満足度や情緒的幸福の差とどのような関連があるだろうか。

環境的特徴の認識レベルと生活満足度の間の相関関係は，3つの全ての役割において平均が＋0.40であり，情緒的幸福の平均値は＋0.30であった。よってこれらの特徴のレベルは高齢期の就業，退職，失業の全てにおいて有意であり，情緒的幸福よりも生活満足度でより大きかった。

環境的特徴の重要性をより詳しく検証するために，我々は階層的重回帰分析を行った。第1段階として，生活満足度・情緒的幸福と役割との関連を分析した。既に述べたように，失業は明らかに幸福を損なっていたが，就業と退職に差はみられなかった。次に，役割に加えて環境的特徴を分析に組み入れた。分析の詳細は他で述べている（Warr et al. 2004）。

生活満足度の結果をみると，回帰分析の第2段階で入れた9つの環境的特徴と役割は，役割そのものと満足度の関連を外した。言い換えるなら，環境的特徴の認識レベルが統計的に役割と生活満足度の関連を説明した。すなわちそれは，環境的特徴のレベルが重要なのであって，どちらかの役割に属することではないということである。本研究で検証された，生活満足度に対する重要な環境的特徴は，コントロールできる機会，変化・多様性，環境的明瞭性，所得水準，身体の安全，人的交流の質，評価された社会的地位，であった。生活満足度は，就業しているか，退職しているか，失業しているかに関係なく，これらの特徴を多く経験している人が高いのである。

　これらの環境的特徴は，これまでの研究で幸福にとって重要だと証明されたものに基づいて選択された。よってこれらが，生活満足度と関連があったことは驚くことではない。注目すべきは，役割間にみられる平均的幸福の差がこれらの特徴で説明できることである。退職したかどうかは幸福の要因ではない。どの役割でも同じ環境的特徴が重要である。就業，退職，失業，全ての役割における幸福を理解するためには，それらのレベルを調べなければならない。個人の役割に関係なく，これらの基本的な特徴の違いがその人の幸福を大きく決定するのである。

　環境的特徴の他に，役割における幸福の差の第2の調整要因は，個人の選好である。人々が自分の今の役割を望んでやっているのか，それとも経済的理由や他の理由で仕方なくやっているのかどうか。この領域における個人の選好については，有給就業への明示的な傾倒という見地から研究されることもあった。これまでの研究で，失業者に負の関連が認められ，つまり働くことを希望していながら失業している人は，そうでない人に比べ一層不幸せであることがわかっている（Warr et al. 1988）。本研究の退職者においてもそれはあてはまった。50歳から74歳の退職した個人にとって，就業への傾倒と情緒的幸福，そして生活満足度との相関関係は，それぞれ−0.25と−0.30であった。有給就業を続けることを希望していたのにもかかわらず退職した人はあまり幸福ではなかった（有給就業を続けていた回答者では正の相関関係がみられ，就業への傾倒が強いほど幸福感が強かった）。幸福感はつまり，個人が希望通りの役割についているかどうかにある程度依存するのであった。個人の選好の重要性はまた，退職のタイミングをどの程度自分で決定できたかという点においても重要であった。スワンら（Swan et al. 1991）は，自ら選んだのではなく，やむな

く退職した人々は，意気消沈したり，退職生活について否定的な感情を表す傾向があることを報告している。実際には，不本意な退職の多くは健康不良が原因であり，不本意な退職者が抱える健康問題がまた幸福の低さに影響してしまっている。本研究でも，健康不良で早期退職を余儀なくされた回答者は，自ら選択して早期退職した回答者と比較して，情緒的幸福と生活満足度が非常に低い。

よって就業関連の役割と幸福の指標との関係は，環境的特徴と個人の選好に依存していることが証明できた。我々はこのようなより明細な変数を検証しなければならないのであり，単に労働市場のなかで，どのような役割（退職か失業か就業か）に属しているかで幸福度を決定すべきではない。本節の初めに述べた，退職に関する先行研究の結果のばらつきはある程度，これらの調整変数の測定の差異から生じているのだろう。さらにこれらの変数は，他の様々な役割においても生活満足度や情緒的幸福に影響すると予測される。

## 5　家庭と仕事の両立

労働市場に参加する女性の増加，子どもが自立して家を離れる年齢の上昇，そして平均寿命の上昇などの社会経済的・人口学的変化は，有給就業と介護や子の養育との板ばさみになっている人々の増加をもたらしている。本節では，中年期（女性：45〜59歳，男性：45〜64歳）の多重役割従事（multiple role occupancy）の程度について探求し，多重役割責任とQOL（物質的資源）の関係を検討する。1994〜95年の「家庭と労働生活についての調査（Family and Working Lives Survey）」のデータを利用し，現在と過去に行われた多重役割従事や役割の数について調べた。「家庭と労働生活についての調査」では，16歳から69歳までの全国のイギリス人9139人に対して1994年から95年にかけてインタビューを行った。全国世帯調査（General Household Survey）に比べてこの調査が優れている点は，これが過去の介護や就業や家庭生活などについてのエピソードの回顧データを含んでいる点である。各回答者の，16歳時点から調査時点までの人生の各月について，介護を提供したか，子育てをしたか，有給就業についていたかなどを記入した。これにより現在と過去の両方での役割従事を分析することが可能になった。

本研究では，「親」「介護者」「有給就業者」の3つの役割に焦点をあてることに

**図表 5.1** 家庭と労働生活についての調査研究における役割従事と重度の役割従事の操作的定義

| 役割従事 | 重度の役割従事 |
|---|---|
| 介護者<br>　病人・障がい者・高齢者を介護している | 週に20時間以上の介護をしている |
| 親<br>　家庭に子がいる | 1人以上の扶養児童，あるいは(a)〜(d)のいずれかの状態の成人した子を養育している<br>　(a) 慢性的な病気や障害をもっているか，働くことができない<br>　(b) 失業している<br>　(c) 離婚／離別／死別している<br>　(d) 25歳以上の子が1人以上同居しているが，世帯収入に貢献する成人子がいない |
| 有給就業者<br>　有給の仕事に就いている | フルタイムで働いている（週30時間以上） |

（出典）　エヴァンドロー他（Evandrou et al. 2002b）。

した（図表5.1）。親役割の変数は，世帯に子（養子や継子も含むあらゆる年齢の子）がいた人といなかった人を区別し，先行研究に合わせた（Spitze and Logan 1990；Rosenthal et al. 1996；Farkas and Himes 1997；Penning 1998）。先行研究では，未成年子は成人した子よりも親の労力が大きい傾向にあることを確認している（Bartley et al. 1992；Dautzenberg et al. 1998；Reid and Hardy 1999）。よって，未成年の子が少なくとも1人いる回答者はより「重度」の親役割をしていると定義した。

### 多重役割従事の程度

分析で示されたのは，有給就業につきながら介護と育児を同時に行う「板ばさみ」の状態というのはまれであることであった。有給就業と介護，またはその他の多重役割形態に従事している回答者の割合は小さかった。はっきりとしたジェンダー差がみられ，男性は女性と同じかそれ以上に多重役割を担っている割合が高くなっている（図表5.2）。これは，男性の方が労働市場に参加する割合が高いことと，親になるタイミングが遅いことを反映している。人口学的・社会的特徴が多重役割従事に影響しているとみられ，年齢が高い，未婚，そして健康不良の人々は男女ともに多重役割を担っている割合が低かった（Evandrou et al. 2002）。

確かに中年期で今現在多重役割を担っている人の割合は比較的低かったが，長期間についてみるとその割合は非常に高い（図表5.3）。特に，非常に多くの人が人生

**図表 5.2** 中年期回答者（45〜59/64歳）の現在の役割従事数の男女別分布（％）

| 現在の役割従事 | 男性(45〜64歳) | 女性(45〜59歳) |
| --- | --- | --- |
| 役割なし | 21.7 | 15.3 |
| 一役割 | | |
| 　介護者 | 1.9 | 2.9 |
| 　親 | 9.3 | 15.1 |
| 　有給就業者 | 27.5 | 27.7 |
| 二役割 | | |
| 　介護者と親 | 0.8 | 2.2 |
| 　介護者と有給就業者 | 1.2 | 1.9 |
| 　有給就業者と親 | 36.2 | 32.4 |
| 三役割 | | |
| 　介護者と親と有給就業者 | 1.4 | 2.6 |
| サンプル数 | (1330) | (1178) |
| $\chi^2=46.92$, 自由度=7, $p=0.000$ | | |

(注)　表中のサンプル数は加重されたものではないが，％は加重された値である。
(出典)　エヴァンドロー他（Evandrou et al. 2002b）。

**図表 5.3** 中年期回答者（45〜59/64歳）の回顧的な多重役割従事の男女別分布（％）

| | 男性 | 女性 | 計 |
| --- | --- | --- | --- |
| 同時に2つ以上の役割に従事したことがない | 13.1 | 7.9 | 10.6 |
| 同時に2つの役割に従事したことがある | | | |
| 　介護者と親 | — | 0.1 | 0.1 |
| 　介護者と有給就業者 | 2.8 | 3.7 | 3.2 |
| 　有給就業者と親 | 72.9 | 65.8 | 69.6 |
| 　有給就業者と親（そして別の時期に）介護者と親 | 0.8 | 4.7 | 2.6 |
| 同時に3つの役割に従事したことがある | | | |
| 　介護者と親と有給就業者 | 10.5 | 17.9 | 13.9 |
| サンプル数 | (1027) | (947) | (1974) |
| $\chi^2=63.92$, 自由度=5, $p=0.000$ | | | |

(出典)　エヴァンドロー他（Evandrou et al. 2002b）。

のある段階で介護や育児などの世話役割を行っている。よって，ライフコースにわたる調査では，横断的分析が示すよりも，多重役割従事がより一般的な経験であることがわかった。このことはダイナミックなアプローチをとることの重要性を強調している。

### 経済的幸福に対する役割従事の影響

先行研究は主に，多重役割と幸福の関係を調査する際に横断的データに依存していた（例えば，経済的資源と健康の関係の研究など）。本プロジェクトは，「家庭と労働

第5章　高齢者の家族役割と経済的役割

**図表 5.4** 中年期の男女の国家基礎年金の現在までの受給資格（満額に対する割合）の男女別・年齢別・現在の役割従事数別分布（％）

|  | 45～49 | 50～54 | 55～59 | 60～64 |
|---|---|---|---|---|
| 男性 |  |  |  |  |
| 　役割なし | 64(52) | 77(67) | 82(72) | 91(82) |
| 　一役割：介護者 | 72(59) | 77(64) | 85(78) | 96(91) |
| 　一役割：親 | 73(57) | 72(60) | 88(77) | 97(89) |
| 　一役割：有給就業者 | 69(68) | 78(77) | 88(87) | 91(90) |
| 　二役割：介護者と親 | 70(65) | 88(82) | 88(69) | 78(61) |
| 　二役割：介護者と有給就業者 | 71(71) | 69(69) | 81(81) | 97(97) |
| 　二役割：有給就業者と親 | 67(66) | 76(75) | 88(87) | 96(95) |
| 　三役割：介護者と親と有給就業者 | 67(66) | 72(72) | 87(87) | 92(86) |
| 　男性平均 | 68(65) | 77(73) | 86(81) | 84(75) |
| 　[サンプル数] | [408] | [329] | [342] | [343] |
| 女性 |  |  |  |  |
| 　役割なし | 40(28) | 48(40) | 50(43) |  |
| 　一役割：介護者 | 56(30) | 54(46) | 55(45) |  |
| 　一役割：親 | 42(28) | 42(28) | 44(31) |  |
| 　一役割：有給就業者 | 48(46) | 41(37) | 42(40) |  |
| 　二役割：介護者と親 | 45(33) | 61(48) | 53(36) |  |
| 　二役割：介護者と有給就業者 | 49(48) | 60(59) | 43(39) |  |
| 　二役割：有給就業者と親 | 39(31) | 43(36) | 37(31) |  |
| 　三役割：介護者と親と有給就業者 | 43(31) | 32(18) | 45(41) |  |
| 　女性平均 | 42(33) | 43(36) | 45(39) |  |
| 　[サンプル数] | [477] | [405] | [435] |  |

（注）「家庭と労働生活についての調査」のメインサンプルのみに基づく。中年期とは、男性が45～64歳、女性が45～59歳と定義。サンプルサイズは加重していないデータに基づく。保険料納付年数の平均は、加重したデータを使用して算出。国家基礎年金の受給資格レベルの算出は、男性が（保険料納付年数＋クレジットの年数）/(44－家庭責任保護の年数)、女性が（保険料納付年数＋クレジットの年数）/(39－家庭責任保護の年数) である。( ) 内の値は国民保険クレジットと家庭責任保護を考慮する前。
（出所）「1994/95年家庭と労働生活についての調査」の分析。

生活についての調査」から広範な生活史の情報を利用して、多重役割従事がどのように高齢期の年金資格に影響しているかを追究する。回顧的情報を利用し、過去に行った労働経験の尺度を導いた。これにより、回答者の年金資格の平均を計算し、それが現在と過去の役割従事によってどう異なるかを探索することができた。

国民保険クレジット (National Insurance Credits)[2] や家庭責任保護制度 (Home Responsibility Protection)[3] という形の公的福祉手当が、介護や育児で有給就業できない男女に重要な保護を提供している。クレジットが加入年数に加算されたり、あるいは家庭責任保護の年数が考慮されたりすると、様々な役割従事の間で基礎国家年金

**図表 5.5** 現在の役割従事別第二年金加入割合（%）

| | 国家第二年金<br>（累進年金または<br>国家所得比例年金） | 私的年金<br>（職域年金または<br>個人年金） | いずれかの<br>第二年金 | （数） |
|---|---|---|---|---|
| 男性 | | | | |
| 　役割なし | 60 | 70 | 93 | (388) |
| 　一役割：介護者 | 71 | 62 | 100 | (32) |
| 　一役割：親 | 77 | 75 | 98 | (97) |
| 　一役割：有給就業者 | 72 | 79 | 97 | (456) |
| 　二役割：介護者と親 | 68 | 69 | 100 | (7) |
| 　二役割：介護者と有給就業者 | 84 | 66 | 100 | (18) |
| 　二役割：有給就業者と親 | 73 | 83 | 98 | (343) |
| 　三役割：介護者と親と有給就業者 | 79 | 100 | 100 | (12) |
| 　男性平均 | 70 | 78 | 97 | (1353) |
| 女性 | | | | |
| 　役割なし | 61 | 40 | 78 | (243) |
| 　一役割：介護者 | 63 | 53 | 89 | (44) |
| 　一役割：親 | 68 | 28 | 80 | (142) |
| 　一役割：有給就業者 | 59 | 63 | 87 | (415) |
| 　二役割：介護者と親 | 74 | 30 | 81 | (18) |
| 　二役割：介護者と有給就業者 | 66 | 65 | 94 | (30) |
| 　二役割：有給就業者と親 | 71 | 60 | 90 | (285) |
| 　三役割：介護者と親と有給就業者 | 77 | 42 | 84 | (24) |
| 　女性平均 | 66 | 51 | 85 | (1201) |

（注）「家庭と労働生活についての調査」のメインサンプルのみに基づく。中年期とは，男性が45～64歳，女性が45～59歳と定義。サンプルサイズは加重していないデータに基づく。割合は加重したデータを使用して算出。
（出典）「1994/95年家庭と労働生活についての調査」の分析。

(Basic State Pension) の受給資格に大きな差は生じなくなる（図表5.4）。

しかし，職域年金や個人年金などの二階部分の年金資格において大差が生じるのである（図表5.5）。よく知られているように，女性は特に不利な状況にある（Ginn et al. 2001）。「家庭と労働生活についての調査」の分析でも，15％の中年女性は公的・私的の二階部分の年金のどちらにも加入していなかった。今現在親役割だけを担っている人の場合，その割合は20％であった。職域年金か個人年金に加入しているのは，男性が4分の3であるのに対し，女性はたった半分であった。さらに，育児のみか育児と介護をしている女性のなかでは，この値は3分の1以下である。女性は，二階部分の年金に加入している割合が低いだけでなく，加入年数も短かった（男性が平均21年に対し，女性は13年であった）。基礎国家年金の相対的価値が下がり続

けている状況で，二階部分の年金は高齢期に十分な所得を確保するためにますます重要となっている。これらの発見事項から，介護や育児という重要な社会的役割を担った女性が高齢期に経済的に困窮するリスクが高い傾向にあることが露呈した。

政府が推進している「ワークライフバランス運動（Work-Life Balance Campaign）」(DfEE 2000）と並行して，我々も介護や育児といったケア責任が就業や年金の受給にどのように影響を与えるかを詳しく分析してきた（Evandrou and Glaser 2003）。「家庭と労働生活についての調査」では，ケア責任を抱えている中年女性の多くが，有給就業とケア責任を両立させるという選択ができなかったことがわかった。ケア責任のある5人に1人の中年女性は，ケアを開始するときに仕事を完全にやめていた。そしてさらに5人に1人は労働時間を減らしており，よって収入が減少していた。さらに，ケア責任が理由で仕事をやめた男女は，そうでない回答者に比べ職域年金の加入率が低かった。そして加入していた人々でさえ，仕事を続けていた人と比較して加入年数が短かった。このことは高齢期の年金受取額に直接影響する。

## 6　結　論

我々の研究の発見事項には，家庭や経済的役割，そして高齢期の幸福への重要な示唆が多く含まれていた。祖父母性についての研究は，家族関係の複雑さ，祖父母になることの意味や経験の多様さ，そして祖父母が提供している重要な社会的・情緒的・経済的セーフティネットを強調した。しかし同時に明らかになったのは，祖父母業が交渉や制約という特徴を伴っていることである。政府は祖父母のもつはかりしれない潜在能力を認めており，特に世話の役割や危機の際に発揮される役割を認識している。しかし政策立案には，祖父母役割の多様性や，孫の家庭環境の多様性が考慮される必要がある。明らかなことは，この重要な家族関係の複雑さ，そしてこれが近年の家族生活の変化と共にどのように変化しているのかを解明するためにさらなる研究が必要なことである。現代の家族関係はより一層複雑化しているが，多くのイギリス人高齢者にとって祖父母性は重要な家族関係であり続けるだろう。

有給就業と退職についての研究プロジェクトでは，有給就業を続けている人と退職した人の間で，生活満足度や情緒的幸福に大きな差がなかったことが示された。QOLとはどちらの役割についているかで決まるのではなく，①個人が置かれてい

る環境の性質，②個人の選好，の2つの要因によって決定するのである。

　高齢者の幸福に重要な環境的特徴には当然，所得水準が含まれる。しかし，設定によって異なるその他の特徴には，個人が生活空間に影響を与える機会があるかどうか，将来発展する見込みがあるか，そして他者との交流の質などが含まれる。

　第2の調整要因，個人の選好は，ある程度これらの環境的側面を基にしているが（人々は望ましい内容をもった役割を好む），社会で確立された態度や動機にもある程度由来する。例えば，高齢期の就業は，望んで仕事をしている人と経済的な理由などからやむなくしている人では全く意味が異なる。国や地方の政策は，このような差異を与える影響を十分認識すべきであり，単に役割に基づく安易な断定は避けるべきである。

　家族役割と経済的役割の両立は，ライフコース全体をみた場合，ある一時点を観察するよりもはるかに一般的に行われている。さらに，全国調査では，家族役割と経済的役割を両立するパターンはコーホートが若くなるにつれ，ますます増加する傾向にあることを示している（Evandrou and Glaser 2002b）。ケア役割を担った多くの人々，特に女性は，「賃金ペナルティー」（労働時間の減少か完全な離職）だけでなく「年金ペナルティー」（公的年金や私的年金の受給額の減少）を背負っているのである。

　仕事と家庭を懸命に両立させようとする人々を支援することの重要性は徐々に認識されており，政府は「ワークライフバランス運動」（DfEE 2000）を打ち出した。しかし，資金投入された事業の多くは有給就業と育児の両立の改善に焦点をあてており，成人や高齢者の介護との両立にはほとんど注意が払われていない。早急に現在のイギリスの雇用制度の拡充に目を向けるべきである。育児休暇，扶養家族休暇などの育児支援の制度は，成人や高齢者の介護や世話を担う人々にも拡大されるべきである。政府は，雇用者に対して介護責任のある従業員を支援する職場実践を採用するよう促進するだけでなく，働きながら介護をする人々に対して，労働市場に留まる金銭的インセンティブを与えることもできるのだ。

　当面は，介護や育児という重要な社会的役割を果たした多くの女性が，老後の主な収入源として基礎国家年金に頼る状態が続くであろう。したがってこの年金の支給額が高齢期の十分な収入を保障するために重要である。現在のところ，基礎国家年金以外に収入がない人は自動的に資力調査による最低所得保障（Minimum Income

第5章　高齢者の家族役割と経済的役割

Guarantee)[4] を受給することができる。財務相は将来的に最低所得保障を所得に連動させると約束している。基礎国家年金の価値は物価と連動させたままであるため[5]、最低所得保障と基礎国家年金の差は拡大し、より多くの人が退職後、資力調査による手当に依存するだろう。ニューレイバー政府が「考えられないことを考え」始め、基礎国家年金の価値を上げて所得との連動を復活させない限り、多くの女性が資力調査を伴う給付をよりどころに高齢期を生きることになるだろう。

**訳注**
(1)　山田三知子訳『高齢期における生活の質の探求』(ミネルヴァ書房、2009年) の第10章「祖父母性の意味と高齢者のQOL」参照。
(2)　National Insurance Credits は、12歳以下の子の親、認定された養育者、病人や障がい者を週20時間以上ケアしている人などが、そのケアの期間を国民保険料の納付期間に換算する制度である。
(3)　Home Responsibility Protection 制度は、家庭で子や障がい者などのケアをしている人に対して、その期間を年金受給資格年数から差し引く制度であったが、2010年4月6日より National Insurance Credit に取って代わられることになった (年金受給資格年数も改正され、これまで基礎年金を満額受給するのに、男性は44年、女性は39年の納付が要件であったが、男女とも30年となり、また最低加入期間の要件も撤廃されている)。
(4)　Minimum Income Guarantee は、2003年より Pension Credit と呼ばれる同様の制度に改められている。2012/13年現在、単身で142.70ポンド／週、夫婦で217.90ポンド／週を保証する (http://www.direct.gov.uk/en/Pensionsandretirementplanning/ PensionCredit/ DG_10018692　2012年10月3日アクセス)。
(5)　保守党のディビッド・キャメロン率いる連立政権 (2010年〜) は、基礎国家年金を、物価か平均所得か2.5％のうちの最も高いものと連動させる改革を行った。これによって、2012〜13年の基礎国家年金の額は、物価 (消費者物価指数) に合わせて5.2％引き上げられ、前年の102.15ポンド／週から107.45ポンド／週に増加した。これは、平均所得の17.3％にあたり、1997年以来の最高値である (http://www.myfinances.co.uk/ pensions/2012/04/11/basic-state-pension-rises-to-107-45-a-week　2012年10月3日アクセス)。

# 第6章
## ジェンダーと民族性からみた高齢期の社会参加

ケイト・デーヴィッドソン，ローナ・ウォレン，メアリー・メイナード

## 1　序　説

　本章は，人々が社会に参加する際の経路を明らかにし，能動的・受動的経験としての社会参加を理解することがいかに重要かを議論する。横断的なキーテーマは健康，資源，社会的ネットワーク，そしてそれらが高齢期の生活の礎となる選択にどのように影響するかという点である。我々の3つの研究プロジェクトを突き動かしたのは，ジェンダーや民族性を単独，あるいは併せて考慮した場合の社会参加について，その複雑性をより一層明らかにしたいという思いである。そして我々の共通の目的は，ジェンダー差や民族差を超えてみられる活動や社会的コンタクト，社会的関係の質を説明するために，単なる社会関係資本（social capital）の計測を超えた分析を行うことである（Coulthard et al. 2002）。

　本章が説明するように，社会参加は様々な文脈でおこっている。空間的に（ある文化から別の文化へ），時間的に（一つの文化内で歴史的時間にわたって），そして縦断的に（個人の生涯にわたって）。さらに，社会参加の質や量の違いは，ジェンダーや民族性や年齢の他に，社会階層や宗教にも関係があるだろう。本章は相互に関連の深い3つの研究プロジェクト，①高齢男性の社会的世界と健康的ライフスタイル（Sarah Arber, Tom Daly, Kate Davidson, Kim Perren）②高齢女性の生活と声：シェフィールド市における参加と政策（Joe Cook, Tony Maltby, Lorna Warren）③エンパワメント：イギリスのアフロカリブ系・アジア系・白人高齢女性の比較研究

(Haleh Afshar, Myfanwy Franks, Mary Maynard and Sharon Wray) の発見事項を基に，これらの違いについて検討する。

## 2 背　景

　近年，高齢者の社会参加と QOL の関係を探求する研究が盛んである (Walker and Hagan Hennessy 2004)。政策の領域では，市民を意思決定に参加させる方法や，より権限を与えられた「クライアント」をつくることなどが焦点となっている (Barnes and Warren 1999)。高齢者の場合においては福祉サービスとの関連で語られることがあまりに多く，そのようなアプローチでは生活の最も重要ないくつかの問題を見落とすだろう。実際，比較的最近になって社会関係資本という概念が健康の領域に加えられるようになったことは，健康関連行動が広範な社会的背景やコミュニティーの状況によって形成され制約されるという事実が認識されてきたことを表しているだろう (Coulthard et al. 2002)。このような背景状況は多くの場合アンケート調査のデータから得られる。例えば，2000/1年，健康開発機関 (Health Development Agency) が委託して全国世帯調査 (General Household Survey)[1] に組み込まれた社会関係資本モジュールは，健康に影響を与えたと思う地域コミュニティーの社会的関係やネットワークについて質問している (Coulthard et al. 2002)。より最近では，イングランド加齢縦断研究 (English Longitudinal Study of Ageing) や，内務省の行う大規模調査の市民調査 (Citizenship Survey) が，社会関係資本を調査の中心に置いている。

　「アクティブ・リタイヤメント」に関するこれらの研究の発見事項の一つは，高齢者が社会的ネットワークや社会的活動を強く維持していることを確認したことである。過半数の高齢者は近くに住んでいる親族が少なくとも1人か2人おり (Coulthard et al. 2002)，親族か友達に少なくとも週に1回は会っており (Walker et al. 2003)，そしてほぼ8割が趣味か娯楽をもっていると答えた (Hyde and Janevic 2003)。問題となるのは，社会参加を阻む要因や参加の実現可能性である。例えば，高齢者の約4割には近くに住む親族がいない (Coulthard et al. 2002)。若年層と比べて高齢者，特に高齢女性は，公共交通機関に依存している場合が多く (Walker et al. 2003)，地域の様々な施設へのアクセスが困難な場合が非常に多い (Janevic et al. 2003)。

しかしより目下の論点は,測定だけを通して一体我々は参加についてどの程度理解できるのかという点である。前述のイングランド加齢縦断研究は確かに,新世紀において加齢が何を意味するのかという変わりゆく様相の理解を深める目標を達成しつつある (Marmot et al. 2003)。それにもかかわらず,イングランド加齢縦断研究やその他の多くの調査の発見事項をもってしても非常に多くの疑問が残る。ジェンダー差だけをとってみても,例えば,

- 高齢女性と高齢男性の間で,親族に会う頻度にはそれほど差はないのに,女性の方が男性よりも「満足のいく親族ネットワーク」をもっている割合が高いのはなぜだろうか (Coulthard et al. 2002)[2]。
- 差はそれほど大きくはないが,高齢男性は高齢女性に比べ,なぜ社交クラブに入ったり新聞を読む傾向にあり,なぜ女性は教育や芸術や音楽のグループに入る傾向にあるのか (Hyde and Janevic 2003),そして高齢になるにつれ,男性はなぜラジオを聞く傾向があるのか (Matheson and Summerfield 1999)。

同じく意義深いのが,民族性についての研究である。民族性についての研究ははるかに数が少なく,ジェンダー別や年齢別の分析はほとんどなされていないが,それでもなお,異なる民族間での経験の差を一貫して示しており,高齢者について潜在的な重要性をもっている。

例えば,アジア人や黒人の成人の方が,白人の成人に比べて拡大家族 (いとこ,おば,おじ,姪,甥) と定期的に交流している (Summerfield and Babb 2004) が,白人ほど満足のいく友人ネットワークをもっていない傾向にあり (Coulthard et al. 2002),近隣の人々を信用していないという傾向の意味は一体何なのか。

これらの調査分析のもう一つの弱点は,莫大な多様性 (特に年代) をもった人々の集まりを一般化する傾向にあることである。これに対して社会老年学の領域における質的研究は,「参加型エイジング」,「アクティブ・エイジング」,「プロダクティブ・エイジング」などの理論に焦点をあて,社会的質 (social quality) の概念を強調し,そして高齢者を市民として,彼らの幸福や個人の潜在能力を強化する方法でコミュニティーの社会的・経済的生活に参加させるような条件を明らかにすることに努めてきた (Beck et al. 1997)。

## *3* 3つの研究プロジェクト

　高齢男性についての研究プロジェクトの主な目的は，年齢，性別，婚姻状況，前職業などがどの程度，彼らが能動的・受動的，私的・公的な社会参加をする際に行う選択，または受ける制約に影響するのかを探求することである。ケイト・デーヴィッドソンは，男性の家族における参加，そして社会的組織における参加に焦点をあてる。2つめのプロジェクトでは，ローナ・ワレンが，発言力の小さい高齢の女性達，そしていっそう不利な少数民族の高齢女性達が，どのように政策立案に参加したかを報告する。最後にメアリー・メイナードが，イギリス社会におおかた適応して暮らしている少数民族の白人・黒人高齢女性にとって，信仰がどのように故郷と今の居住地とをつなぐ重要な役目を果たしているかを紹介する。

## *4* 高齢男性の社会参加[1]

　高齢男性の研究プロジェクトは，サラ・アーバー，ケイト・デーヴィッドソン，キム・ペレン，トム・デーリーらが1999年10月から2002年8月にかけて行った（Davidson and Arber 2004）。男性が女性ほど高齢期に広範な社会的ネットワークをもたない傾向にあることはよく証明されているが（Davidson et al. 2003），高齢男性の生活の社会的動態についてはあまりよく知られていない。

### 高齢男性と社会的交流

　本研究でインタビューをした85人の男性回答者に広く認識されていたことは，女性達（妻，母親，娘，姪）が社会的ネットワークを構築し維持する要の役割を果たしていることであった。高齢男性も親密な人間関係を楽しみ維持するのであるが，範囲や強度は婚姻状況によって違っていた。「配偶者のいる人」，「配偶者と死別した人」，「結婚経験のない人」，「離婚／離別した人」の4つの類型において，現在の社会参加を理解する際に，連続そして断絶という論点が重要となる。

　有配偶者男性は大きくて安定的な社会的ネットワークをもち，主に（しかしそれだけではない）夫婦単位志向であった。配偶者と死別した場合，このようなネット

第6章　ジェンダーと民族性からみた高齢期の社会参加

ワークは縮小してしまい，子のサポートに大きく依存する傾向にあった。離婚した男性は，子との関係はやや弱く，またそれ以外の親密な交流（必ずしも性的関係は含まない）を求める傾向にあった。他方，結婚経験のない男性はこれまでも親密な関係をもったことがほとんどなく，それを求めていない傾向にあった。自分に何か不足しているとも感じておらず，自分は周りの人々とは「違う」とみていた。彼らは自分自身について，「一匹狼」や「個人」，「完全に独立した人間」というように表現した。

　　私は誇りある個人主義者なんです。人との付き合いをあまり欲してないんです。別に意味深いことを言うわけではないけど，特にいつもそばにいてくれる人を必要と感じないんです。親密な関係を切に求める気持ちっていうのを今まで感じたことがないんです。（ジェレミー，71歳，未婚）

このように親密な交わりを特に求めない人は，単に彼らが小さい社会的ネットワークの方が望ましいと考えており，その選択の結果を反映しているといえるかもしれない。このような男性が社会参加を求めないから孤独なのか，あるいは他の人が彼らとの交流を求めなかったからなのかは判断するのが難しい。結婚の阻害となるのは，特に男性の場合，身体的不利，人格の問題，そして低収入が予測される場合である。よくある偏見は「一匹狼」は社交的な人間よりも不幸せである，というものであるが，幸福を人々の世間への志向の作用としてみることは単純すぎる（Schaie and Willis 2002）。ジェレミーのように，結婚したことがなく，そばにいてくれる人を望まない男性は独りで満足なのである。他方離婚した男性は経済的にも，親しい交わりという点でも縮小してしまった自分の境遇を楽しんでいない。

### 高齢男性とコミュニティー参加

家庭生活や職業世界への参加とは異なり，インフォーマルな団体に属することは通常誰にでも道が開かれている。インタビューをした男性のほとんどが何らかの社会的団体に関与していた。それは社交クラブやスポーツクラブといったものから宗教団体や市民組織（例えばボランティア組織，コミュニティーグループ，政治団体など）までわたっていた。はっきりと余暇志向のものもあれば，利他主義の精神や信仰・信条などに導かれたものもあった。

高齢男性がフォーマルな形式の社会参加を求める傾向にあることは，彼らの

QOL を向上させるかもしれない資源を過小評価してしまっていることを表しているだろう。コミュニティー参加は，高齢男性に社会的交流の機会や，社会的に生産的であり続ける機会を提供する可能性をもっている。どのような活動でも社会的交流を促進するが，なかには個人的目標（健康維持など）を追究したり，コミュニティー活動を通じて社会貢献を認められる機会を得られるものもある。社会的に生産的な組織の一員となることは，有給就業からの退職で失ったものの一部を補い，それによって高齢男性のウェルビーイングを強めるかもしれない。

　組織的活動について，有配偶者男性，死別男性，離婚男性，未婚男性の間で顕著な違いがみられた。結婚経験のない男性は，宗教団体を除いて，組織に属する割合が低かった。有配偶者男性と比較して，死別男性はスポーツクラブや社交クラブに参加する傾向が強かった。おそらくそれは，配偶者を亡くした寂しさを余暇活動で埋め合わせているからであろう。このパターンは離婚した男性にはみられず，離婚男性はどの組織にも参加する割合が最も低く，特にスポーツクラブや社交クラブへの参加率は低かった。興味深いことに，ウッツら（Utz et al. 2002）が発見したのは，配偶者と死別した男性・女性は，配偶者のいる男女と比較して，フォーマルな社会参加では参加率は同程度であったが，インフォーマルな社会参加ではより高い傾向にあることだった。ウッツらは，社会参加の割合は配偶者の死亡前に低くなる傾向があり，それは主に配偶者の体調不良が原因であるが，死別した後は友人や親族のより大きな支えのおかげで社会参加が増加することを示唆している。しかし，ウッツらのサンプルの大多数は女性であり，我々がここで指摘しているように，死別の前と後の両方におけるサポートシステムにはジェンダー差がある。

　社会階層が最も高いグループに属する男性は，スポーツクラブに参加し身体的健康を増進させたり，利他主義やコミュニティー利益のための活動を行うような市民組織や宗教組織に参加する割合が高かった。これは，肉体労働をしてきた男性が社交的余暇に参加する傾向にあることと対照的であった。このような階層差の存在は，社会的交流を健康増進やコミュニティー活動といった他の「利益」を組み合わせようとする政策に影響を与えるだろう。資源の不足がスポーツクラブや社交クラブへの参加を阻害しているという証拠はみられなかったが，加齢とともに参加率は減少する。

## 第6章 ジェンダーと民族性からみた高齢期の社会参加

**友人と隣人**

カーンとアントヌッチ（Kahn and Antonucchi 1980）のソーシャル・コンボイ（social convoy）[2]や，カーステンセンら（Carstensen et al. 1997）の社会情緒的選択理論（socioemotional selectivity theory）[3]のライフスパンの視座は，高齢男性の生活の多様性と異質性を理解するのに有益である。退職した後男性は，友人や近隣の人々に社会的交流を依存する。これまで中心にいた友人，知人，職場の同僚の一セットが社会的ネットワークの周辺へと移動し，それ以外の人々がより重要な位置を占めるようになる。良好な近隣関係は社交の機会や，実用的なサポートを授受する機会を与えてくれる。これは単身の男性にとっては特に重要であるかもしれない。一つの重要な発見は，隣人と頻繁に接触することが必ずしも隣人同士の恩恵の交換にはつながらないようであり，特に単身男性の場合そうだということである。

> いいえ，親しい友人はあまりいません。でも近所の人たちはよく知っています。友達ではないけれど，彼らと非常にうまくやっています。でも，本当に親しい友達と呼べる人は近くにはいないんです。自分の娘とは週に2，3回連絡して，息子達は週に1回は電話してくれます。そして月に1回は昼食などに子ども達の家に行きます。（ケヴィン，75歳，死別者）

単身の男性は配偶者のいる男性に比べて恩恵を授受する傾向が低い。例えば，配偶者のいる男性の多くが，近所の未亡人女性達の庭仕事を手伝ったり，大工などの職人達に代理で連絡してあげたり，買い物に車で送迎するなどして助けている。このような行為はしばしば妻が促してさせていた。妻と死別した男性は，妻が生きていた頃よりも交友関係が小さくなってはいたが，子や孫達との関係を維持しており，一層強化している場合もあった。離婚した男性は，自分の置かれている状況に対して最も不満で，将来の健康不良や孤独に強い不安を感じていた。

> 私は独りではやっていけません。これまで独りになったことがないんです。私が人生でいつも最も恐れていることの一つは，パートナーがいないことです。何というか，「一体どうしてこんなことになったんだ？」と驚いています。もちろんどうしてこうなったかは十分承知しています。でもこれが恐ろしいんです。考えたくないんです。（ジェスパー，70歳，2回離婚）

加齢はフォーマルな社会参加を阻む主な要因の一つである。しかし，経済的資源の不足や健康不良もまた社会参加の減少に影響している。家族や友人との交流は，

車の所有といった物質的資源，身体的・精神的健康，移動能力の程度などに影響される。しかし，アーバーとプライスら（Arber, Price et al. 2003）は，離婚男性や未婚の男性に親族や友人との社会的交流のレベルが低い傾向にあることは，年齢差や車所有の有無，住宅保有関係における不利，そして身体的障害の程度では説明ができないことを発見した。これらよりも婚姻歴の有無や親密な家族関係を維持できているかどうかの方が，私的そして公的な社会参加の程度や質に影響を及ぼす可能性が高いと結論づけた。

離婚した高齢男性や結婚経験のない高齢男性の親族・友人・隣人ネットワークは限定的であった。社会への関わりが弱いことは高齢期にいっそう孤立する危険にさらされることを意味する。政策は，配偶関係の有無によって高齢男性の生活状況が全く異なることを十分に考慮することが必要である。

次の2つの節で紹介する研究は相互に関連が深く，共にイングランド北部に住む白人と少数民族の高齢女性について行った質的研究である。

## 5 「高齢女性の生活と声」研究[(4)]

「高齢女性の生活と声」研究（Older Women's Lives and Voices）は2000年1月から2002年4月にかけて，ジョー・クック，トニー・モルトビー，ローナ・ワレンらが行った（Cook et al. 2004）。これは高齢の女性達と共同で行った参加型プロジェクトであり，主な目的は様々な少数民族グループの高齢女性のQOLとサービス利用に関わる諸問題について理解することであった。

次の節で紹介される「高齢期の女性，民族性，エンパワメント」研究と同様，我々の「高齢女性の生活と声」研究も，高齢者の社会参加の多くの側面には移住歴が主な影響要因となっていること，そしてジェンダーと密接に関係していることを論じる。我々は以前，少数民族の高齢女性のQOLには多様な移住経験が大きな影響を与えていることを示した（Cook et al. 2004）。移住経験は健康，資源，そして社会的ネットワークに実に様々な形で影響を与え，これらは多くの場合相互に関連していた。

## 家族と社会的ネットワーク

　本研究のグループ討論とインタビューの両方において，家族の普遍的な重要性が明らかになった。何人かの回答者は孫の世話という新たな役割を担うようになり，それに伴って自尊感情や役に立っているという感覚を獲得することができていた。それとは対照的に，基礎年金さえ受け取ることのできないソマリア人と中国人女性達は，経済的自立ができず，家族の負担になっていると感じていた。政治的・経済的必要に迫られて断行した移住によって厳しい仕打ちを受けた女性達もいたのだ。

　多くのソマリア人女性は内戦で愛する家族を失い，死別の悲しみや精神的健康の問題を抱えていた（Cook et al. 2004）。またそれだけではなく，故郷を離れて親しい親族や友人と引き裂かれてしまったこと，そして故郷を失った悲しみに対処していた。娘を故郷に残してきたあるソマリア人女性は，

　　　内戦は最悪の出来事でした。家族も殺されたし，まだ行方がわからない家族もいます。内戦のせいで私は故郷を失いました。娘とも引き裂かれてしまいました。（ソマリア人女性，50歳代）

ソマリア人女性がそれまで築いていた社会的ネットワークは移住のせいですっかり変わり果ててしまったが，イギリスで用意された収容所については，新たな社会的ネットワークを開く扉として評価していた。回答者のなかには，社会参加への新たなルート（自分自身のためでないにしても，自分の子どもたちにとって）について語る人もいた。また家族ネットワークの拡大を認識していた。

　　　私たちがこの国にたどり着いたとき，住むところを与えられて受け入れられて，キャンプでの辛かった経験を忘れそうになったわ。子どもたちはこの国で大きくなり，ソマリア語は上手く話せないけれど，英語は上手に話せるようになったんです。（ソマリア人女性，50歳代）

　子どもたちのネットワーク拡大の負の側面は言葉の問題であった。言葉の違いや，世代間利害関係（generational stake）（Jerrome 1996）が意味するのは，インフォーマルなサポートがいつも有効で適切とは限らないということである。ソマリア人女性のなかには，だんだんと自分の子どもたちの話す内容が理解できなくなり，意思疎通が難しくなってきたという人もおり（Cook et al. 2004），若い世代の「母国語」の喪失について言及する人もいた。サービス提供者とのやりとりで子どもに通訳を依存していることも特に問題と考えられていた。ある中国人女性は，「私の子どもた

ちは英語が話せます。でも私が理解できるように中国語で説明できないんです」と語った。

**雇用と社会的包摂**

内戦から逃れるための移住ではなかったとしても，有給就業をもたない女性が社会に参加することは困難であり危険をはらんだものでもあった。

> 夫が私を西インド諸島から呼び寄せたんです。でもその後私が妊娠8か月の時，夫は私と子どもたちを捨てました。とても辛かったわ。（カリブ人女性，52歳）

シェフィールドに移住してきた中国人女性の多くは飲食業（典型的にテイクアウトの家族ビジネス）に就職をしたが，この場合の就職は社会的ネットワークへの参加を保証してくれるどころかその逆であった。他の研究者が記したように，シェフィールド市にはチャイナタウンと識別できるものはなく，レストランやテイクアウトの店舗は地域一帯に点在するのである（Yu 2000）。ある中国人女性は長時間の過酷な労働シフトについて言及し，そのせいで社交の余裕などなかったことを語った。

> 中国人はそんなにたくさんいなかったんです。私は働きづめでした。朝起きて，仕事に行って，そして帰って寝るだけ。（中国人女性，70歳）

それとは対照的に，あるアイルランド人女性はイギリスに来て看護師として訓練を受けたのだが，それによって新生活に適応することができ，また差別から身を守ることになったことを語った。

> その年齢になったらイギリスに渡って看護婦としての訓練を受けたわ。もちろん，あなたもご存知だと思うけど，イギリスには大勢のアイルランド人の看護婦がいます。それにたくさんのアイルランド人の看護婦長もいるんです。だから，みんな一緒にアイルランド人仲間っていう感じだったわね。（アイルランド人女性，65歳）

しかし，別のアイルランド人女性にとっては仕事が社会参加への制約を明瞭にした。

> 嫌だったわ。すごく強い偏見があって，恥ずかしかった。アイルランド訛りが強かったら上手くやっていけないのよ。訛りが強いとどういうわけかあまり

有能だと思われないのよ。(アイルランド人女性, 65歳)

このアイルランド人女性やその他の回答者が職場で経験した偏見は, 社会で長く確立された偏見を反映し, いっそう強くなるのである。イギリスで生まれ育った白人の高齢女性回答者の多くは, 少数民族に対して差別的な態度を露わにした。

> 最近はこの国にやって来て全くお金を払わない外国人が多すぎるわ。難民だか何だか知らないけど, なかには本当に困っている人もいるでしょうけど, お金だけとっていって, 1ペニーも支払わないんだから。(白人イギリス人, 87歳)

移民受け入れに対する反発とイギリス経済への影響というのは今に始まった問題ではない。あるカリブ人女性は, 移民がイギリス人から仕事を奪っているという非難に対して,

> でも彼らに言ってやりたいわ。私はバナナ船に乗ってやってきたんじゃないって。夫が先にここにいて私を呼び寄せて, 飛行機でやってきたのよ。イギリスの女王がジャマイカ政府に国民を送るように言ったんでしょ。ジャマイカ人に働きに来るななんて言わなかったわ。そうでしょ。(黒人カリブ人女性, 77歳)

## 健康と社会参加

イギリスよりも暑い気候の国から移住してきた人にとっては, イギリスの気候に適応することがまず困難であり, 社会参加を阻まれた。

> 気候が全然違いました。とても寒かったし, 私は英語が話せませんでした。体の調子がだんだん悪くなって, 新しい環境に適応するのが本当に難しかったわ。(ソマリア人女性, 50歳代)

> 信じてちょうだい。体調が悪くって, しもやけができて, 熱もあって, 風邪をひいて, 何か月も寝室に閉じこもったままだったわ! (カリブ人女性, 69歳)

どの民族の女性達も, 健康と加齢の間の広範囲で具現化した関連性を認めており (Bytheway and Johnson 1998), 個人のアイデンティティに関わるレベルでそれを前向きにとらえる努力について語った (MacDonald and Rich 1984)。実際, 好きな活動ができないのは経済的な理由によるのかと尋ねた際に, 85歳の女性は, 「いいえ, 体のせいよ」と答えた。長年患っているリュウマチの悪化によって, 彼女の社会的

ネットワークにおいてそれまで重要な役割を果たしていた，編み物や踊りといった趣味ができなくなっていたのだった。

> ええ，もう手がだめになって編み物ができないのよ。そうじゃなかったら，子どもや孫達全員に手編みのセーターを着せるんですけどね。昔はよく編み物をしたんですけど，もう手が編ませてくれなくてね。だから読書をしてるわ。でも目もちょっと見えなくなってきて。ああ，昔はダンスが大好きだったのよ。70になるまで踊っていたわ。80歳の時にね，娘とラインダンスに行ったのよ。あれはちょっと無理があったわね。今はもうあまり自信がないの。（白人イギリス女性，85歳）

彼女は自信を失って，夜間に外出することも「死ぬほど怖く」なってしまった。多くの高齢者のように，彼女も社会的活動の衰えに対して「規模縮小」したり他の余暇に集中したりして対応しなければならなかった。「テレビを見てくつろぐのよ」。

本研究では，少数民族の高齢女性の人生には広範なネットワークがいかに重要であるかを説明することができた。それは特に有給就業についていない女性の場合はなおさらであった。どの民族の女性も社会参加の変化や可能性に適応する能力をもち合わせていることを示した。しかし，社会そして政治レベルにおいての参加を支援するメカニズムを構築しなければならない。例えば，福祉サービスに関連する領域だけでなく，個人的な通信などにおいて，少数民族の高齢女性のために通訳・翻訳の十分な支援を行う必要性を本研究で確認した。

## 6 エンパワメントの比較研究

本研究はハレ・アフシャール，マヴァニュイ・フランクス，メアリー・メイナード，そしてシャロン・レイらが行った。我々は，白人イギリス人，アフリカ系カリブ人，アジア人，ポーランド人の女性達を対象にインタビューとフォーカスグループ調査を行った。彼女らはプロテスタント，カトリック，ヒンズー，シーク，イスラム教など，様々な宗教を信仰していた。

民族的背景の多様さにもかかわらず，大多数の回答者の間で，QOL には健康が最も重要であり，お金よりも重要であるという意見の一致がみられた。このことは他の研究でも確認されている（Farquhar 1995；Sidell 1995；Bernard 2000）。さらに，

健康と身体機能を維持することが，自律性や人生をコントロールしているという感覚にとって，そして社会参加にとって重要であると大多数の回答者が同意した。もちあがったキーテーマは，「動き回れること」と「前進し続けること」であった。

歩けること，そして店まで出かけられるということは，ほとんどの回答者が決定的に重要であると考えていた。なぜならそれが近隣や地域の人々と日常的に触れ合う方法だとみなされていたからだった。このような社会参加は，インド人やパキスタン人女性の多くには言葉の壁が原因でその機会が奪われており，彼女らは結果として社会交流の地理的範囲が狭い傾向にあった。それ以外の女性達は，庭仕事や水泳，ダンスなど幅広い活動を楽しんでいた。しかし，インナーシティーに住む（白人を含む）大多数の女性と，夫の（または自分自身の）退職を機に田舎へと移り住んだ裕福な女性達の間にはっきりとした差異が現れた。後者の女性らは非常に活発にボランティアや組織的な活動を行っており，例えば，婦人会（Women's Institute）で活動したり，ハイカー協会で先導役をしたり，高齢者のホームで食事サービスを行ったりしていた。

健康不良などが理由で趣味活動を続けることが危ぶまれるようになってくると，どのように活動を続けられるようにしてきたかという試行錯誤について多くの回答者が語った。心臓病，高血圧，関節炎，糖尿病，喘息など実に様々な病気を抱えていたが，彼女らは自分自身について肯定的に感じていると言い，人生を楽しむことを妨げられてはいなかった。概して，彼女らは健康に問題があっても好きな活動を続ける傾向にあった。例えば，移動能力の問題は避けられない障害というよりむしろ，乗り越えるべき挑戦ととらえられていた。

### 友人・親族関係

高齢女性の社会参加の認識における，家族や友人との関係の重要性はこれまでの研究でも証明されている（Phillipson 1997；Phillipson et al. 2001）。「高齢者は必然的に家族に依存する」「これはいつも問題である」そして「何としても高齢者の自立を実現させなければならない」といった推論に対して批判がされてきた（Arber and Evandrou 1993；Friedman 1997）。これにかわって最近強調されているのは，相互依存しているという考え方であり，相互の義務が高齢者の人生において果たす役割である。本研究では，回答者を大きく2つのグループに分けることができた。一つめは，

近くに親族の住んでいる少数民族女性と白人女性のグループである。特に少数民族女性の場合，そのほとんどが，周りに複数の親族が住んでおり，また海外にも家族がいた。このグループの白人女性の場合は，インナーシティーに住む人も田舎に住む人もどちらも生涯同じ地域か周辺の地域に住み続ける傾向にあった。一方，二つめのグループはより裕福な白人女性であり，彼女らはイギリス国内で移住を経験したために家族や旧い友人ネットワークから切り離される傾向にあった。これは，彼女らが新たなネットワークやサポート基盤を再構築したことを意味しており，それには教会やクラブ，共通の趣味活動などが重要であった。

どの民族の女性も人生の「目的」をもっているのだと語り，それは積極的に社会参加している人間である，という意識の中心的要素であった。「目的」とは明確な果たすべき役割をもつことを意味し，近くに住む家族がいる人の場合は，家族が社会参加の実感を与える源となっていた。あるカリブ人女性は次のように語った。

> 私に力があるように感じるのよ。だって今でも私のところへアドバイスを求めてやって来るのよ。私は他人のことに干渉する人間じゃないわ。自分で解決しなさいって放っておくのよ。でも「いつでも私はここにいるわよ」って。ちゃんとあの子たちのためにここにいるようにしているわ。14人も孫がいて，もう私も73歳なのよ。

同様にポーランド人回答者は家族について，「私たちはみんな一緒に働いている」と表現した。多くの女性回答者（どの民族においても）とその家族との関係は，「親族の道徳経済（moral economy of kin）」という見地で考えることができる。これは，家族の構成員を束ねるような，同意された労役や義務，互恵的活動などのことである。例えば，多くの少数民族女性や，あまり裕福ではない白人女性らは孫の面倒をみることで自分の子を助け，特に子が就業している場合はいっそう深く関与する傾向にある。これは高齢女性にとって喜びであると同時に社会経済的関係へ寄与するものと考えられており，金銭や物品などで返してもらったり，将来自分が助けが必要になったときに支援してもらえるものだと考えられていた。孫の世話についてあるドミニカ人女性に尋ねたところ，

> 週に3日。時々2日か1日。孫が5人いて全員面倒みてきたわ。この子が最後だから私の仕事もこれで終わりね。

最近夫に先立たれた別のドミニカ人女性は，孫娘の面倒をみることが死別の悲し

## 第6章　ジェンダーと民族性からみた高齢期の社会参加

みを癒していることを示唆した。

> ええ，あの子（孫娘）の面倒をみるのが好きだわ。だってあの子は小さな宝石だもの。それに朝6時か7時に起きる理由があるってことでしょ。そうじゃなかったら，悲しくってベッドにこもったままだわ。楽しいの。何も思い出すひまがないのよ。

　カリブ人女性たちの何人かは孫の世話にあまりにも多くの時間を費やしており，ほとんど専門職のような祖母という役割であった。これは拡大家族の経済にとって重要であったので，彼女らはコミュニティーセンターでの高齢者の集会等に参加するときに，孫を連れて行かなければならなかった。このためセンターに託児サービスが用意されるべきだと提案していた。しかし，全ての女性が孫の世話役を喜んで引き受けていたわけではなかった。カリブ人女性の何人かは，友達に会ったり，他の用事をするために，このような務めから時々解放されることが必要だとはっきり言った。

　また明らかになったのは，多くの少数民族女性にとってコミュニティーセンターは，友人と会ったり，言語や文化を共有したり，故郷の衛星放送番組を見たりする重要な手段を提供していることであった。例えば，あるポーランド人女性は地域のセンターについて，それが彼女の「生活」を構成していると言った。このような民族性が基になっているセンターというのは，アイデンティティや民族食，歴史，経験，祝いごとなどを共有できる点で非常に重要である。これは特に，英語が話せないことで孤立している女性達の社会参加を実現させる重要な場である。

### 信仰やスピリチュアリティの重要性

　高齢女性の社会参加についての最後の重要なテーマは宗教である。宗教は高齢者の資源としてあまり注目されてこなかった。しかし，宗教は本研究の女性回答者らにとって非常に意義深いものであった。多くの裕福な白人女性は教会に通うなど，積極的に活動に参加しており，それ以外の白人女性の場合，多くがある種の信条やスピリチュアリティをもっていた。これに対し，大多数の少数民族女性にとって，宗教とは人生と一体化したものであった。彼女らの多くは信仰とアイデンティティが密着しており，言語は礼拝などの本質的な部分であった。あるポーランド人女性は「自分の言語でなら神に語りかけられる」と説明した。

### 公共礼拝への障壁

　高齢女性にとって宗教というのは重要であり，健康不良や障害が，社会参加としての宗教の利用にどのような影響を与える可能性があるかを理解しなければならない。エインリらは，健康状態が宗教的な社会参加に対して影響を与えていることを発見した（Ainley et al. 1992）。本研究の回答者の大多数が程度の差はあっても健康体であったが，加齢に伴い可動性が低下し，人生の支えであるものから遠ざかっていくことが露呈した。病気や障害はまた女性達が日々行っていた習慣的行為を継続することを妨げていた。例えば，イスラム教徒のある女性は，信仰が主な関心事であり宗教関連の本を読むことに時間を費やしていたが，視力の低下で今は読書ができなくなっていた。

　信仰における，様々な側面は少数民族女性にとって確かに重要なものであるが，忘れてはならないもう一つの側面がある。それは精神的な側面であり，物質界とは関係していない。精神生活を生きることやできるかぎり神と共にあるという感覚を有することである。サップ（Sapp 1987）は例えば，スピリチュアリティと加齢についての文献について，人々の実際の行動が強調されすぎていると批判している。人々のつながっているという感覚や信仰心が実際の行為のみによって測られるべきではないことを認識すべきである。本研究の少数民族の女性にとって，信仰は日々の生活のなかで重要な部分を占め，希望，意義，心の平穏，そして幸福感を与えてくれるのである。

## 7　結　論

　本章では，ミクロ（親族・友人）とマクロ（より大きなコミュニティー）の両方のレベルでの社会参加について，その選択，制約，経路，障壁などを論じてきた。これら２つのレベルの社会参加は互いに相容れないものではない。なぜなら移住したためや，婚姻経験がない，子がいないなどの理由で家族ネットワークがない人もいるし，他方家族ネットワークはもっているものの，健康不良や資源不足のためにコミュニティー参加が制限されている高齢者もいるだろう。

　社会参加への経路や障壁を質的に分析することは，単なる社会関係資本の計測を超えて，社会参加の程度や質を強化する（または制限する）要因をより詳細に理解す

第 6 章　ジェンダーと民族性からみた高齢期の社会参加

ることにつながる。本章の 3 つの研究プロジェクトは，これまであまり意見を聞かれることのなかった高齢者，すなわち高齢男性と少数民族高齢女性に尋ねることによって，質的探求を行うことの価値を証明した。

　ケイト・デーヴィッドソンは，階層や婚姻状況が，親族・友人やコミュニティーとの交流に対して要となる影響要因であることを突き止めた。離婚男性と未婚男性の社会的ネットワークは最も小さく，コミュニティー活動に参加する確率が最も低かった。ローナ・ワレンは，コミュニティーや帰属意識の重要性，そして慣れ親しんだ文化的状況において言葉の壁を乗り越えようとする少数民族高齢者の努力を確認した。メアリー・メイナードの研究では，公共礼拝などの明白な宗教活動だけでなく，私的で精神的な信仰も同様に，女性達の人生において重要な役割を果たしていることが明らかになった。寿命がのびたことが意味するのは，高齢者（特に高齢女性）が，祖父母業を経験する期間がのび，以前の世代の人々に比べ孫の成長に関与する機会が増えたことである。

　トンプソンとウォーカー（Thompson and Walker 1987）は，祖父母のもつ役割の一つを「血統の橋」と表現した。2 つの世代をつなぐ懸け橋である。少数民族女性についての我々の 2 つの研究の両方において，血統の橋は文化の懸け橋ともなっていたことが明らかになった。しかし，祖父母と孫の間には文化の衝突もみられ，これはアジア系や中国系の家族においてより顕著だった。

　我々の 3 つの研究において，高齢期の健康が社会参加にとって非常に重要な要因であることが明らかになったが，健康不良は必ずしも社会参加を阻まなかった。むしろそれは社会参加の性質や程度を変化させた。我々の発見事項が示すように，性別や民族性にかかわらず，社会関係資本源を全く欠いている人，そして完全に社会から孤立している人はほとんどいなかった。

　ジョン・ダン（John Donne 1572-1631）は形而上派詩人であり英国国教会の主任牧師でもあったが，彼の有名な瞑想録「不意に発生する事態に関する瞑想（Devotions upon Emergent Occasions）」（1623）の第17番で彼は記した。

　　なんぴとも一島嶼にてはあらず
　　なんぴともみずからにして全きはなし
　　ひとはみな大陸の一塊　本土のひとひら
　　そのひとひらの土塊を　波のきたりて洗いゆけば

洗われしだけ欧州の土の失せるは
さながらに岬の失せるなり
汝が友だちや汝みずからの荘園の失せるなり
なんぴとのみまかりゆくもこれに似て
みずからを殺ぐにひとし
そはわれもまた人類の一部なれば
ゆえに問うなかれ　誰がために鐘は鳴るやと
そは汝がために鳴るなれば（Donne 1990：344）[5]

　この瞑想録は避けられない現実として死を明確に理解していることを強調しているだけでなく，人間は独りで生きてゆくことができず，全ての人類はつながっていることを提示している。「人類」についての現代的な理解は，ジェンダー，多民族性，そして人生経験の差異をグローバルな規模で含んでおり，それゆえ，ダンの瞑想は21世紀でも共鳴し続けるのである。

## 注

［1］　全国世帯調査は1971年に初めて実施された。これは2つの要素で構成されており，一つは継続的な調査であり，もう一つは，全国世帯調査のスポンサーの同意で各年の計画に含まれるモジュールなどである。

［2］　「満足のいく親族ネットワークをもっている人」とは，親族に少なくとも週に1回会うか話をし，近くに少なくとも一人の親しい親族が住んでいる人と定義する。

## 訳注

(1)　山田三知子訳『高齢期における生活の質の探求』（ミネルヴァ書房，2009年）の第7章「高齢男性——健康行動と配偶関係」参照。

(2)　人が自らを取り囲む人々に守られながら，危険に満ちた人生を進んでいく様子を護送船団（convoy）になぞらえたもの。個人を中心とした同心円で，中心からの距離は親密さと重要さの度合いを表す。内側の円には家族など生涯にわたって親密に交流する関係が含まれ，個人から遠い円には，役割の変化に応じて入れ替わっていく人々が含まれる。

(3)　Socioemotional Selectivity Theory（SST）は，心理学者ローラ・カーステンセンが提唱したモチベーションのライフスパン理論である。人間は生涯にわたって，新しいものを求めたり，必要とされるのを感じたり，視野を広げるなどの社会情緒的目標の同じ不可欠なセットによって導かれている。しかし，高齢者や末期の患者など，人生の残さ

れた時間が限られていると認識している場合，人々は徐々に選択的になり，ネガティブな状況を避け，例えば，親密な人との交流など，情緒的に意味のある活動を最大化する現在志向の目標が中心になる。
(4) 山田，前掲書の第8章「高齢女性のQOLに向けた参加型アプローチ」参照。
(5) 和訳は，大久保康雄訳，アーネスト・ヘミングウェイ著『誰がために鐘は鳴る』（新潮社，1973年）より抜粋。

# 第7章
高齢者の社会的孤立と孤独感

クリスティーナ・ヴィクター，トーマス・シャーフ

## 1 序　説

　高齢期のQOL向上について，最近の議論において鍵となるのは，社会的従事と社会的包摂の概念である。これまでの研究は一貫して，社会参加，特に親族ネットワークや社会的ネットワークとQOLとの間の強い正の関連を証明している。高齢者は一貫して，社会的環境，特に家族との関係が彼らのQOLの概念に肝要であると報告している（Bowling 1995，本書の第2章）。これは，ロウとカーンによる，高いレベルの社会的従事が「サクセスフル・エイジング」を達成する主要因だという主張につながる（Rowe and Kahn 1997）。彼らはさらに，高齢になるに従って社会的コンテクスト（context，状況）や物理的環境の方が，遺伝的または生物学的な要因よりも加齢の経験により大きな影響を与えると論じている。したがって，社会的従事を促進したり，孤独を解消するような介入を行うなど，社会的環境を整えることが，高齢期のQOLを向上させる方法となるかもしれない。

　この社会的従事とQOLの関連というのは目新しいものではない。エイジングの「活動理論」の立場は同様に，高齢期のQOLの鍵は高いレベルの「活動」を維持することであると論じており，社会参加や親族・友人との社会的関係の維持が含まれている。活動理論やサクセスフル・エイジングに対する批判はまだ議論の対象であるが，社会的環境というものが，人々が年老いていくコンテクストに重要な影響を与えることはほぼ疑いがない（Bowling et al. 1991）。

QOL における社会的環境の重要性を受けて，高齢者の社会的従事の促進に注目が集まっている。このことは社会関係資本や社会的排除といったテーマへの政策立案者の関心をみれば明らかである。「コミュニティケア」という用語と同様，社会関係資本や社会的排除は多くの異なる概念形成を明示する（Scharf et al. 2000；Smith et al. 2002）。例えば，昨今の社会的排除のアジェンダは，労働市場のニーズと関連して定義されており，稼働年齢層か，将来労働市場に入る若者や子どもに焦点をあてている（Scharf et al. 2004）。このような狭い概念化は，労働市場から体系的に除外されているグループである高齢者について研究する際には明らかに問題である。より広範囲の人口の状況を扱うためには，社会的排除の概念を労働市場に限定するのではなく，全ての年齢層に潜在的に影響する多次元の概念としてとらえる必要がある。排除を測定するには実に様々なアプローチがあるが，どのアプローチもその構造内に「社会的世界」に関係する次元を含んでいる（Berghman 1997；Burchardt et al. 1999；Gordon et al. 2000）。シャーフとスミスは，「社会的関係からの排除」と「市民活動からの排除」を含めた5つの鍵となる領域で構成される高齢期の社会的排除のモデルを提唱した（Scharf and Smith 2004）。

　高齢期の社会参加と排除を探求する際に少なくとも4つの異なる観点が存在する（Townsend 1968；Andersson 1998）。同輩集団研究は，社会的従事と排除が，ある年齢コーホート内でどのように異なるかに焦点をあてる。年齢関連研究では，同じコーホート内で，高齢になるに従って社会的従事がどのように変化するかを取り扱う。世代比較研究は，ある同時期の異なる年齢層で社会的従事がどのように異なるかを調査する。そして最後にコーホート比較研究は，異なる時代に生きる高齢者の社会参加を比較する。先行研究は，同輩集団の研究に集中しており，孤独の実証研究（de Jong Gierveld 1987；Holmen et al. 1992, 1994；Wenger et al. 1996）や，社会的孤立や排除の実証研究（Scharf and Smith 2004）が多い。その一方，排除についての他の観点は比較的注意が払われていない。

　社会的従事（social engagement），社会的排除（social exclusion），社会参加（social participation）の概念を説明するために，様々な用語や概念が互換的に用いられていることは文献から明らかである。社会的従事は非常に広範な概念であり，社会関係資本（social capital）や社会参加，社会的ネットワークなどの概念に細分される。社会的関係からの排除で支配的な概念形成は，「問題のある」グループの研究であり，

第 7 章　高齢者の社会的孤立と孤独感

特に孤立と孤独感に焦点があてられる。これは主に「社会問題」研究に影響された高齢期の社会的関係の研究のアプローチを反映している。そして，高齢期というのは社会的軽視を受け，「脆弱な」社会的ネットワークに依存するものだという典型的なイメージを抱きがちなことが原因だろう。

　本章では，地域に暮らす高齢者の社会的関係と市民参加パターンについて論じる。この２つの次元は別々に扱うが，これらの相互関連や，我々が発展させた社会的排除のモデルの他の３つの次元，つまり物質的資源，基本的サービスへのアクセス，近隣排除と関連している（Scharf and Smith 2004）。しかし，我々は必然的に「排除されている」とみなされる高齢者に注目するが，これらのデータをより広いコンテキストにあてはめ，排除された人だけでなく「包摂されている人」も調査するように努めた。

## 2　データ源

　本研究の分析は経済社会研究会議の資金提供を受けたグローウィング・オールダー・プログラムのなかの２つの研究のデータを基にしている。１つめのデータセットは，国立統計局のオムニバスサーベイ[(1)]を利用して，イギリス（イングランド，ウェールズ，スコットランド）[(2)]の世帯を対象とした調査から得たものである。これは16歳以上の約2000人に対して自宅で毎月または隔月に行われた対面聞き取り調査を基にしている。研究者は特定のモジュールや質問事項を購入したり，または調査サンプル適格者を識別する仕組みとして利用でき，本研究もそのようにした。オムニバスサーベイの65歳以上の回答者を対象に，QOL モジュールへの参加を呼びかけ，２回目のインタビュー調査を行った（Victor et al. 2001；Bowling et al. 2002；Ayis et al. 2003 を参照）。季節的影響を避けるため，また十分な統計効果を得るために，2000年の４月，９月，11月と2001年の１月のオムニバスサーベイに参加した65歳以上の回答者1598人全員に QOL サーベイへの参加を依頼した。そのうち1323人が参加に同意したが，うち24人は不適格として除外し，1299人となった。またここから243人（19％）が参加を拒否し，57人（４％）には連絡がとれなかった。最終的に999人が QOL サーベイに参加することになり，これはサンプル適格者の77％，そしてオムニバスサーベイの65歳以上回答者の63％にあたる。

第2のデータセット[(3)]は、リバプール、ロンドンのニューアム区、マンチェスターの貧困都市近隣に住む高齢者を対象とした調査である。これらの地域は、欠乏を示す公的な測定においてイングランドで最も欠乏している自治体とされている（DETR 1998）。調査は各都市の最も貧困な選挙区3地域で行った。この合計9か所の選挙区はいずれも1998年の欠乏測定で最も欠乏している選挙区50位内に入っている。調査サンプルは2つの方法で集めた。1つめのグループは選挙人名簿から、個人の名前（ファーストネーム）を基にコード分類し、無作為抽出した。2302人を抽出したが、うち1116人は、転居したか死亡していた、高齢者ではなかった、病気または虚弱で参加できない、のいずれかの理由で不適格となった。残りの1186人のうち、360人は参加を拒否し、325人とは連絡がとれなかった。よって最終的に60歳以上の501人に対してインタビュー調査を行うことができ、回答率は42％となった。名前から年齢を判断してサンプルを集める方法の問題点の一つは、いくつかの少数民族グループの人々の年齢を識別できないことである。この問題を克服し、少数民族のグループから十分なサンプルを集めるために、各調査選挙区において最大の少数民族グループの人々から追加的にサンプルを集めた。様々なコミュニティー組織や以前に築いた人脈を頼りに接近した。この方法で黒人カリブ人、インド人、パキスタン人、ソマリア人の計99人を集めることができた。オムニバスサーベイとの比較を厳密に行うために、分析では65歳以上のみに限定した（サンプル数計456人）[1]。

## 3　サンプルの属性

オムニバスサーベイのサンプルの特徴は、イギリスの地域に暮らす一般的な高齢者とほぼ同じである。人口学的にいえば、人口全体と比較して我々のサンプルには男性の数が非常に多く含まれている（図表7.1）。慢性的な病気を患っている人の割合、社会的交流の程度、物質的資源の程度はどれも全国の平均的な高齢者の値に近かった。

一方、我々の調査した貧困地域のサンプルについてみると、全国世帯調査のサンプルやオムニバスサーベイのサンプルとは、いくつかの重要な点で大きく異なった。貧困地域の65〜74歳の女性回答者の割合は57％で、全国世帯調査の53％と比べ高い。また、貧困地域のサンプルには配偶者と死別した人（以下、死別者と呼ぶ）が非常に

第 7 章　高齢者の社会的孤立と孤独感

**図表 7.1**　サンプルの特徴（%）

| | 全国世帯調査 2000/2001年 | | オムニバス調査 2001年 | | 貧困地域調査 2000/2001年 | |
|---|---|---|---|---|---|---|
| | 65〜74歳 | 75歳以上 | 65〜74歳 | 75歳以上 | 65〜74歳 | 75歳以上 |
| 性別 | | | | | | |
| 　男性 | 47 | 38 | 52 | 51 | 43 | 37 |
| 　女性 | 53 | 62 | 48 | 49 | 57 | 63 |
| 婚姻状況 | | | | | | |
| 　未婚 | 6 | 7 | 6 | 5 | 9 | 8 |
| 　結婚／同棲 | 66 | 41 | 69 | 47 | 46 | 27 |
| 　死別 | 21 | 49 | 18 | 43 | 33 | 60 |
| 　離婚／離別 | 7 | 4 | 6 | 4 | 12 | 6 |
| 慢性的な病気を患っている人 | 57 | 64 | 61 | 63 | 66 | 68 |
| 活動を制限する慢性的な病気を患っている人 | 37 | 47 | 34 | 41 | 47 | 60 |

（出典）　ウォーカー他（Walker et al. 2002），ヴィクター他（Victor et al. 2001），シャーフ他（Scharf et al. 2002）。

多く，65〜74歳で全国が21％に対し貧困地域が33％，75歳以上では全国が49％に対して貧困地域は60％にのぼった。全国のサンプルと比較して，貧困地域のサンプルは結婚か同棲している人の割合が圧倒的に低かった。また我々の貧困地域のサンプルは全国サンプルと比較して，民族性が多様であった。これは，我々のサンプルの集め方にもよるが，それだけでなく社会的不利な都市近隣の特徴を反映している。サンプルの74％が白人であり，黒人カリブ人が13％，ソマリア人が6％，パキスタン人が3％，そしてインド人が4％であった。貧困地域のサンプルは貧困に陥る割合が高く（Scharf et al. 2002），全国平均の高齢者よりも慢性的な病気を患っている人の割合も高い。

## 4　高齢期の社会的関係

本研究の目的は現代のイギリスの高齢者の社会的従事のパターンを明確にし，それによって彼らの社会的関係の特徴の大まかなパターンという点で，排除と包摂の程度を検証することである。これを考察するにあたり，我々は高齢期の社会的関係について多くの情報を提供してくれる，孤独感（loneliness）と孤立（isolation）という2つの鍵となる側面を取り扱う必要がある。しかし，社会的従事に「問題のある」グループについて検討する前に，孤独感や孤立を高齢者一般の社会的従事や市

*115*

**図表 7.2　家族・友人・隣人との社会的交流の程度（％）**

|  | 全国世帯調査 2000/2001年 | オムニバス調査 2001年 | 貧困地域調査 2000/2001年 |
|---|---|---|---|
| 家族に毎週会う | 66 | 62 | 66 |
| 家族と毎週電話で話す | 85 | 81 | — |
| 友人に毎週会う | 70 | 71 | 72 |
| 友人と毎週電話で話す | 67 | 64 | — |
| 近所の人に毎週会う | 88 | 89 | 79 |

民活動のパターンという，より広範な文脈のなかに位置づけることとする。

### 社会的従事

　どの調査も高齢者の様々なインフォーマルな社会的関係について大まかに比較できる測定値を含んでいた。図表7.2が示すように，高齢者と家族・友人・隣人との交流の程度は高かった。実際，オムニバスサーベイと貧困地域調査，そして全国世帯調査で交流の頻度は驚くほど類似していた。全ての調査において，最も交流頻度の高い相手は隣人であり，最も低いのは家族であった。回答者の約3分の2は少なくとも週に1回は家族の誰かに会い，7割は少なくとも週に1回友人に会っている。全国世帯調査とオムニバスサーベイの回答者のほぼ9割は隣人と少なくとも週に1回交流している（この値はどういうわけか貧困地域では79％と低い）。以上のことから高齢者は様々な個人と高い頻度の交流を維持しているといえる。しかも，これらのデータには電話や電子メールなどによる交流は含まれていないため，実際の交流頻度はもっと多いだろう。オムニバスサーベイでは，81％の回答者が少なくとも週に1回は家族に電話をしており，64％が友人と電話をしていたことがわかっている。

　このような粗いデータであるが，先行研究と比較することは有益であろう。タンスタルは，高齢者の社会的関係についての彼の歴史的な研究で，高齢者の56％が調査日の前週に友人に会っており，53％は隣人と毎週交流があると報告していた（Tunstall 1966）。これらの社会的交流の程度は，我々の研究で示された値よりも低い。もちろん我々の調査の回答者がどのようにこのような形式の社会的交流を評価しているか，またはこのような「意味」がここ何十年かでどのように変化しているかについて述べることは困難であるが，これらのデータは少なくとも，この半世紀で高齢者の社会的従事は減少したという言説を支持しない。

第7章　高齢者の社会的孤立と孤独感

**市民活動**

　社会的関係の他に，人口のサブグループが宗教的またはコミュニティーグループに属する程度，あるいは民主的過程に関与する程度というのは，社会的排除の議論において重要なテーマである（Burchardt et al. 1999 ; Gordon et al. 2000）。しかしこのような議論は多くの場合，若者や中年による市民社会からの離脱に焦点をあてている。我々の2つのデータセットは市民活動について直接的に比較することは難しいが，様々な指標は高齢者が比較的活発に市民活動に参加していることを示した。

　オムニバスサーベイでは，回答者の82％が調査の前週に少なくとも1種類の活動を行っており，また93％は外出していた。市民義務に関しては，73％が前回の総選挙で投票していた。そしてほぼ同様の結果が貧困地域の調査でも報告された。回答者の42％が少なくとも年に1回宗教関連の集会に参加しており，33％はコミュニティーグループの集会に参加していた。11種類の市民活動のリストを用いた質問で，76％の回答者は過去3年間で少なくとも1種類の活動に参加していた。最も多かった活動は投票であり，68％が前回の総選挙で投票し，66％が前回の地方選挙で投票していた。リストのなかのどの活動も行っていなかったのは24％だった。集会への参加も含めると，フォーマルなコミュニティー活動のどれにも参加していなかったのは貧困地域の高齢者のわずか15％だった。投票行動，宗教的活動，コミュニティー活動への参加の程度について，オムニバスサーベイと貧困地域調査で似た傾向を示しているという事実は，高齢者のインフォーマルな社会的関係への参加についての研究結果を強化する。イギリスの大部分の高齢者は家族・友人・隣人との関係をもっているだけでなく，市民社会の中心的な側面にも積極的に参加しているのである。

**社会的孤立**

　家族・友人・隣人と比較的頻繁に交流することはイギリスの高齢者にとって普通の光景である。しかし社会から孤立しがちな高齢者も存在する。そのリスクは子どもや親族のいない高齢者に高い傾向があり，家族・友人・隣人と定期的な接触の機会がないことを反映しているのだろう。2つの調査の回答者の孤立に陥る危険性を説明するために，我々は3つの特徴を組み合わせた孤立指標を開発した（Scharf and Smith 2004）。高齢者のうち，親族がいないか家族に会うのは週に1回未満，友

**図表 7.3** 社会的孤立の程度（％）

|  | オムニバス調査2001年 | 貧困地域調査2000/2001年 |
| --- | --- | --- |
| 孤立していない（0点） | 19 | 44 |
| 軽度（1点） | 45 | 36 |
| 中度（2点） | 31 | 15 |
| 重度（3点） | 5 | 5 |

（注）指標は，次の3つの特徴を基に得点化。①親族がいない，または会うのは週1回以下，②友人がいない，または話すのは週1回以下，③隣人と話したり会うのは週1回以下。
得点の範囲は0〜3点（シャーフとスミス（Scharf and Smith 2004）を参照）。
（出典）マコーミック（MaCormick 2003）。

人がいないか会うのは週に1回未満，そして隣人と接触するのが週に1回未満の場合を社会的孤立に陥りやすいと判断した。これらの特徴を組み合わせて，0（全く孤立していない）から3（3つの項目全てにおいて孤立している）にわたる孤立の尺度を作成した。

この尺度を2つの調査の回答者に適用すると著しい違いが現れた（図表7.3）。オムニバスサーベイでは，全く孤立していなかったのは19％，軽度の孤立は45％であった。中度の孤立と重度の孤立を合わせると36％だった。これとは対照的に貧困地域の高齢者は孤立している割合が非常に低かった。どの指標項目においても孤立していなかった回答者は44％であり，一つの項目で孤立しているとされた人は36％だった。中度の孤立と重度の孤立を合わせると20％だった。興味深いことに，これらのデータは回答者個人がもっていた孤立の感覚と合致していた。これまでに社会から孤立していると感じたことがあるかという質問に対し，貧困地域調査の回答者の20％があると答え，健康や様々な機能低下の問題が孤立を感じる理由として最も多くあげられた。

これらのデータが示すことは，高齢者がどの程度社会的孤立を経験するかは，住む場所の特徴によって大きく異なることである。2つの調査で，重度の孤立に陥っている人の割合は同じで，比較的小さな値であった。しかし，中度の孤立も含めると，オムニバスサーベイの割合は貧困地域調査のほぼ2倍であった。

貧困地域調査のデータセットをみると，孤立の程度は個人の特徴によってそれほど差がみられない。特に，性別や年齢は孤立の程度にほとんど影響を与えていない（図表7.4）。統計的に有意ではないが，結婚経験のない人は孤立の程度が高く，離婚した人が最も孤立の程度が低かった。一方オムニバスサーベイでは婚姻関係の有

第 7 章　高齢者の社会的孤立と孤独感

図表 7.4　回答者の特徴別の社会的孤立

|  | オムニバス調査2001年 | | | 貧困地域調査2000/2001年 | | |
| --- | --- | --- | --- | --- | --- | --- |
|  | 孤立して いない | 軽度の 孤立 | 中度・重度 の孤立 | 孤立して いない | 軽度の 孤立 | 中度・重度 の孤立 |
| 性別 | | | | | | |
| 　男性 | 18 | 42 | 39 | 45 | 36 | 19 |
| 　女性 | 20 | 47 | 32 | 42 | 37 | 21 |
| 年齢 | | | | | | |
| 　65〜74歳 | 23 | 46 | 31 | 48 | 34 | 19 |
| 　75歳以上 | 13 | 46 | 41 | 38 | 40 | 22 |
| 婚姻状況 | | | | | | |
| 　未婚 | 4 | 49 | 47 | 21 | 45 | 34 |
| 　結婚／同棲 | 21 | 44 | 36 | 44 | 36 | 19 |
| 　死別 | 21 | 45 | 34 | 47 | 34 | 20 |
| 　離婚／離別 | 14 | 50 | 36 | 51 | 34 | 15 |
| 　　計 | 19 | 45 | 36 | 43 | 37 | 20 |

(出典)　図表 7.3 に同じ。

無と孤立との間に統計的有意差がみられ，結婚経験のない人は孤立の程度が最も高かった。これは「実際の」差を反映しているか，もしくはこのグループの家族ネットワークが小さいことを示しているのであろう。オムニバスサーベイでは年齢や性別との関連も実証された。75歳以上は65〜74歳より，そして男性は女性よりも孤立の程度が高かった。2つの調査の間で，孤立と婚姻状況との関連にある程度似た傾向はみられるが，全体的に類似する点よりも相異点が勝っており，社会的孤立は地域環境の特性によって異なるということが示唆できる。これについては今後さらに研究するべきであろう。

### 孤独感

　孤独感とは個人がどのように自分の社会的交流の全体的な程度を評価するかに関係し，望んでいる質や量の社会的従事と実際の質と量の差の状態を説明するものである。デヨング・ヒールフェルトがとったアプローチに従うと，孤独感は多次元の現象と考えられ，3つの異なる要素から構成されている (de Jong Gierveld 1998)。突出して重要な要素は「欠乏」であり，「親密な愛着が欠如していることに関連する感情や，虚無感や見捨てられたという感情」に関係する (de Jong Gierveld 1998 : 74)。第2の要素は時間的な観点に関係しており，孤独の状態がどの程度変化するものな

**図表 7.5　孤独感の程度（％）**

| | オムニバス調査<br>2001年 | | 貧困地域調査<br>2000/2001年 |
|---|---|---|---|
| 「あなたは孤独に感じますか？」 | | デヨング・ヒールフェルト<br>孤独感尺度（0～11点） | |
| 全くない | 61 | 孤独ではない（0～2点） | 40 |
| 時々 | 31 | いくらか孤独（3～8点） | 45 |
| しばしば | 5 | ひどく孤独（9～10点） | 10 |
| いつも | 2 | 非常にひどく孤独（11点） | 5 |

のかという疑問を投げかける。第3の次元は，悲しみ，罪悪感，欲求不満，絶望感といった様々な感情的側面を含む（de Jong Gierveld 1998：74）。このようにこの概念は，一人でいる状態（being alone；一人で過ごす時間），一人暮らし（living alone；世帯の単純な描写），そして社会的孤立（social isolation；個人や集団がより広い社会環境のなかで交流する程度）とははっきりと区別される。これらの概念とは共通する部分があるものの，その重なりはあいまいで，相互互換的に使用されるべきではない（de Jong Gierveld 1998；Victor et al. 2000；Holmen and Furukawa 2002）。

2つの調査では，高齢者の孤独感を測定するために異なる方法が使われた。オムニバスサーベイは，シェルドンの研究（Sheldon 1948）にならい，回答者に孤独感の程度を自己評価してもらう直接的な質問を採用した（Victor et al. 2001, 2002）。対照的に貧困地域調査は，「間接的な」11項目からなるデヨング・ヒールフェルト尺度を用いた（de Jong Gierveld and Kamphuis 1985；Scharf et al. 2002）。2つの調査で回答の傾向は似ているものの，孤独感の絶対レベルは著しく異なっていた（図表7.5）。どちらの調査でも，全く孤独でないか時々孤独が最大の割合を占めていた。またどちらの調査でも重度の孤独を経験していた回答者は，わずかな割合であり，大多数の回答者がこのような厳しい孤独を経験していないことがわかった。

2つの調査で示された孤独感の程度の差について，いくつかの原因が考えられ，方法の違いやサンプル構成の違いを反映している。まず調査方法に関しては，孤独感について直接的であからさまな質問を投げかけたことによって過小に報告された可能性がある。自分自身を孤独だと評価することは不名誉なことであり，高齢者は自分が孤独だとは回答しないだろう。回答者は自分の「表向きの顔」を傷つけたくはない。そして孤独ではないと回答するか，孤独感の程度を下げて回答するだろう。

第7章　高齢者の社会的孤立と孤独感

**図表7.6**　回答者の特徴別の孤独感（％）

| | オムニバス調査2001年 | | | 貧困地域調査2000/2001年 | | |
|---|---|---|---|---|---|---|
| | 全く孤独ではない | 時々孤独 | しばしば・いつも孤独 | 全く孤独ではない | いくらか孤独 | （非常に）ひどく孤独 |
| 性別 | | | | | | |
| 　男性 | 71 | 23 | 6 | 40 | 42 | 18 |
| 　女性 | 51 | 41 | 7 | 40 | 46 | 14 |
| 年齢 | | | | | | |
| 　65〜74歳 | 55 | 38 | 6 | 44 | 43 | 14 |
| 　75歳以上 | 51 | 33 | 16 | 36 | 47 | 17 |
| 婚姻状況 | | | | | | |
| 　未婚 | 46 | 45 | 9 | 42 | 32 | 26 |
| 　結婚／同棲 | 78 | 21 | 1 | 50 | 43 | 7 |
| 　死別 | 28 | 53 | 20 | 33 | 49 | 19 |
| 　離婚／離別 | 46 | 45 | 8 | 35 | 43 | 23 |
| 　　計 | 61 | 32 | 9 | 40 | 45 | 15 |

　またこの他に，調査サンプルの性質の差が結果の差をある程度説明する可能性がある。この説明を支持する例として，オーストラリア西部のパースでデヨング・ヒールフェルト尺度を用いて行われた調査において，孤独ではないとされたのが52％，「ひどく孤独である」と「非常にひどく孤独である」という回答を合わせた回答者が9％であった（Iredell et al. 2003）。一方，ロンドンのハクニー区での調査で，重度の孤独であるとされたのは16％であった（Bowling et al. 1991）。これらを考え合わせると，どのように計測されても貧困地域に住む高齢者の孤独感の程度は高いこと，そして近隣環境というのが社会的従事に強い影響力をもっていることを示唆できるだろう。

　孤独に陥るリスクが最も高いのは誰であろうか。2つの調査の異なる方法ではこの側面について限られた説明しかできない。貧困地域調査では，孤独感は年齢や性別と関連があるようにはみえなかった（図表7.6）。しかし，婚姻状況とは明確な関連がみられた。この点で，配偶者のいる回答者はそれ以外の人に比べ孤独に陥る危険性が低い。孤独は結婚経験のない人が最もリスクが高かった。未婚者の4分の1以上が重度の孤独に陥っていた。オムニバスサーベイでは，孤独感と加齢は統計的に有意な関連があり，また女性は男性よりも孤独の傾向が強かった。貧困地域調査と同様，オムニバスサーベイでも婚姻状況と孤独感との間に強い関連がみられ，死

別者が最も孤独に陥るリスクが高かった。

## 5 考　察

　2つの異なるデータセットからの発見の比較で，イギリスの高齢者の大多数が様々なインフォーマル，フォーマルな社会的関係に活発に関わっていることが示された。これはイギリスのあらゆる地域でみられる一般的な傾向である。対照的に，深刻な孤立や孤独に陥っていた高齢者は一握りであった。しかし，少数の高齢者が重度の孤立を経験し，非常に孤独であるという事実は十分に注意を払われなければならない。

　2つの調査の間で社会的孤立の程度に相当の差がみとめられた。貧困地域の高齢者は全国を代表するサンプルと比較して，それほど孤立していないようにみえた。重度の孤立については同じ5％で，この値はウェンガー（Wenger 1984）やタンスタル（Tunstall 1966）の調査結果と非常に近かった。2つの調査のサンプルの値は中度の孤立で最も開きがあった。実際先行研究を調べても，この値に最も多くばらつきがみられた。つまり，「やや孤立している」グループは，使用する測定方法や調査対象の構成を反映して，時代によって最も変化する傾向にあるのだろう。また我々の2つの調査では孤立の分布に同じ傾向がみられ，婚姻状況との関連が強調された。しかし，最も孤立に陥りやすかったのは結婚経験のない単身者であり，これは我々の測定方法による人為的なものかもしれない。なぜなら変数の一つが家族との交流頻度であったからだ。単身者の家族構成が小さいならば，この結果は，測定方法が要因の一つとして説明できるかもしれない。これは明らかに今後検討するべき課題である。一方，高齢者が様々な市民活動に参加する程度は，2つの調査でほぼ同じだった。

　孤独感については，本章ではこれを実証的に測定するための2つのアプローチが使われた。自己評価による測定と，尺度の開発または統合測定である（Wenger 1983）。自己評価の測定は直接回答者に孤独感を尋ねるもので，簡単で回答者に非常に受け入れられやすく思える。しかし，このような質問は孤独の概念について回答者に共通の理解があることを前提としており，質問の単純明快さが弱点となる。しかも，孤独というのはスティグマを伴う概念であり，個人のアイデンティティを

第7章　高齢者の社会的孤立と孤独感

損なう。その結果，回答者らは表向きの回答をし，孤独を感じていることを認めない。孤独を測定するもう一つのアプローチは，例えばデヨング・ヒールフェルト尺度（de Jong Gierveld 1987）のような，すでに開発された尺度を発展させるものである。しかしどの尺度も文化的限定性をもっており，直接的な社会的従事について間接的な質問をすることによって孤独を測定する。よって，それらは孤独感の意味や定義について，また孤独感と社会的従事の関係について理論的推定をしているのである。ホルメンとフルカワは，高齢者に対しては自己評価による測定を使用する方が適切であると主張している（Holmen and Furukawa 2002）。しかし，他のアプローチのメリットを実証的に考察する余地もまだあるだろう。

　2つの調査では，サンプルによって孤独感の程度に差がみられた。しかし貧困地域調査の孤独感の程度は，ボウリングらがロンドンのハクニー区で行った調査の結果と近かった（Bowling et al. 1991）。孤独は，社会的欠乏の激しい地域に暮らす高齢者に多いようである。この段階では，社会的に欠乏している地域のどの特徴が孤独感の高さに関連しているのか推測することしかできない。オムニバスサーベイと比較して貧困地域調査のサンプルに孤独感の程度が高いことは，部分的には，サンプルの性質の差を反映しているかもしれない。特に，配偶者に先立たれた者の占める割合が2つの調査で異なるのである。貧困地域調査のサンプルの寡婦（夫）の割合は，オムニバスサーベイよりも15％も多い。死別が孤独感の独立したリスク要因であることを考慮すると，これによって2つの調査の結果の差をある程度説明されるだろう。しかし，貧困地域調査とボウリングらの調査の結果が近いことを考えると，オムニバスサーベイと貧困地域調査の結果の差は単なる人為的なものではないと推測できるだろう。例えばこの差は，ある特定の地域で，安定的な社会的関係をもつことを阻害する要因に関連しているかもしれない。貧困地域の大多数の高齢者は長い年月同じ地域に住み続ける（79％の回答者が同じ近隣に20年以上住み続けていた）という事実にもかかわらず，住民の頻繁な入れかわり，犯罪被害，個人間の信頼の低さなどが合わさって，良い社会的関係を築くことができないのかもしれない。これはまた孤独な高齢者がまた別の孤独な人々にどの程度囲まれているのかという疑問を浮かび上がらせる。この意味で，ある種の都市型の近隣は孤独の袋小路となると論ずることができる。それはすでに孤独な人々を引き寄せるか，またはその近隣がもつ様々な特徴が高齢者を孤独にしていくのだろう。しかし我々の両方の研究で孤

*123*

独感と婚姻状況の関連を証明しており，寡婦（夫）が孤独に陥りやすい傾向をはっきりと示した。つまり，婚姻関係が高齢者を孤独感から保護する要因として働くことがわかった。

## 6 結 論

　高齢期の社会的排除や社会参加の研究は横断的な研究が圧倒的に多い。また我々の高齢期の排除についての理解も，経歴やライフコースの視座が欠けている。我々の理解をより動態的な枠組みのなかに位置づけ，高齢期の排除の経験を，人生の他の段階での排除と比較対照できるようにすることが必要である。このような視座は，高齢期の社会的排除における3つの異なる観点について考察することを可能にしてくれる。つまり，（a）高齢期に入る前の段階からの継続としての排除，（b）新たな経験としての排除，（c）減少した結果としての排除，の3つである。このような孤独感や孤立の種類によってそれぞれ要因は異なるだろうし，これらを解消する介入策はその複雑性を反映していなければならない。ホルメンとフルカワ（Holmen and Furukawa 2002）や，ウェンガーとブルホルト（Wenger and Burholt 2004），テイハイスら（Tijhuis et al. 1999）の縦断的研究は，横断的研究よりもこのような類型を識別するより強固な方法を提供し，このような高齢期の負の側面を解消する社会的介入の性質や種類について洞察を与えてくれるだろう。事例研究やライフレビュー研究，バイオグラフィー研究も社会的従事の動態をより深く理解させてくれるだろう。我々の研究は，方法の限界はあっても，現代の高齢者が比較的活発に社会に従事していることを示すことができた。また，人々の関係が希薄になったと声高に叫ばれているにもかかわらず，戦後高齢者の社会的交流，孤立や孤独感の程度というのがそれほど変化していないことを実証することができた。

　　謝辞
　　我々は研究に貢献してくださった多くの方々や組織にここで感謝の意を述べたい。両研究は経済社会研究会議よりグローウィング・オールダー・プログラムの一環として資金援助を受けて行うことが可能になった（L480254042, L480254022）。QOLサーベイはまたアン・ボウリング教授の資金（L480254043, グローウィング・オールダー・プログラム

の一環）とシャー・エブラヒム教授の資金（医療研究会議ヘルスサービス共同研究）から部分的に援助を受けた。貧困地域調査はヘルプ・ジ・エイジド（Help the Aged）からも資金援助を受けた。QOLサーベイについては，国立統計局のオムニバスサーベイ部に対して，フィールドワークを監督しデータセットを準備してくださったことに御礼を申し上げたい。初期分析とデータ収集を行ってくれた者にはその後の分析と解釈に責任はない。国立統計局が用意してくれたオムニバスサーベイのデータは，統計局監督官の許可を得て使用した。両研究のデータセットはエセックス大学の経済社会研究機構データアーカイブに保管されている。我々は本章の基になった2つの研究の共同研究者，ジョン・ボンド教授，アン・ボウリング教授，ポール・キングストン教授，そしてクリス・フィリップソン教授，そしてサーシャ・スカンブラー博士，アリソン・E・スミス氏に感謝の意を述べたい。最後に我々は聞き取り調査員，そして何より，快く時間をさいて協力してくれた高齢者の方々全員に心より御礼を申し上げたい。

## 注

［1］両研究では詳細なインタビュー（in-depth interview）を行ったが，本章では紙面の都合上紹介していない。貧困地域の高齢者130人に対して（このうち90人は調査の第一段階で参加した），そしてオムニバスサーベイの45人に対して（全員が調査の第一段階で参加した）半構造化インタビューを実施した。両研究のフィールドワークは2001/02年に終了した。

## 訳注

(1) 山田三知子訳『高齢期における生活の質の探求』（ミネルヴァ書房，2009年）の第6章「高齢期の孤独」を参照。
(2) オムニバスサーベイとは，国立統計局が1990年より毎月実施している多目的調査で，主に政府が当面の政策立案に際して，迅速に情報収集する目的で委託する。イギリス全国に在住する約1800人を対象に，簡潔な質問セットを用いて，対面聞き取り調査によってデータを収集する。毎回尋ねる主要な質問（人口学的データ）と毎回異なるトピックの質問とが組み合わされている。避妊法，喫煙量，交通，世帯所得の変化，インターネットアクセスなど非常に広範囲なトピックをカバーしている。
(3) 調査の詳細は，山田，前掲書の第5章「貧困と社会的排除」を参照。

第 8 章
虚弱な高齢者のアイデンティティと QOL

ケヴィン・マッキー，ムーナ・ダウンズ，メアリー・ギルフーリ，
ケン・ギルフーリ，スーザン・テスター，フィオナ・ウィルソン

## 1 序　説

　西洋社会に共通して，高齢者にはネガティブな固定観念がつきまとっている。それは，大多数の高齢者は判断力がにぶっており，衰えを受け入れ，疲れていて，ゆっくりしており，他者に依存しているというものだ（Unsworth et al. 2001）。固定観念というのは人々の思考プロセスを制限し誘導するものであり，我々のような研究者もまた固定観念から完全に逃れることはできない。それゆえ，老年医学や老年学の領域において，高齢期の衰えをチャートマップにし，高齢者を彼らが直面している問題によって分類する研究パラダイムが支配的となっていることは驚きではない。高齢者は「機能障害」，「機能状態」，そして「依存」や「虚弱」の程度で表現される（Woodhouse et al. 1988；Jarrett et al. 1995；Rockwood et al. 1999）。高齢期に対する固定観念がこれほど根深いことを考えると，人々が，そして高齢者自身までもが高齢期をアイデンティティとして，拒絶したりネガティブにとらえたりするのは当然だろう（Netz and Ben-Sira 1993）。

　加齢と身体的健康の衰えの連想があまりに強いため，同じような症状であっても年齢が異なれば違うように解釈される。例えば，25歳の人が胸に強い痛みを感じたら，消化不良か筋肉痛と解釈されるが，70歳の人が胸に痛みを訴えれば心筋梗塞の兆候を疑われる。30歳の人がひっくり返れば鈍臭いか酒に酔っていたと思われるが，70歳の人の転倒はたいてい足腰が弱っているとみなされる。このような「属性的偏

見」は高齢者だけでなく全年齢でおこる。ウィリアムソンとフライド（Williamson and Fried 1996）は，地域に住む高齢者230人に対する調査で，回答者の31％が，日常生活のタスクの1つかそれ以上を行うのが困難な原因として「高齢であるから」と回答し，20％が2つ以上のタスクの困難の原因として「高齢であるから」と回答したことを報告している。

「高齢であることが身体的障害の原因である」と考えることは深刻な心理的影響力をもつ。「高齢」というのは固定的（若返ることはない）で，そして普遍的（全ての生物の運命）である。したがって，絶望的解釈型に結びつく要因の条件を満たしている（Abramson et al. 1989）。これは，サード・エイジ（the Third Age）からフォース・エイジ（the Fourth Age）（Laslett 1991）への移行を潜在的に促すものなのである。[1] つまり，高齢期を活動的に生きる人から老齢に屈した人への変化である。この推移は「体の急降下（Body Drop）」と表現される（McKee 1998）。「体の急降下」は，体の突然の機能減退が加齢のような固定的で普遍的な要因による場合におこる。それは減退からの回復が不成功に終わることにつながる。なぜならその人は減退の原因が改善しないと信じているからだ。

「体の急降下」とは本質的に自己アイデンティティの転換である。人々は自分自身がもはや永遠の中年ではなく，老人になったのだと悟り始めるのである（Featherstone and Hepworth 1991）。ゴフマンは，身体管理が個人のアイデンティティ維持にとって重要であり，また，ぶざまな自分ではなく，好ましいイメージの自己を表現する能力にとって肝要であると論じた（Goffman 1963）。人々は歳を重ねるにつれて，内面の若々しい主観的な感覚と，生物学的加齢という外的経過の間に食い違いを経験し（Turner 1995: 258），よりいっそうの心理的・行動的な対応が要求されるのである。脳卒中や転倒による股関節部の骨折など，体に重大な故障がおきた時，人々の心理的備えは，ついに乗り越えることのできない挑戦を突きつけられるかもしれない。その結果，「内面の」若々しい自己は，機能障害を抱える歳をとった外的自己に同化する。

よって加齢とは，若くて価値ある自分から，弱々しくて衰えた自分へ，つまり好ましい自分から好ましくない自分への転換を含意するのである（Markus and Nurius 1986）。フルニエとファインによる研究のある回答者は，「歳をとるということは弱くなることを意味します。歳をとると，周りの人間が自分のことを弱いと思ってい

るということです。悲しくなります」と表現した（Fournier and Fine 1990：340）。しかも興味深いことに，加齢に伴い自分の身体に不満を感じるという一貫した研究報告はない。実際，その逆，つまり若者よりも高齢者の方が自分の身体に満足していることを証明する研究は存在する（例えば，Öberg and Tornstam 1999；Reboussin et al. 2000）。しかしこのような研究が示唆するのは，高齢者の満足度の高さが容姿ではなく身体機能により強く関連しており，そして身体機能のレベルは幸福度と密接なつながりがあることである（Reboussin et al. 2000）。

　高齢期の自己やアイデンティティというのはまた社会的交流の機能とみなされる。この自己についての社会心理学的観点はミードのシンボリック相互作用論（symbolic interactionism）に最もよくとらえられている（Mead 1934）。ここでは自己とは根本的に社会的構造と考えられ，シンボルや意味が共有されている関係性や社会的交流からおこり，そのなかで発展する。高齢期の自己をこのようなレンズを通してみることは，高齢者の身体を超えて，彼らの社会的関係や他者との交流にまで視界を広げる。このような見地から考えると，高齢者のアイデンティティや自己を支える他者の役割が非常に重要となる。高齢期の自己や QOL についての研究は，人々の社会的文脈や関係性を考慮しなければならないのである。

　施設で暮らす高齢者の QOL についての研究には長い歴史があり，施設での社会的構造がアイデンティティや自己に負の影響を与えることを証明してきた（Townsend 1962）。施設の生活環境は，アイデンティティや自己意識を傷つけるような社会的交流と関連づけられ，キットウッドは悪性の社会心理（malignant social psychology）と呼んだ（Kitwood 1997）[2]。このような傾向を防ぐために，キットウッドは，パーソンセンタードケアを提唱し，QOL を向上させるためには，支援的で共感的な社会的関係の役割が重要であると強調している（Brooker forthcoming）。その一方で十分に解明されていないのは，身体的・精神的虚弱さがどのように社会的交流や関係性と交差して自己やアイデンティティに影響するかという点である。ブルースらは縦断的研究を基に，最も重度の身体的・精神的虚弱者は社会的交流に携わる機会が最も限られていることを示した（Bruce et al. 2002）。シンボリック相互作用論の観点から考えると，身体的・精神的に虚弱な人々の自己やアイデンティティは非常に脅かされ，支援されていないことになる。

## 2　虚弱になることへの抵抗

　幸福感が老衰によって弱まっていくことに対し，高齢者が抗う術はあるのだろうか。近年，加齢を前向きにとらえる理論がおこってきている。ロウとカーンのサクセスフル・エイジングのモデル（Rowe and Kahn 1987），そしてバルテスとバルテスの最善の加齢モデル（optimal ageing）（Baltes and Baltes 1990）は共に，ポジティブな高齢期を達成する要因を探求している。しかし，より伝統的なモデルでも，虚弱さと幸福度の関連を和らげる可能性が示されている。例えば，活動理論は生涯にわたる連続性を強調しており，その中心的な議論は「社会的に活動的であり続けられる人は，肯定的な自己像，社会的交流，そして生活に対する満足感をもつ傾向にある」としている（Barrow 1992: 70）。しかし，達成できる社会的活動の形態が，高齢になるに従って変化することは理論のなかで認識されている。よって高齢者にとっての挑戦とは，自分の幸福を強め，そしてまた老い衰えてきたときにも続けられる活動をみつけることである（Brandtstadter and Renner 1990）。例えば，回想をすることは高齢者の心理的健康に良い効果があるということが証明されている（Brooker and Duce 2000 ; Cully et al. 2001 ; Hsieh and Wang 2003）。一般的に回想とは，過ぎ去った日々を全体的に振り返ることだと考えられている。最も認められている定義の一つはウッズらによるもので，「人生の出来事を，声に出してまたは黙って，一人で，または誰かと一緒に，あるいは集団で思いおこすこと」としている（Woods et al. 1992: 138）。エリクソンのライフスパン発展モデルでは，回想は，心理的な傷や後悔を取り除く潜在的な刺激であり，高齢者が自尊感情を保全するのを手助けするとして，人生の最後の段階において非常に重要な役割を担うと考えられている（Erikson et al. 1986）。活動理論の枠組みのなかから回想について考えると，高齢者が徐々に衰えていき，肉体的負担を要するような活動を行えなくなると，回想のような肉体的負担の小さい活動に切りかえることにより，その人は社会的従事を続け，そして幸福度を維持することにつながるといえる。シンボリック相互作用論の枠組みから考えると，回想は，高齢者のアイデンティティや自己意識を高める相互作用の要となるだろう。

第 8 章　虚弱な高齢者のアイデンティティと QOL

## *3*　虚弱な高齢者がもつアイデンティティの研究

　本章はグローウィング・オールダー・プログラムで行われた，虚弱な高齢者の自己やアイデンティティについて探求する3つの研究プロジェクトに基づいている。それらは，回想が QOL に与える影響についての研究（研究1），自己意識の維持における社会的関係の役割についての研究（研究2），高齢者が認知機能低下に抵抗する方法についての研究（研究3），である。

### 研究1　虚弱な高齢者における回想の役割と自己の断絶

　高齢者の QOL に与える回想の影響について探るため，質的研究を2000年2月から2002年5月にかけて実施した。データは，入所施設で介護を受けている高齢者に対して行った半構造化インタビュー，そして介護スタッフ，入所高齢者，その家族を対象に行ったフォーカス・グループで収集した（McKee et al. 2002）。
　フォーカス・グループの内容記録の分析から現れたキーテーマは，3つの異なるレベルで作用していることがわかった。第1のレベルは，会話を通じて過去や現在の人生を共有することが，入所者同士または入所者と介護スタッフの間の関係構築に中心的な役割を果たしていることであった。第2のレベルは，過去について日常的に語ることは世代間の関係に利益があるということであった。高齢者は家族の歴史を伝えたり，留めておくことにおいて中心的な存在であった。そしてこのような活動は高齢者のアイデンティティ維持を助け，家族内で決定的な役割を提供するのである。第3のレベルは，過去と現在について語ることが，人々に人生を共有させ，自分にまだ価値があると感じさせてくれていたことだった。しかしその一方で，このプロセスを妨げる緊張が存在するのであった。介護スタッフらが認識していたのは，過去や現在について語ることは高齢者に苦しみを与える場合もあること，そしてスタッフは，そのような繊細な会話を扱う十分な技術も時間ももち合わせていないことであった。社会的ケアを重視し，「単なるお喋り」を超えた会話を重点的に行うスタッフを配置するような組織的取り組みを行うことによって，高齢者との交流は深まり，関係性を中心としたケアを促進することができるだろう。
　重要なことであるが，高齢者はよく喪失感を表現する。友人との別れ，機能的・

*131*

認知的能力の減退，そして家庭の喪失などである。これは彼らのアイデンティティの断絶，そしてこの世界に自分が属していることを認めないという，世界からの断絶に関連している。感覚や記憶を失うことで社会的交流が阻害されることもある。ある家族介護者の説明にそれが表れている。

> 母は少し自分が記憶があいまいになり始めてきたのに気づいていると思います。それで知らない人と会話するのが恥ずかしいんだと思います。母はまだここ（施設）に慣れていないし，でも母は自分で少し混乱してきたことがわかっています。母は9月から他の3人のおばあさんと一緒に同じテーブルについているけど，いまだに名前を覚えていないんです。

親族は世代を超えて回想する機会を提供することができるが，介護スタッフや家族のなかの若者達は高齢者の回想と「つながる」ことができず，したがって同年代の仲間のように，同志的な親しみは与えることができない。それゆえ同年代の友人の死はとりわけ辛く感じられる。

断絶に関する第2のテーマは，過去と現在のギャップである。高齢者らは，今の世の中は憎しみと孤独に満ちており，自分たちの生きる世界ではないと感じている。これは，過去と現在の飽くなき比較を反映し，昔は今よりもよかった，といつも表現される。例えば，ある男性回答者は，

> 私は人生をもう一度やり直したくはありません。今のこの世の中ではね。世の中はまあいいんだけど，そこに住む人間がね。このごろの人間は卑劣で堕落しているよ。今の人間は金のためなら何だってやるだろう。人を殺したり，老人を縛り上げたり。

高齢者のなかには，現代社会に対する嫌悪感の反動で，昔への回帰を引きおこしている場合もあった。ある高齢男性の娘の発言にそれが表れている。

> 父が家に帰りたいと言う時は，私たち家族が住んでいた家ではないんです。私が父をここに移すまで60年間住んでいた家ではないんです。子どもの時の家のことを言ってるんです。父は少年時代に暮らした家に帰りたいんです。

断絶についての第3のテーマは，居場所を失うという感覚に関連している。虚弱になったり，友人を亡くしたりすることによって「切り離され」ることは，断絶の感覚を与え，回想を引きおこす。ある介護スタッフが表現したことには，

> 高齢者の人たちは回想がとても好きだと思います。あの人たちはそんなに外

第8章　虚弱な高齢者のアイデンティティと QOL

に出かけられないでしょう。だから社会から切り離されているようなものです。彼らが覚えている世界というのは過去の世界であって，だからそれを楽しんでいるんです。

高齢者らは頻繁に居場所のない感覚，追放された感覚を表現したが，おそらく戦争の経験が関係しているのだろう。ある男性入所者は，

　一時期よくありました。ええ，ほとんど毎晩です。10分間程座っていて，それで逃げ出したくなるんです。拘置所にいるような気持ちになるんです。閉じこめられるような感覚が嫌なんです。なぜだかわからないけど。他にも同じ状態の人もいると思います。けれど閉じこめられるのはいつも私なんです。

しかし介護者は，過去と現在について語ることによって人生を分かち合ったり，人間関係を築くことで，断絶の感覚が和らぎ，それを克服できると感じていた。

本研究が示唆するのは，回想が高齢者のアイデンティティ維持に大きな影響力をもつことである。回想は，それほど高い地位を与えてくれない今のアイデンティティに比べ，立派で意義深い過去のアイデンティティを与えてくれるのである。家族の歴史を子や孫に伝承することによって，高齢者は再び昔のように家族の中心的な役割を担うことになるのである。しかしそれには危険もある。回想は，過去の事柄に意識を集中させるため，高齢者を過去だけに位置づけてしまうのである。過去のことについて語るよりも，今の生活についての話を聞いてくれる人がいることの方がより意味があるかもしれない。介護スタッフや家族は，高齢者が抱いている自己や今の世界からの断絶の感覚にもっと注意を向けるよう促されるべきである。高齢者に人生の連続性の感覚を与え，また多くの高齢者が抱えるアイデンティティ断絶の感覚という問題に取り組むためには，過去と現在をつなぐ意味のある活動が肝要なのである。

## 研究2　自己意識の維持における社会的関係の役割[3]

二番目に紹介する研究は，介護施設に移り住んだ虚弱高齢者の QOL の感覚を探求する質的研究である（Tester et al. 2003）。調査対象には，あらゆる種類の身体的・精神的障害をもつ高齢者を含めるよう努めた。データは，フォーカス・グループ，介護施設での24時間の観察，52人の入所者に対するインタビュー調査と観察によって集めた。介護施設に移った後，高齢者はアイデンティティの連続と断絶を経験し

*133*

た。QOL の構成要素となる 4 つの中心的な領域は，自己意識，介護環境，社会的関係，活動であった。ここでは，自己意識の維持に重要な，人間関係の役割についてのみ述べることとする。

　介護施設に入所することは，これまでもっていた家族や友人との親密な交わりが失われてしまうことを意味することもあるが，また新たな人間関係を作る機会となる場合もある。コミュニケーションというのは，言葉によるものであれ，非言語のものであれ，他人との関係を構築し維持するために欠かせないものである。感覚や認知の障害をもつ人は，非言語のコミュニケーションで感情や意味を伝え，関係を構築することができるのである (Hubbard et al. 2002)。しかし入所者の間では，コミュニケーションを行う際の物理的な障壁や，人々の態度に関係する障壁が観察された。補聴器を使用しなかったり紛失してしまうことが，会話を行う際の物理的な障壁としてよくみられた。

　入所者の間でお互いに対する態度は，冷淡や無関心なものから同情的，友好的なものまで様々であった。他の入所者に対する無関心な態度は非常によく観察され，自分とは全く無関係な人間としてみていた。例えば，

　　あいつらのことは構わなくていいよ。私は放っておいているよ。彼らも私のことを構わないのさ。(デニス・サミュエルズ)[1]

　　ええ，あまり私には関係ないことです。ただ無視してたらいいんですよ。(ゴードン・ミラー)

　　あの人達は別に普通よ。ただの住人よ。(クリスティーナ・ストロング)

　入所者のなかには他の入所者に対して敵意をもった態度をとる人もいた。例えば「気違い」と呼ばれている人を避けて，別の特定の談話室を占拠し，そのことによって自分は「気違い」ではないことを表示するのである (Hubbard et al. 2003)。このような行動が示しているのは，入所者が他者に対する自己の意識というものをもっていること，そして他者の立場に立って彼らの行動を解釈し，意味を理解し，反応することができることである (Hubbard et al. 2002)。

　このような冷淡で無関心な態度とは対照的に，入所者のなかには他の入所者と人間関係を築き，友情や友好的な態度を表す人もいた。女性の方が男性よりも全般的に友好的であった。なかには友人関係を築き，同じ談話室で大体いつも一緒に座っている入所者もいた。しかし，入所者同士で特別な関係を築くのはまれであった。

若い時に知り合いだったことや，あるいは共にパーキンソン病であるとか喫煙するといった共通の経験を通じて友人関係を築く場合があった。女性の回答者のなかには，友人をもつことが，潜在的に有害な環境から自分を守る盾となっている人もいた。例えばエイミー・ローガンは施設や介護スタッフの態度に憤っていたのだが，彼女は友人と一緒に「静かに座っているんです。そしてそこでおこっていることを黙って聞いているんです」と語った。

　入所者の生活にどの程度家族が関わっているかが，入所者の自信や施設内での人間関係構築に大きく影響しているという証拠がいくつかみられた。配偶者や子などとの家族生活の連続性はまた，高齢者の自己意識の維持に重要であった。結婚生活の経験というのは，配偶者がまだ生きているかどうかに関係なくQOLに重要であり，多くの思い出やアイデンティティの感覚の源となっていた。子や孫が訪問してきたり贈り物をするなどして関わることは，入所者の生活に関心を与え，家族の一員であるという感覚をもたらしていた。息子と娘が毎日訪問するドリーン・マッコールの場合や，夫と娘が交代でほぼ毎日訪問するモーリーン・ストーンの場合，施設に入所していても家族生活が維持できていた。彼女らは強い自己意識をもち，友人関係構築にも成功していた。

　認知症の高齢者にとっては，すでに亡くなった家族との関係が彼らの現在のQOLに著しく重要であった。ミルズとコールマンは，認知症の高齢者が過去の人生を部分的に思い出すことができることを示している（Mills and Coleman 1994）。よって，彼らに過去の人生について語る機会を与えること，そして自己の感情的記憶を強めることによって自己意識の維持ができるよう支援することが重要なのである（Mills 1997）。

　以上のような発見事項は，介護施設に暮らす虚弱な高齢者が他者と交流し，新たな友人関係を築き，そして家族や配偶者と感情的な絆を維持し家族の一員であるという感覚をもち続けることなどを通して，自己意識を維持する方法を実証している。シンボリック相互作用論の観点と一致して，本研究は，介護スタッフが，入所者の交流やコミュニケーション，そして人間関係を構築したり維持する能力を支援することができ，したがって入所者のQOLと自己意識を強化する重要な役割を果たせることを発見したのである。

### 研究3　高齢期の精神的・認知的衰え

身体的な虚弱さは確かに歓迎されていないが，高齢者に最も恐れられているのは精神的な衰えである（Gilhooly et al. 1986）。認知障害は我々の「パーソンフッド（personhood）」や自己アイデンティティを直撃する（Aronson and Lipkowitz 1981；Kastenbaum 1988；Chiverton and Caine 1989）。「パーソンフッド」についての文献では，その定義は様々ではあるが，概して「パーソンフッド」にとって重要なのは，合理的思考や分別のある意思疎通，そして自立した目的志向活動ができることなどと考えられている。人々がこのような機能を果たせなくなった時，「人間」であることが終わり，「社会的死」の予備軍にさえなるのだろう（Sweeting and Gilhooly 1992）。

ギルフーリらは，精神的に衰えていくことに対してどの程度高齢者が抵抗できると考えているかについて，そして認知機能の低下を防ぐために高齢者が行っていることについて調査した（K. Gilhooly et al. 2003；M. Gilhooly et al. 2002b, 2003）。脳の老化に関連して「これをやらなければ脳が衰えてしまう」という仮説が山ほど存在するが，精神的・社会的・身体的活動を行うことがどの程度認知機能の低下を抑え，認知症を予防するかについてあまり研究がされていない。またその上，この問題についての研究結果は矛盾している。認知的に刺激になる活動を行うことと認知能力の間に正の関連があることを示唆する研究（Gold et al. 1995；Ball et al. 2002）や，アルツハイマー病を発症するリスクを減らすとさえ示す研究（Wilson et al. 2002）もあれば，その一方で，老化に伴う認知機能の低下はこのような活動では改善できないことを報告する研究も多くある（Hambrick et al. 1999；Salthouse et al. 2002）。

回答者に対して，高齢期の認知機能維持に貢献すると思うことを3つあげてもらった。また認知機能を維持するために行っている身体的・精神的（知的）・社会的活動の頻度についても質問した。各項目は「1年あたりに行う日数」で得点化し，3つの活動カテゴリーについて合計点を計算した（Glass et al. 1999）。3つの活動カテゴリーは以下のようになった。（1）精神的（知的）活動：新聞を読む，読書，トランプ，チェス，クロスワード，手紙を書く，コンピューターを使う，音楽を聴く，裁縫，編み物，ビンゴ，（2）身体的活動：水泳，踊り，フィットネス運動，ゴルフ，釣り，庭いじり，日曜大工，散歩，ボウリング，（3）社会的活動：友人や家族に会う，社交クラブ，会合に参加する，ボランティア活動，宗教的活動，である。回答者にはまた自分のQOL度を評価してもらった。

① 高齢期の認知機能低下を抑えることができると高齢者が考えていることは何か。

高齢期の認知機能維持に貢献すると思うことを3つあげてもらう質問に対し，多くの回答者はまず単に，「何かに興味をもつこと」，「忙しくしていること，活動的であること」と答え，続いて「クロスワード，パズル」などがあがった。回答は，1つ目よりも，2つ目や3つ目になるとより具体化した。家族や友人と交流することも多くあげられた。また，身体的活動の重要性も，2つ目か3つ目に目立ってあげられた。教会活動やボランティア活動，そして「自分の境遇に満足する気持ち」など，人生に対する全般的な態度も重要だという考え方も，3つ目までの回答によくあがった。その他，お金や賭けごとといった回答もあった。よって，大多数の回答者は，はっきりと何によってかはわからないが，認知機能低下を抑制することができると考えていたといえる。活動的で忙しくしていることと並んで，精神的な作業を伴う活動が重要であると考えられていた。身体的な活発さを維持することは回答にあげられたが，認知機能維持に大きな効果があるとはあまり信じられていなかった。

② 認知機能低下を予防するために高齢者はどの程度意図的に身体的，精神的，社会的活動に取り組んでいるのか。

約6割の回答者は，認知機能を維持する目的で諸活動に取り組んでいた。回答者があげた活動を，軽度もしくは激しい身体的活動，受動的な精神的活動，計画を要する精神的活動，受動的な社会的活動，そして参加型の社会的活動に分類した。最も多くあげられたのは，計画を要する精神的活動（クロスワードパズルなど）の70％，続いて，受動的な精神的活動（読書など）の47％であった。認知機能低下予防の目的で受動的な社会的活動をしていたのは15％であり，8％弱が参加型の社会的活動に分類される活動を行っていた。17％は軽度の身体的活動に，そして16％は，彼らがいうところの激しい身体的活動に，認知機能低下予防の目的で取り組んでいた。これらの数値から，精神と身体の強い関連があまり信じられていないことがわかる。しかしその一方で，回答者が加齢に伴い，身体的活動を行うのが難しくなったと感じていることも示されている。

③ 身体的，精神的，社会的活動に取り組むことがどの程度認知機能の維持に関係しているのか。

精神的活動の得点（合計点）と，現在の認知機能を評価するために我々が使用した3つの知能検査（ウェクスラー成人知能検査の行列推理テスト，符号テスト，類型流暢性テスト）の結果の間に有意な関連性が現れた。一方，社会的活動や身体的活動の得点と，知能検査の結果には有意な関連性はみられなかった。

④　身体的，精神的，社会的活動に取り組むこと，そして認知機能の維持がどの程度 QOL に関係しているのか。

　本章において最も注目すべき発見は，活動レベルと自己評価による QOL 度の関連である。全体的に，社会的活動や身体的活動のレベルは，自己評価による QOL 度とあまり関係がなかった。興味深いことに，精神的活動のレベルも QOL 度に全く関係がない。さらに，QOL 度は現実世界の問題解決能力を除いて，認知機能の測定値にあまり関係していなかった。しかし，認知機能を自己評価したものと QOL の自己評価には関連がみられ，認知機能が高いと自己評価した人は，QOL も高く評価する傾向にあった。

　要約すると，本研究の回答者は「活動的でいること」が認知機能の維持に重要であると信じており，6割が認知機能低下予防の目的で何らかの活動に取り組んでいた。長年取り組んだ精神的活動の総量と実際の認知機能のある側面との間に関連性があることは，「これをやらないと脳が衰える」という，認知機能維持方法の存在を支持することになる。しかし興味深いのは，社会的活動や身体的活動への従事と認知機能には関連性がないことである。また，他の横断的研究と同様，因果関係を解明する術もないのである。精神的活動への従事が認知機能低下を抑えたのだろうか。あるいは，高い認知機能を維持している人が精神的活動に取り組む傾向にあるのだろうか。

　社会的活動に従事している人の QOL 度がさほど高くないことには驚きであった。なぜなら家族や友人との交流が幸福をもたらすということが多くの研究で証明されているからだ（Myers 2000）。もちろんこれは，本研究の QOL の測定が，健康など，QOL と活動の関連性を無効にするような要因を重視してしまったせいかもしれない。サンプルが高齢であること，そしてサンプルの半分に「不健康」な人を選んだこともまた，精神的・社会的・身体的活動に比べて，現在の健康状態や病歴などが QOL の予測変数として優勢となった可能性を説明できるだろう。

　しかし興味深いのは，自己評価による認知機能のレベルが自己評価による QOL

度と関連していたことである。おそらく，認知機能が低い，または低下したと答えた人がQOL度が低いと答えることは驚くべきことではないのだろう。価値ある活動に生涯を通して参加する機会のある方が，様々な物質的・人的・社会的資源をもっていることよりも幸福度に寄与するとした研究結果が最近になって多数報告されている（Canter and Sanderson 1999）。認知機能の低下は，価値のある活動に参加したり，目標を追い求めたり，それに向かって前進する能力を制限する。さらに，認知機能が実際に低下すること，または低下したという意識は，個人のコントロール能力のレベルに対する認識に関係する。自分の生活をコントロールできているという感覚が幸福の重要な要素であることは，多くの研究で証明されている（Peterson 1999）。

## 4　結　論

　我々の3つの研究プロジェクトは，それぞれ異なる虚弱な高齢者の集団に対して，異なるアプローチをとった。しかし，各研究からいくつか共通する論点が現れた。連続性や喪失というテーマは3つの研究プロジェクトを結びつけた。虚弱な高齢者は，家庭の喪失，友人や家族との親交の喪失，身体的健康や認知機能低下，世間からの孤立感，または入所者同士の無関心などによってアイデンティティが断絶されてしまったのである。

　このような断絶に抗うには，アイデンティティが維持されるようなポジティブな連続性を強調しなければならない。例えば，家族で重要な役割を担ったり，活動的でいたり，認知機能を維持したりすることなどである。コミュニケーションはアイデンティティを維持する際に，鍵となる役割を果たす。つまり，人間関係や友人関係を構築したり維持するため，また回想し，自分のこれまでの人生について語るため，そして意味ある活動を行うためにコミュニケーションは重要である。他者と交流したりコミュニケーションを行うことによって，回答者らは自己の意識を維持することができていたのである。我々の研究は，介護スタッフや家族が高齢者のコミュニケーションや人間関係を改善し，現在の生活の心配事に耳を傾け，そしてアイデンティティやQOLを向上させるような支援を行う方法について明らかにすることができた。

謝辞

　メアリーとケン・ギルフーリは，研究アシスタントのドミニク・ハーヴィー氏とアリソン・マーレー氏の貢献に大いに感謝している。マーガレット・ロージアン氏，スーザン・コールドウェル氏，アイリーン・マクドナック氏，カレン・ダンリヴィー氏はデータ収集において大変貢献してくれた。

　ムーナ・ダウンズとスーザン・テスターは，共同研究者のジル・ハッバード氏，シャーロット・マクドナルド氏，ジョアン・マーフィー氏の偉大な貢献を記したい。また調査に協力してくださった回答者の皆様，施設の管理者やスタッフの皆様に心から御礼を申し上げたい。最後に，グローウィング・オールダー・プログラムの参加者や研究者仲間，研究生などの助言に感謝している。

　ケヴィン・マッキーとフィオナ・ウィルソンは経済社会研究会議支援の研究プロジェクト「回想が高齢者のQOLに与える影響の評価研究」（L480254031）の共同研究者，ギリー・ボルトン氏，マン・チャン・チョン氏，ヘレン・エルフォード氏，フィオナ・グーディ氏，シャロン・ヒンチリフ氏，シンディー・ミッチェル氏の多大な貢献に感謝の意を表したい。

注
［1］　本文中に登場する回答者の名前は全て仮名である。

訳注
(1)　サード・エイジ（the third age）というのは，もともとフランス語の troisième âge の翻訳借用であるが，欧米で一般的に中年の後の年齢層（約50～70歳），そして成熟や円熟の時期と考えられている。歴史社会学者のピーター・ラスレット（Peter Laslett）は，「A Fresh Map of Life（1989）」のなかで，人間の一生を，「依存・社会化・未熟・教育の時代」のファースト・エイジ，「成熟・自立・生殖・稼ぎと貯蓄・家族と社会への責任の時代」のセカンド・エイジ，「達成の時代」のサード・エイジ，「依存・老衰・死の時代」のフォース・エイジの4期に区分することを提案し，サード・エイジを個人的にも社会的にも充実させることが，高齢化について肯定的なイメージを構築することに通じると考えた（小田利勝「いまなぜサード・エイジか」『神戸大学発達科学部研究紀要』8-2，2001年）。
(2)　キットウッドは，「だます（treachery）」「できることをさせない（disempowerment）」「子ども扱い（infantilisation）」「脅す（intimidation）」「急かす（outpacing）」「無視する（ignoring）」など，17の要素をあげている。また，キットウッドは，「悪性の」という語について，それが決してケア提供者に悪意があることを意味するのではなく，ほとんどのケアが善意と親切心で行われていると述べている。
(3)　研究の詳細は，山田三知子訳『高齢期における生活の質の探求』（ミネルヴァ書房，2009年）の第11章「虚弱な高齢者と施設生活」を参照。

# 第9章
# 高齢期のアイデンティティと社会的サポート

クリストファー・マッケヴィット，ジョン・バルドック，
ジャン・ハドロー，ジョー・モリアーティ，ジャビア・バット

## 1 序　説

　本章では，グローウィング・オールダー・プログラムで行われた研究プロジェクトのうち3つの研究について紹介し，高齢者による社会的支援サービスの利用について議論する。鍵となる議論は，ケアサービスの利用が，より重要な活動を介して行われていることである。その重要な活動とは，社会的関係やアイデンティティを維持すること，そして再構築することであり，これは高齢者が他者に依存する状態になって必要となるのだ。まず初めに紹介する研究は，脳卒中を発症した後，退院して自宅生活に戻った60～90歳の41人を対象に行った研究である。2番目に紹介する研究は，最近健康状態が悪化し，介助なしで外出できなくなった75歳以上の高齢者38人を対象にした研究である。3番目の研究は，主に少数民族の人々203人を対象とした研究である。以上のサンプルの全員が重い病気や障害を抱えていたとは限らないが，4分の3にあたる人は，慢性的な病気や障害をもっており，8割が日常生活に支障があると答えた。

　各研究には，80歳以上の回答者が多く含まれ，なかには90歳を超える回答者もいた。彼らは「長寿革命」と呼ばれる人口学的現象の一部であり，このような成功は，高齢期の専門的そして医学モデルをいっそう強調するだろう。これらのモデルは成功の証拠があって初めて成立するが，また一方で高齢者や家族が実際に支援に対してどのように反応するのかを理解して考慮されるべきである。社会老年学分野の研

究では，高齢期，特に機能低下に伴って，人々がいかに新しい環境に適応し，自己価値の感覚を維持するために「アイデンティティ活動（identity work）」に従事するかを示している（Kaufman 1986 ; Thompson et al. 1990）。このアイデンティティ活動は，健康問題や実際的なケアニーズのみに対して行われるのではない。この活動は，重度化した障害や新たに加わった援助のニーズに伴って生まれた新たな社会的・家族的状況に合致した自尊感情や自己意識を再構築することに対しても行われるのである。この文脈で，「合理的な」または「実際的な」反応というのは，その人のアイデンティティ計画にとってより個人的に適切な反応ほど重要ではない。我々の3つの研究プロジェクトが主張するのは，高齢者には，医療的・社会的ケアを自己イメージの維持や，社会的・家族関係と調和させる絶対的な要請があるということである。ロイ・ポーターの古典的研究は，個人，社会，そして技術の間の緊張が，いかに西洋社会の医学や健康の概念に内在しているかを指摘した。

　　西洋社会は自己や個人，アイデンティティを優先する文化を発展させてきた。（中略）ほとんどの伝統的な治療システムは，病人と大宇宙との関係を理解し，個人と世界の間，または社会と世界の間を再調整することを追究してきた。一方，西洋医学の伝統は，病気を主に体のみ，つまり内宇宙で説明する（Porter 1997 : 6）。

## 2　脳卒中患者の QOL の研究

　はじめに紹介する研究，「患者と専門家が抱いている QOL の意味についての人類学的研究」では，QOL の概念や測定を，脳卒中とそのケアという文脈において考察した。本研究は，QOL の概念の認識論的基礎，そしてその副次的影響についての社会学的理解に貢献することを目的としている。本章では，60歳以上の脳卒中患者に対して行ったインタビューのデータからの研究成果を紹介する。

　インタビューは2段階に分けて行った。まず，脳卒中患者が退院した直後に行い，第2回目は，その3か月後に行った。1回目のインタビューは41人を対象として行い，第2回目はそのうち33人に対して追跡して行うことができた。回答者の年齢は61歳から90歳にわたった。6人はカリブ系もしくはアフリカ系黒人で，残りはイギリス人の白人かヨーロッパ諸国の白人であった。男性は21人であった。

脳卒中の後遺症には，四肢の麻痺，移動能力の問題，自己管理の問題，認知機能障害，コミュニケーション障害，記憶障害，視覚障害，そして情緒障害やうつなどの心理的効果などが含まれる。脳卒中をおこしてから1年以上生存している人のうち，35％が重度の障害を抱え，基本的な日常生活の支援が必要であると推定されている（Stephen and Raftery 1994）。しかしこの数値は過小評価されている可能性がある。なぜなら，障害の程度の測定方法が，患者ら本人が重要だと考える活動を行う能力を十分に反映していない可能性があるからだ。確かに，「身体機能的に自立している」と分類された回答者が共通して，脳卒中によって，彼らが本来送りたかった人生を送ることができないと感じていた。

地域で暮らす脳卒中患者が利用できるサービスには，外来診療，リハビリテーション，退院支援，そして自治体の行う様々なサービス（訪問介護，配食，レスパイトケアサービスなど）やボランティア組織などが提供するサービスなどがある。しかし，人々は圧倒的に家族の支援に依存しており，家庭外のサービスは補助的な利用に留まっている（Anderson 1988）。例えば，南ロンドン脳卒中名簿に登録されている人で，発作をおこしてから3か月後の患者を調べてみると，配食サービスを利用した人は10％，訪問介護サービスを利用したのは27％，デイセンターを利用したのはわずか7％だった。この利用率は発作後1年後には，デイセンターの利用がわずかに上昇した以外は，さらに減少していた（McKevitt et al. 2003）。

### 社会的サポートの源

本研究の回答者は，支援を主に家族（配偶者，子，兄弟姉妹，その他の親族）に頼っており，またそれよりは少ないが，友人からも支援を受けていた。このように，支援の授受は，愛情や責任感や義務感などに支えられた，長年にわたる情緒的な関係性と深く結びついている。M夫人は脳卒中をおこした後，身体的障害は残らなかったが，疲労し少し混乱して自宅生活に戻った。彼女はその後も，娘や兄，その他の家族に世話をしてもらいながら独り暮らしを続けた。娘が言うには，

> 私たちは本当に仲が良いのよ。これまでもずっと仲が良かったわ。だからあまり変わってないのよね。たぶん，昔に比べたら少しは私に頼っているかもしれないけど，それ以外は何も変わってないわ。

大人となった子には「彼ら自身の生活」というものがあって，世話をしてもらう

ことで彼らの生活の邪魔になってはいけないという意識が回答者の間にはあった。それと同時に，どの程度の世話をしてもらえるのかというのはあいまいで，交渉しなければならない事柄であった。このことは，インタビューのなかで，レスパイトケアのことが話題になると，特に明らかになった。J夫人は，ソーシャルワーカーから介護を少し休むよう勧められたことを夫に思い出させた。

> J夫人：それで…，ソーシャルワーカーが初めに私に言ったのは，ちょっと休憩したらどうかっていうことでした。「何かすることがあるでしょう？」って。私は，「そうね，今は特にないわ」って言ったんですけど，彼女はちょっと休憩するべきだって言うんです。
> J氏：ああ，でも…。僕は旅行どころか，まだ外に出かけられるほど回復していないよ。
> J夫人：でも，彼女は私がちょっと休むべきだって…。

このような状況は極端な例であるが，家族が陥るジレンマを表している。病院を退院して介護施設に入所したK夫人は，兄弟の訪問を受けたり，既婚の息子と一緒に週末を過ごしていた。しかし彼女は，自分の娘がもう4か月も姿を見せないことを嘆いており，それは娘に自宅で世話して欲しいと頼んだせいだと自分を責めていた。

> 娘は私の頼みを断ったけど，私は娘を責めていません。だって私も自分の母親を家で介護しましたから。だから娘を責めないわ。ええ，だから娘は私に会いに来ないんだと思います。きっとそうだと思います。

友人や隣人もサポート源として重要であるが，何が道理にかなっているかという境界線は，家族の場合よりはっきりしている。例えば，D氏を主に世話しているのは，離れて暮らすが毎日を一緒に過ごしている長年のパートナーであった。インタビューのなかで，彼らはざっくばらんにパートナーが少し休息をとる必要性があることを話し合った。彼らはボランティア組織の支援を利用していた。

> だって他に誰もいないでしょ。2月に私が旅行に行ったときは，友人がかわりに来てくれたの。でも，私たちが頼れる人はほとんどいないのよ。だって，みんな自分の生活があるでしょ。みんな忙しいし，仕事をしている人だっているし。

その他に回答者がとった方法は，例えば，家族や友人と電話で密に連絡を取り

第 9 章　高齢期のアイデンティティと社会的サポート

合ったり，緊急アラームを利用したり，移動能力や視力を補うためのテクノロジーの利用を試してみたりすることであった。

　回答者の多くは，退院支援や在宅ケア，配食サービスなどを利用したことがあった。サービスに満足している回答者もいたが，不満の声もあった。最も多かったのは配食サービスで，利用料が高く，また味が好みに合わないというものであった。サービス利用を断ったある回答者は，自分が食べるものは自分で選びたいのだと説明した。

　　　誰かに何を食べるかを命令されたくありません。たしか3ポンドほどするでしょう。それだったら，道を渡って自分で食べ物を買いに行きます。フライドポテトが食べたかったら，フライドポテトを食べます。アボカドを食べたかったら，アボカドを食べるんです。自分の食べたいものを食べるってことです。

　家事援助サービスについては様々な批判がなされており，例えば，不十分であることや，頻度が低すぎる，またスタッフの入れかわりが激しすぎるといったものであった。

## 3　サービス利用とアイデンティティ管理

　サービスの質に対する不満の他に，人々がサービスを利用しない背景には重要な理由があった。その一つは，回答者が自立を重要視していたことに関連していた。G氏にとって，身体的，経済的，社会的自立は絡み合っていた。

　　　誰の負担にもなりたくないんだよ。今まで家事援助とか使ったことがありません。まだね。私たちがそう決めたんだよ。私たちはこれまで福祉手当などを受けたことがありません。だから，これからも自立していたいんです。でも，いつか福祉の世話にならないといけない時がきたら，その時はそうします。でも今は自分たちでやっていけるほどのお金はあるから，国の世話にならないで自立しているってことです。

　もう一つの理由は家族の概念に関連していた。どのような支援を頼むのが妥当かという境界があいまいであるにもかかわらず，回答者の説明からは，家庭の内と外（公私）の区別を好むことが示唆された。極端な例では，T氏は，デイセンターに行くのを拒んでいたが，それは他の高齢者と交流したくないし，赤の他人にセン

ターまで連れて行かれたくないという理由であった。彼は初め訪問介護サービスを利用していたが，ある程度体を動かせるようになったので利用をやめた。同様に彼の家族も，他人が家に上がり込むのが好きではないと訪問介護の利用を拒んだ。

## 脳卒中とアイデンティティ

　脳卒中が個人のアイデンティティの感覚に与える影響を探求する研究の多くは，本章冒頭で述べた，慢性の病が個人の人生を分断し，アイデンティティ感覚を狂わせ，そして新たな自己アイデンティティと生活史を再構築する必要性を生じさせるという理論に依拠している（Grant 1996；Kaufman 1998；Eaves 2000；Ellis-Hill et al. 2000）。これに対してある研究は，脳卒中がトラウマ的であるとか人生や自己意識を激変させたという回答はまれで，加齢や，過去の病気や困難の経験が，アイデンティティの損傷に影響する要因であると報告した（Pound et al. 1998）。しかし，脳卒中やその結果が破滅的ではないという考えは，その後論駁されている（Dowswell et al. 2000；Hart 2001）。

　本研究でも，脳卒中は回答者の自己意識を確かに侵害していた。ある回答者は，誰かに世話をしてもらわなければならず，あらゆる作業を一から学び直さなければならないので，自分がまるで赤ちゃんに戻ったように感じると辛そうに語った。回答者のなかには，夫婦で役割が入れかわってしまった人もいた。ある女性はそれまで家族や夫の世話をしてきたが，今は世話をしてもらうことを受け入れなければならなかった。また，それまで障害のある妻を世話してきた男性は，脳卒中をおこしてから妻よりも障害が重くなってしまい，役割が入れかわってしまった。回答者の話は共通して，障害と自己意識が関連していた。それは障害によって，自分にとって重要だった活動や，自分が誰であるかを定義していた活動ができなくなったためであった。独り暮らしをしていたM氏の発言がそれを要約している。

　　　あぁ，私は独りでいるのが好きではないんです。私は社交的なんですよ。人がたくさん集まっているところで，いろんな人と交流したり，群れのなかにいるっていう感覚が好きなんです。仲間意識とか友情とかそういう感覚が恋しいんです。

　しかし，脳卒中発症の衝撃の強さは，回答者によって，「迷惑なもの」から「自殺を考えたほど破壊的なもの」と幅があった。このような評価は，客観的にみた障

害の程度とは比例しておらず，むしろ様々な要因に関係しているようであった。回答者のなかには自分の性格に言及し，「冷静沈着」と表現したり，逆境を受け入れられる性格なのだと説明する人もいた。回答者は異口同音に，変えることのできない状況は，単に受け入れるしかないのだと表現した。また回答者は，自分よりも幸運な人や不幸な人との比較も行った。人生におこり得るその他の不幸な事柄も，自分の反応を説明するために引き合いに出された。また自分の生い立ちや経歴，そして老化の概念，人間の自然な衰えについての考えなどを引き合いに出し，脳卒中やその結果はその文脈のなかで考えないといけないのだと示唆する回答者もいた。最後に，回答者の宗教的な信念や希望をもち出して，自分におこった不幸の理由を説明し，死について語る回答者もいた。

## 4 障害のために外出できなくなった高齢者

次に，障害のために外出できなくなった高齢者がどのように新たな生活や自分自身に適応するかについての研究を紹介する。この研究は，社会的・医療的ケアを受ける必要性とアイデンティティ管理との間におこる緊張に意図的に焦点をあてている。自宅で暮らしているが，最近介助なしでは外出できなくなった75歳以上の高齢者を調査の対象にした。いくつかの重要な先行研究によると，高齢期のターニングポイントは，病気や障害によって家に引きこもる時，つまり他者の助けなしで外出ができなくなる時であることを示唆している。このような依存状態への移行は，高齢者が独り暮らしの場合に特に深刻である。買い物，車の運転，公共交通機関を利用する移動，友人訪問，誰かの手助けをする，病院に行くなど，それまで当たり前に行っていた活動の多くがより複雑になり，他者の助けに依存することになるのである。自己を定義していた自律性というものは妥協され，アイデンティティや他者との関係性は再交渉されなければならないのである。

調査は29人の女性と９人の男性に対して，６か月の間隔をあけて２度，彼らの自宅においてインタビューを実施した。質問は主に自由回答式であり，バーセル指標（Barthel Index）[1]（Granger 1979）や一般健康質問票（General Health Questionnaire）（Goldberg 1978 ; Goldberg and Williams 1988）など，有効性を認められている測定法も含んでいる。本研究ではまた，コールマンらがサウサンプトン加齢研究で開発した

2つの尺度も使用している（Coleman 1984；Coleman et al. 1993）。自尊感情尺度（Self-Esteem Scale）は，人々の自尊感情の源を理解し，その強さを測ることを目的としている。ライフコースインタビュー（Life Course Interview）は，人々の自己意識の連続性と断絶を評価することを目的としている。

### 自尊感情への効果

本研究の回答者の自尊感情の程度は，サウサンプトン加齢研究の無作為に抽出されたサンプル（様々な程度の障害を含む）と比較して，著しく低いことがわかった。しかし，自尊感情の値は多くの場合，2回目のインタビューの時には，かなり改善していた。21人の自尊感情の値は6か月で上昇し，一方，自尊感情の値が下がったのは7人，大きく下がったのは2人だった。この自尊感情の変化の説明は，回答者を個別に調べることにより明らかになった。自尊感情が上昇したグループについては，非常に複雑であるがはっきりとしたパターンが現れた。自尊感情は，家族の強いサポートがある場合や，宗教的信念，ユーモアのセンス，または長年かけて培った問題対処能力など，「内的資源」がある場合に高く保たれていた。一方このような資源が言及されない場合は自尊感情は低い傾向にあった。全回答者のうち身体的健康を取り戻したのはわずか3人で，よって健康の回復は自尊感情の回復にあまり影響がないといえる。自尊感情の回復に最も共通してみられた要因は，生活に他者が介入することであった。それは例えば，デイセンターに通い始めたり，通う日数を増やしたり，新しい友人ができたり，訪問介護サービスを利用し始めたりすることであった。多くの場合，このような資源は一度目のインタビューでは言及されなかった。回答者の多くは，始めはデイサービスや，訪問介護サービスなどの利用をきっぱりと拒否する傾向にあった。

## 5　能力，障害，ニーズについての認識

インタビューの始めから終わりまで，回答者が自己管理能力のある人間にみられたいと望んでいるのは明らかだった。回答者が，自分の抱えている障害やできない動作について語るのは，たいていインタビュー開始からしばらく経ってからであった。回答者らは，どのようにそれに対処しているか（または対処できないか）につい

第9章　高齢期のアイデンティティと社会的サポート

て「私はこういう人間だから」，つまり自分の強さや弱さのせいにすることもあったが，その他の外部要因のせいにすることの方が多かった。回答者が自分の人生や生活について語る時は，感情や人間関係や自分自身に対して抱いているイメージなどを話すことが多かった。これは，様々な専門職が，高齢者の対処能力を評価したり，サービスや支援を受けることで改善できるニーズなどについて語る傾向と対比をなしている。我々はこのような違いを「自分語り」（感情，関係性，自己）と「ニーズ語り」（資源，能力，障害）に分類した。回答者は主に前者の傾向があり，自分の生活や関係性の維持や改善などに集中して語る傾向にあった。「ニーズ語り」をする専門職らは，ネガティブな変化や断絶などに集中して語る傾向にあった。このような二分化は，A夫人がかかりつけ医について語る発言に表れている。「先生とは，まぁうまくやっているけど，まるで私を死ぬ間際の人間のように扱うのよ。あれは老人差別よ」。

　回答者のほぼ半数は，サービス提供の申し出を断っていた。これは，そのサービスを必要としていないというよりむしろ，このようなサービスの利用が自分のイメージに合っていないと感じていたからである。

　　　家事援助は利用するけど，それだけです。ベッドから出たり入ったりするのは自分でやりますって断りました。

　　　家事援助と，着替えを手伝ってもらうように身体介護のサービスを利用した方がいいと言われました。まぁ，着替えるのは本当に困っているから3週間サービスを利用したわ。その後はもう自分で着替えられるって決めたの。

　　　彼らは長い時間かけて私にどんな支援が提供できるか説明したわ。私が何を必要としているかを聞きもしないで。

　回答者らが公的サービスを利用していたり，家族から支援を受けていることが他の話題から推測された場合であっても，日常の行動や慣例などについて説明を促された時，このことは言及されなかった。何人かの回答者は，誰かから支援を受けているかどうか確認された時に，やっとそれを認める程度だった。特に，38人の回答者のうち15人がコミュニティーケアサービスを利用していたにもかかわらず，直接的にそれを尋ねられるまで，誰もサービス利用の事実を伝えなかった。この傾向は，人々が自分の能力や問題についてどのような認識をもっているかに関連しているようにみえた。特定の病状についてはほとんどがインタビューの最初の方で語られる

（非常に深刻な健康問題を抱えている人のなかには，それを隠す人もいたが）。しかし，それが理由で行うことができない日常の活動についてはっきりと語られることは非常に少なかったのである。彼らは，感情や人間関係について語り，実際的な事柄については多くを語らないのである。

　このような，回答者の生活についての「表向き」と「内情」の説明の食い違いは，説明の問題を提起する。それに対しては，我々は先行研究のアイデンティティ活動の説明に基づく解決法を提示することしかできない。ニーズやサービスに的をしぼった定型的質問ならば，これらの情報を素早く収集できたであろう。しかし，本研究は，回答者に自身の人生について自分の言葉で説明してもらう，自由回答式のアプローチをとっており，そのポイントは，彼らの生活の状態についての意識を理解することであった。支援専門職からみた，依存度の高い高齢者の生活は，「変化，緊急，パターン」などが強調される。それとは対照的に，高齢者自身による見方は，「連続，遅れ，はっきりとしたパターンはない」といったものだった。虚弱な高齢者の，長くてゆっくり流れる日々と，ケアワーカーの俊敏で活発で時間に追われた存在との間には，非常にはっきりとしたコントラストがあった。例えるなら，空港で座って待っている乗客と，活気にあふれ，タイトな時刻表をこなし，危機管理を行っている空港の労働者達の視点を比較するようなものかもしれない。高齢者にとっては，ヘルパー達の訪問，あるいはもっと頻度の低い医師，看護師，ソーシャルワーカーなどによる支援は，歓迎されてはいるものの，生活全体の事柄にとってそれほど重要ではないのである。虚弱な高齢者の人生にとっては，感情や健康問題，痛み，そして家族や友人との間におこる良いことや悪いことなどのほうが，サービス提供者による支援などよりも，はるかに重要なのである。またもう一つ別の例えをするなら，高齢者にとって専門職やサービス提供者は，非常に混み合ったレストランの客が，ウェイターを眺めるようなものである。客はウェイターを呼び寄せたり，要求通りにやらせるのが難しく，ウェイターは多くの場合やや取り乱しており，対応が遅く，忘れっぽく，そしてやっと食事を運んできたかと思えば，あまり満足のいかない内容であったりする。しかしウェイターからの目線はそれとはまるっきり異なっている。絶え間ない動き，そして客との絶え間ない交流にみえているのだ。

　回答者が自分の医療的・社会的ニーズを無視したり，否定さえするはっきりとした傾向は，老人の典型的なイメージに対する抵抗であるとも考えられる。高齢者は

## 第9章 高齢期のアイデンティティと社会的サポート

必ずしも，老いへの道を理解していたり，受け入れているわけではない。本研究の回答者も共通して，老年についてかなり否定的な概念やイメージをもっていた。実際，数少ない例を除いて，ほとんどの人が高齢期を老衰やもうろくと結びつけていた。多くの回答者がインタビューの最後に，インタビュアーに対する助言として「歳をとるなよ！」と冗談を言った。多くの回答者がサービス利用は，老衰への下り坂の道しるべと考えていた。またサービスは自分よりも不運な人たちに対するものととらえる傾向もあった。

> 公的福祉サービスは自分でどうにもできない人のためのものです。私はそんなものに頼りたくありません。どっかり座って他人に世話をさせるのが平気な人が使うものです。
> 
> 介護施設に入るように勧められましたが断りました。だって，自分で何もできない人のためのところですから。
> 
> 自分が意識不明の状態になったり，頭がおかしくならない限り，ホームには入りません。

同じように，サービスを拒絶することは自分がまだ自立している，または少なくともそれほど依存状態ではないと証明する方法とみなされている。しかし，このような姿勢も，様々な出来事や，家族からサービスを受けるよう説得されるなどして，崩されてしまうのである。回答者のなかには，サービスの必要性を認める，最後の降伏がみられた。

> 自分のことは自分でやっていたかった。座って，誰かがやってくれるのを眺めるんではなくて。
> 
> 自立して自律的でありたいです。訪問介護に来てもらうってことでも，自分が何をしたいかを選ぶ自由が奪われるってことです。少なくとも，何を求めているか説明をしなければなりません。

ほとんどの回答者が，自分自身が下方に向かう軌道に乗っていると表現した。彼らは，現在の依存状態からくる恐怖と，未来に待ち受けているさらに大きな恐怖について説明した。多くの回答者が，この下方傾向に対して抗う方法は，気持ちのもち方や態度であると考えていた。人々は，様々な問題を乗り越えられると考えているか，あるいは，問題は認めるができるだけ長く無視することができると考えていた。どちらの場合も，支配的な考え方は，身体的な現実ではなく，精神的な態度こ

そが重要であるというものだった。サービスを利用することは，負けを認めることととらえられていた。一方で，サービスに完全に依存はしたくないと考えているが，その利便性から利用する人もいた。どちらの作戦も粘り強さと敏感さに依存しており，また非常に多くの場合ユーモアにも頼っていた。

　私は希望をもっているんです。医者はそれを勧めないけどね。私はまた元気になって，精一杯生きるんです。私はどこにも行きません。もし何かがおこるとしたら，ここでおこるのです。

　靴下をひっぱり上げて，また気持ちを引き締めてやっていくんです。心はエネルギーで満ち溢れています。もし体が嫌がっても，言うことを聞かせます。他の人が落ち込んでも，私は立ち上がりますよ。

## 6　少数民族高齢者の QOL と社会的サポート[(2)]

　最後に紹介する研究は，多様な少数民族の高齢者の QOL と社会的サポートについてである。この研究は，他の先進国同様，イギリス国内で民族の多様化が進んだにもかかわらず，QOL の研究にそれが反映されていないことを認識して行われた（Smith 2000；Walker and Martimo 2000）。

　少数民族の高齢者に対する一般的なイメージは，ネガティブなものである（Blakemore and Boneham 1994）。このような悲観的なイメージの例外は，社会的サポートが充実している点である。しかしこれはまた皮肉にも，少数民族の人々全てに拡大家族のつながりがあるというさらなる偏見を生み出している（Karbamna et al. 1998；Social Services Inspectorate 1998；Ahmad 2000）。この文脈で，最近増加している交差性（intersectionality[(3)]）についての議論が有益である（Calasanti 1996；Dressel et al. 1998；McMullin 2000）。これらが論証するのは，加齢という経験のなかで，あるいくつかの集団だけが他の集団よりも多くの恩恵を受けているが，全ての領域において恩恵を受けているような人はほとんどいないことである（Calasanti 2004）。このことは，多様な民族に対して行われた複数の研究ではっきりと証明されている。所得や健康といった不利な側面は，社会的サポート（Nazroo et al. 2003）や，家族や地域のなかで意味ある役割をもつこと（Tsang et al. 2004）といった有利な側面によって埋め合わされている。さらに，人々は満足のいく人生を求めて様々な戦略をとり

続けるものである（Afshar et al. 2002；Wray 2004）。

　本研究のサンプルの社会的サポート源や種類については以前の論文で紹介している（Moriarty and Butt 2004）。ここでの焦点は，回答者がどのようにそれらを利用して，自分の人生に目的と意味を与えたかという点である。回答者は一般的に，医療や社会ケアサービスよりも家族による介護の方が望ましいと考えていた一方で，このようなサービスは拒否されるよりもそもそも提供されない場合の方が多かった。また全体的に，少数民族の回答者は，加齢を障害や病気と関連づけながらも，その過程にはポジティブな側面があることも強調していた。

　イングランドとスコットランド内の複数の地域において，203人に対してインタビューを行った。サンプルの平均年齢は69歳で，最年少は55歳，最年長は100歳だった。男女比はほぼ同じであった。回答者の民族性は，1960年代から70年代にかけてみられたイギリスへの移住の歴史的なパターンを反映している。サンプルの半数以上が黒人カリブ人（55人）とアジア系インド人（55人）で占められている。その他，アジア系パキスタン人が13人，中国人が11人，黒人アフリカ人が7人，アジア系バングラデシュ人が5人であった。その他の少数民族，または混血と答えたのは17人であった。白人は2割弱の38人であった。

## サービス利用とアイデンティティ管理

　高齢者が必要とする支援の形式について政策を立案する際，地域の「公的」な世界と個人や家族の「私的」な領域の境界線を十分に理解している必要がある（Finch 1989；Biggs 1993）。回答者に対して「人々が高齢になってもし自分の世話ができなくなったら，介護をするのは誰の責任ですか」という質問をしたところ，家族と公的機関と個人が柔軟に連携するべきであるという意見で一致した。

　　　子どもたちに世話してもらうべきです。でも私の子どもたちは遠いところに住んでいます。だからあの子たちに頼るのは無理だわ。公的福祉の責任でもあるし，ある程度は近所の人や親戚の責任もあるわね。（バングラデシュ人女性）

　　　もし誰かの生活の邪魔にならない程度なら助けてもらうし，私も支援をします。でも，全く身の回りのことが何もできないような重度の介護が必要な状態なら，友人に支援を期待しないし，自分も友人のためにしないでしょうね。その時は国が責任をもつべきです。（白人アイルランド人）

このような状況をすでに経験している回答者は，理想に対する理論的または感情的な固執よりも，実際的な考え方の方が重要であることを示唆した。

　　実際のところ，家族が世話をするべきだと思います。でも家族はそれぞれやるべきことがあるでしょ。だから，国とか自治体とかが支援をするべきだと思うわ。誰か一人の責任とは限定できません。実際は自立しているのが一番いいのよね。私は今までの経験で見てきたから。子どもたちにとって老人は，ある日は良くても，次の日には重荷と感じるから。

家族が介護の全責任を負うべきだというモデルを支持していたのはごく少数の人だった。そしてそのうちのほとんどが介護を受けたり与えたりした直接的な経験がなかった。

　少数民族の回答者は，白人の回答者と比較して，全般的に公的福祉サービスのことを知らないか，もしくは利用していない傾向にあった（Ahmad and Atkin 1996；Butt and Mirza 1996）。回答者の3分の2が慢性的な病気や障害を抱えており，生活に支障をきたしていたが，調査当時に1種類かそれ以上の公的福祉サービスを利用している回答者はわずか42％だった。サービスの内容は，訪問介護，デイケア，配食，ランチクラブ，看護，精神科看護，ソーシャルワーク，作業療法，理学療法，足治療，福祉権利・手当などであった。しかし，本章で先に紹介された他の2つの研究とは異なり，回答者は，サービスを利用することが自立やプライバシーを損なうとはあまり考えてはいなかった。むしろ単に，そもそもサービス利用を検討する機会を与えられていなかったのである。

　高齢者が民間の医療や介護サービスを自己負担で購入することによって，サービスの消費者としてのアイデンティティをある程度保っていることを検証した先行研究がある（Baldock and Ungerson 1994；Wilson 1994；Ungerson 1999）。驚くべきことに16人の回答者が，民間のサービスを手配し，購入していた。そのうち身体介護のために人を雇っていたのは2人だった。16人のうち8人が白人であった。このことは，もし直接支払い方式によってより高い柔軟性を保証する政策（Department of Health 2003）を整えようとするならば，少数民族の人々にもこのような選択ができるように注意が向けられるべきことを示唆するのである。

第 9 章　高齢期のアイデンティティと社会的サポート

### 人生の意味と目的

　回答者の約 3 分の 1 が家族との関係について，自分の人生を良くしてくれるもの，または人生に意味を与えてくれるもの，と表現した。1 割の回答者は，社会的ネットワークに関係する側面に言及した。回答者のなかには，家族の支えが病気などの苦難に立ち向かう力を与えてくれていると感じている人がいた。

　　　家族の仲が良ければ，それほど問題を抱えることもないと思います。もし家族の支えがなければ，うつになったりいろんな問題を抱えるでしょうけど。もし誰もが家族に支えられていたなら問題なんてなくなるでしょうね。たぶん私は幸運な人間なのでしょう！（インド人男性）

　一方，健康や経済的余裕があっても，家族の支えの不足を補えていない人もいた。

　　　息子は…私に惨めに感じる権利はないと言いました。なぜなら，快適な家で暮らし，十分なお金もあるから…。でも，お金や温かい家や食べ物に困らないってことじゃないんです。人生を良くするものっていうのはこういうことじゃないんです。（白人イギリス人女性）

　回答者のなかには，自分のアイデンティティと家族のアイデンティティの間にはっきりとした境界線を引いていない人もいた。これは特に，家庭が生活の中心となっているアジア人女性に多かった。家族関係はインタビューの話題のなかで，彼女らが最も強く関心を示した話題であり，他の話題ではみられないほどの流暢さと熱意をもって語られた。

　　　私には不幸なことがなくて本当に幸せなんです。娘達もそうです。娘達も何も問題を抱えていません。3 人とも健康で幸せです。だから私も幸せなんです。（インド人女性）

### 加齢とアイデンティティ

　ビッグズ（Biggs 1997, 2004）は，加齢と高齢期のアイデンティティの関連性に対する関心の高まりを確認した。それは，ライフコースの段階を明確に分ける視点が，多様な消費者のアイデンティティという視点にとってかわられてきたことに例証されている（Featherstone and Hepworth 1993；Gilleard and Higgs 2000）。しかしビッグズは，この議論の多くが理論的であり，我々はアイデンティティの多層化や，年齢，性別，民族性，階層の交差についてもっと理解を深める必要があることも指摘して

いる。

　回答者の約半数は，高齢になることを病気や障害と関連づけていた。また，自立の喪失や孤立といったネガティブな経験について言及する人もいた。しかし，これが自分の QOL にどの程度影響すると感じているかについては大きな差がみられた。特に，多くの回答者は身体的変化に対処する様々な戦略をとっていた。

　　私は踊るのが大好きなのよ。よくバングラを踊ったわ。ダンスフロアに最初に飛び出すのは私だったわ。でも膝のせいで…。もしこの膝で踊ったらどうなるかしら。たぶん痛みで転んでしまうわ。一日中音楽を聴いているのが好きです。落ち込んだりした時は，音楽をかけるんです。そうしたら痛みなんて忘れてしまいます。（インド人女性）

その他のアプローチには，内的な達成感や精神的安楽を維持することなどが含まれた。また，加齢が不利益だけでなく利益ももたらすと考えている人もいた。

　　みんな歳をとっていくんだよ。同じところに留まっていることはできません。長生きできていることを感謝するべきです。進んでいくんです。もし過去に何か失敗したとしても修正して，それを若い世代に伝えていけばいいんです。それが歳をとるっていうことです。（白人と黒人カリブ人の混血男性）

全般的に，少数民族の回答者は白人の回答者に比べて，加齢に対して肯定的な姿勢を表した。アイデンティティの多層化や年齢差別の経験などといったいくつかの観点は先行研究にみられる例と同様である（主に白人の経験を基にしているが）一方で，少数民族の回答者は加齢を，病理的な過程ではなく，人生の正常な部分としてみる傾向にある。

　　そんなこと考えたこともなかったわ。だって，歳をとるのは人生の一部でしょ？だから，特に気に留めたことなんてないわ。（黒人アフリカ女性）

　　誰でもみんな一度は若かったんです。若い時は「あなたって若くて，まぁ素敵ねぇ」って言われるけど，歳をとったら「あーあ，彼女も老けちゃって，もうおしまいだわねぇ」なんて言われるのよ（笑）。本当のことよ。そうでしょ。歳をとるのは避けられないのに，若い時は自分もいつか老人になるって考えないのよね。（インド人女性）

第 9 章 高齢期のアイデンティティと社会的サポート

### 過去の経験の役割

　本研究が示唆したのは，全ての民族において，社会的サポートが QOL に非常に良い影響を与え，意味や目的意識を与えていたことだった。回答者は，病気や障害の到来を自動的にサポートの授受を邪魔するものであるとはみていなかった。回答者の大多数は高齢者の介護について国の責任を強く支持しており，根強い偏見とは対照的に，少数民族の高齢者も公的な医療や福祉サービスが自動的に家族による介護よりも劣っていると考える人はほとんどいなかった。本当の障壁は，このようなサービスの提供そのものがほとんどないことであった。

　このことは，これまでの人生経験の影響についての疑問を提起する。特に，加齢は避けられないものという意識や，良い変化も悪い変化も全て受け入れる姿勢は，少数民族の人々が自分自身が年老いていくことに対してある程度の冷静さをもって臨むことを可能にしている。この世代は，移住を経験したことですでに人生の大きな適応の試練を与えられており，その時に獲得した適応力が年老いていく経験に役立っている可能性がある。同様に，移住の経験は彼らに多くを期待しないことを促したかもしれない（Tsang et al. 2004）。回答者のなかには，非常に厳しい人生経験をしてきたために，高齢期をそれまでの人生よりも比較的良く感じている人もいた。しかし，このような民族による違いが今後も続くのか，あるいは同じような傾向となっていくのかという疑問は残る。

## 7　結　論

　社会的サポートと高齢者の自己意識のつながりは様々な方法で作用していた。社会的サポートを受けたり与えたりすることは，物質的または象徴的交換の機会を与え，それによってアイデンティティを強化し得るのである。よってある人々にとっては，パートナーに支えられたり，支えたりすることは（たとえそれが緊張を生み出したとしても），長年の愛情関係の自然な一部なのである。そして，その関係の有効性や，その関係の一部としての自己の有効性を確信するのである。サポートを受けたり与えたりすることはまた，自己意識の変化をもおこしていた。関係性のなかで個人が認識していた役割がひっくり返る，つまりサポートを与える方から受ける方へ，またはその逆に変化する場合もあった。自由に動けなくなったために社会的交

流が不可能になり，それが個人の自己意識に影響し，社交的な人間から孤立した人間へというように，人格が変化したように感じた人もいた。また，公的な支援サービスを利用することで，自立した成人から依存した人間への転落という好ましくない意識が強化され，個人のアイデンティティが脅されているように感じる人もいた。回答者のなかには，このような変化を，加齢に伴って必然的におこる衰えだと受け入れられる人もいた。一方，加齢が何を意味するかについての意見は特にもたないが，サービスの拒否を，自己決定能力のある大人として主張する方法ととらえる人もいた。何を食べるとか，何時にパジャマに着替えるといった，どんな些細なことであってもだ。

　高齢期というのは，特に自立の喪失を伴う場合，自己の概念を展開し自尊感情を維持するために，アイデンティティ活動を行う時期なのである。依存状態が進むことは，自尊感情を著しく傷つけ得る。これに対する最善の直接的な予防法は，新たな限界を克服できるという信念や精神性といった情緒的ストレングスである。人間は制約や依存に適応する。自尊感情の著しい回復というものは，外部からの介入によって頻繁におこり得るのである。ほとんどの人の幸福感や自尊感情は，新たな依存状態になるというショックから数か月で回復する。しかし，我々の研究の回答者には，専門的なサービスによる介入を，回復を助ける潜在的な資源と考える人はあまりいなかった。我々が発見したのは，フォーマルな支援よりも，他者との頻繁な交流こそが自尊感情を回復させる可能性が高いことだった。全体として我々の研究が示唆するのは，高齢者の境遇やニーズについての高齢者自身の認識と，潜在的なサービス提供者の認識とを一致させるには限界があることである。医療や社会的ケアの実践者のモデルと高齢者自身のモデルの間に大きな隔たりがあることは事実である。しかし，これらは必要で，避けられないものなのかもしれない。ケアサービスの提供者と利用者の観点の調和というのは，一見魅力的だが，そこから何を得られるかは定かではない。どちらの側の観点も間違ってはいない。そして，我々のサンプルのなかにも，それらの間の緊張が生産的である例もみられた。適切な場合ならば，公的なサービス提供者は，高齢者との交流の機会を増やすために，早い段階で介入するべきである。高齢者は抵抗するかもしれないが，それは彼らが他の活動をしなければならないからだ。すなわち，それは生涯かけて築いてきたアイデンティティと価値を維持し，強化する活動である。

第9章　高齢期のアイデンティティと社会的サポート

**訳注**
(1) バーセル指数は，日常生活動作における機能的評価の尺度で，食事，移乗，整容，排泄動作などの10項目について2～4段階，合計100点満点で数値化する。
(2) 山田三知子訳『高齢期における生活の質の探求』(ミネルヴァ書房，2009年) の第9章「高齢期の社会的サポートと民族性」参照。
(3) Intersectionality (交差性理論) は，元々フェミニズム社会学の理論である。黒人女性の経験について論じた Kimber le Crenshaw (1989) が提唱し，その後，社会学者であり自らも黒人女性である Patricia Hill Collins によって発展させられた。交差性理論は，最も基本的には，これまでの社会学理論が一つの変数のみを検証するという過ちを犯していると批判し，ジェンダー，人種，社会階層，セクシュアリティーなどの様々な生物学的・社会的・文化的カテゴリーが，様々なレベルでどのように相互作用をおこし，不平等をつくるかを議論する。この理論はジェンダーや人種以外のカテゴリーにも応用されている。

# 第10章
## 配偶者に先立たれた高齢者

ピーター・スペック，ケイト・M・ベネット，
ピーター・G・コールマン，マリー・ミルズ，フィオヌアラ・マッキーテン，
フィリップ・T・スミス，ジョージーナ・M・ヒューズ

## 1 序　説

　生涯を共にした配偶者の死は，「後に遺された」者の心のなかで様々な反応と感情の変化を引きおこす。それゆえ，寡婦（夫）が配偶者の死後の人生をどのように再建するかが，長年多くの研究の焦点となってきた。これまで提唱されてきた様々なモデルは，この何十年かで別のモデルに取ってかわられたり大幅に修正されたりしている。最近の研究は，遺された者がこれからの人生の出来事に新たな意味を見出すニーズに焦点をあてており，またジェンダーの視座を強調している。これらは重要な発展であり，本章で紹介する配偶者に先立たれた高齢者についての我々の2つの研究も，これらに影響を受けている。

## 2 死別のモデルと理論

　まず，本章で使用する用語の意味を明確にすることが重要である。'Bereavement（死別）'とは，自分の人生のなかで重要な誰かの死を経験するという客観的な状況や状態のことである。'Grief（悲嘆）'とは，重要な人物の喪失と共に訪れる情緒的反応や感情を指し，それゆえ非常に個別的である。また，'mourning（喪）'という言葉は，その悲嘆を表現する際の行動や方法に関連する用語であり，これは多くの場合，個人が属する集団の慣行や文化，または信念によって形成される。しかし，

現代社会では個人が非常に重視され、ウォルター（Walter 1999）が示唆するように、個人の多様性が最優先されるため、諸個人はおおまかな制約のなかでそれぞれのやり方で死別や悲嘆に対処している。これは、死別カウンセラーの多くが語る経験と一致する。彼らのクライアントの多くは死別についての理論を学んだり指示された方法にも従うことなく、何とか自分でやっていくという事実である。多くの医療専門家は、何年も前に学んだ知識を捨て去らなければならない状態になっている。なぜなら最新の研究はこれまでの実践に意義を申し立てているからだ。これまで開発された主なモデルは、「段階モデル」、「医学モデル」、「喪の作業モデル」、「伝記モデル」、そして「二重過程モデル」であり、各々価値と限界がある。

　段階モデル（phase model）は、一連の段階を経ながら、遺された者の気持ちが切りかわっていくことを想定しており、その段階の数や描写は論者によって異なる。例えば、エリザベス・キューブラー－ロス（Elizabeth Kubler-Ross 1990）は5段階、ボウルビー（Bowlby 1981）とパークス（Parkes 1996）は4段階、そして8段階とする研究者もいる。これらの段階は様々な反応により分類されるものであって、悲嘆の度合いを基準にするものではない。残念なことに、一般的に、キューブラー－ロスが示すこれらの段階を順次的なものととらえ、「正しい」順序でその段階を踏ませようとする傾向がみられる。このモデルにおいては、悲嘆は一つの過程であるとみなされているが、実際には、何らかの形の解決に至るまで、人は行ったり来たりを繰り返すものである。

　医学モデル（medical model）では、この悲嘆を全て病理学的または少なくとも体調不良であるとみなし、よってそれは痛ましく、適切な治療が必要であると判断する。ここではその過程は「病理学化」され、医療処置を必要とする「反応性」うつ病として扱われることもある。忌引休暇はある意味このモデルを反映したものといえる。数日間の休暇では、事実を受け止めることはおろか、葬儀の手配を行うにも不十分である。適切な手配をし、葬儀（イギリス国内で）を行うには、さらに何日かの休暇が必要である。この休暇は、かかりつけの医師にうつ状態と診断されることによって、通常許可される。

　喪の作業モデル（grief work model）は、喪とメランコリーについてのフロイトの研究を基礎としている。これは、故人の不在という現実を試す時間が人間には必要であるということを認識している。将来の精神的健康のために、死別直後だけでな

くしばらく時を経てからでも，我々はこの心理的作業を避けるべきではないと考える。ワーデンは，これを彼の「喪の課題」という研究のなかで展開させ，段階と共に進行していく受身的な従事とは対照的に，遺された者を4つの課題(1)に積極的に従事させることを奨励している（Worden 2003）。

ウォルターが提唱する伝記モデル（biographical model）は，故人とその人生について他者に語ることが有益であるという考えを展開している（Walter 1996）。これにより，後に遺された者は故人をしっかりと自分のなかで「つかまえておく」手段をみつけ，彼らの思い出を永遠の存在とする。このモデルは，未来に向き合う強さを獲得するために，過去と生きることを奨励している。

シュトレーベらは，後に遺された者は現実を直視することと逃避することの狭間で揺れ動きながら生きるという二重過程モデル（dual-process model）を提唱した（Stroebe et al. 1993）。遺された者は，感情的にならず日常の課題に懸命に従事しているようにみえる時もあるが，その一方で，悲しみに身も心も打ちひしがれている時もあるという考え方である。

これらのモデルは，全て理論的根拠があり，観察された行動の背景にある理由を説明し，他者が適切で有益な介入が行えるよう支援するのである。これらの異なる理論は，個人や集団間の死別に対する反応の類似点や相違点の理解に寄与し，よって互いに補足するのである。とりわけ，これらの理論は研究により実証されたものであり，逸話的な情報から形成されたものではない。しかしながら，これらの理論はこれまで挑戦され続けてきた。特に，段階をたどって直線的に進行するという考えや，喪の作業の必要性について批判がなされてきた（Wortman and Silver 1989）。ベネットとベネットは，遺された配偶者たち自身はこれらのアプローチを不快に感じていると批判した（Bennett and Bennett 2000-2001）。まず第一に，これらの理論は悲嘆を，高齢期によくおこる普通の経験とみなすのではなく，意図的ではなくてもしばしば病的な経験であると示唆している点である。第二に，段階理論は，これもまた意図的ではないが，特定の有益な方法や過程が存在することを示唆する点である。寡婦（夫）は，このような見方は規範的であり，また有用ではないと感じている。ベネットらは，死別による人々の悲嘆とその対処法には，大きな個人差があると主張している。

死別の結果に大きく影響を及ぼす要因である年齢と性別も議論の対象とされてき

た。マーティンとドカは，悲嘆へのアプローチにおける男女間の違いは，本質的な遺伝的差異よりも，社会化によるところが大きいことを示唆している (Martin and Doka 1998)。ドカはまた，各社会に存在する「感情」のルール (Hochschild 1979) の一部として働いている「悲嘆のルール (grieving rule)」という考えを提唱した (Doka 1989)。もしこのルールに沿わない方法で悲嘆にくれる者がいれば，その悲嘆の権利は奪われるというのだ。なぜなら，このルールはどのような喪失に対して嘆き悲しむべきか，個人がどのように嘆きを表現するべきかを決定するからである。信仰宗教はこの点において絶大な影響力となり得る。また男女を比較してみると，男性は手段的な方法で悲嘆に対処することが多いが，女性は直感的な方法で対処することが多いように思われる。悲嘆のルールは，民族，性別，年齢，社会階層によって異なり，かなり高齢な者はその表現がもっと自由に許されている。

　宗教は，死別者の悲嘆を受け止め，それを理解し表現する枠組みを与えるという重要な役割を果たす。ゴラー (Gorer 1965) やヒントン (Hinton 1967) を含む多くの研究者がこの事実を認めている。彼らは，死に別れた人に対する儀式や宗教的な指導・サポートが衰退化していることは，後々の不適応行為の一因となると考えている。死別という出来事を理解し，何がおこったのかを納得する必要性は，死別の研究においてまだ発展途上であり，これは多くの場合，意味の追求 (Fry 1998) として表現される。トラウマ的な出来事は，現実の解釈や個人がそれまでもっていた信念システムを壊す力があり，それゆえ我々は人生の新たな意味を見出すために，その信念を再構築しなければならないかもしれない (Braun and Berg 1994)。死別における宗教的そして精神的信念 (spiritual belief) の役割の研究は，宗教的な行動や実践を個人の精神的信念を測る尺度とする傾向によって限定されてきた。多くの人が宗教的表現を使って自分の信念を表現しなくなった傾向を考慮すると，これはもはや適切とはいえない。シュトレーベとシュトレーベは，宗教的信念や習慣が喪失の対処にどれだけの影響力があるのかを評価するため，宗教性の尺度を彼らの研究に組み込んだ (Stroebe and Stroebe 1987)。回答者のほぼ半数は信心深く，死後の人生を信じていたが，その信仰心は喪失経験の対処には役立っていないようにみえた (Lund et al. 1993 も参照)。

　次に紹介するサウサンプトンにおける研究では，精神的信念の強さの測定尺度を開発したキングら (King et al. 2001) の最近の研究を活用し，死別への適応との関連

を探る。宗教性と精神性の相互関連性を認識する一方で，これらを区別することにより，広い意味での精神的信念が死別への適応に影響を与えるだろうと我々は信じている。

## 3　サウサンプトン研究

イングランド南部の港町サウサンプトンにおいて，12〜15か月前に配偶者を亡くした高齢者を対象とした事例研究を行った。研究は探索的なものであり，代表的なデータを生み出すことではなく，死に別れた後の信念やそのサポートに伴う諸問題について豊富な説明を提供することを目指した。それゆえ我々は，事例研究を選択し，対象者を1年以上にわたって追跡した。聞き取り調査を，配偶者を亡くしてから1年後と，その半年後，そして2年後の合計3回実施した。それぞれの事例において，遺族がどのようにして死別に適応したのか，またその適応における信念的なシステムの役割，そしてその信念のシステムへの支援とはどういうものなのかを調査した。さらに，牧師の助言などを含むカウンセリングや支援の必要性も考慮した。

本研究の事例は，3つの都市／町に所在する一般診療所と葬儀屋がもつリストから得た。承諾者の割合は低かった（34％）が，これは他の死別研究と同程度である。また特に困難だったのは，男性のサンプルを集めることであった。4か月間で28人（女性22人，男性6人）のサンプルを集め，1年余りの期間で2人を除く全員に対してインタビューを3回実施することができた。

回答者の年齢は61歳から89歳で，平均年齢は74歳であった。彼らの健康状態にはかなりの幅があり，身体的および精神的健康上の問題を抱えている人がかなり多くいた。また彼ら全員の宗教的背景はキリスト教であった。使用した測定尺度には，信念の強度尺度であるロイヤルフリーインタビュー（Royal Free Interview）（King et al. 2001）を含めた。自己の人生の意味についての意識を測るため，我々は人生態度プロフィール（Life-Attitude Profile）（Reker 1996）も使用した。これには宗教的文言の入った質問項目が含まれていないため，精神的，非精神的の両方の信念の質を調査するのに有用である。また，サウサンプトン研究チームの一人が最近開発した，45項目から成る死別経験指標（Bereavement Experience Index）（Carr and McKiernan），さらに定評のある健康関連QOLの測定尺度（SF-36），老人うつ尺度（Geriatric Depression Scale），そしてサウサンプトン自尊感情・自尊感情源尺度（Southampton Self-Esteem and Sources of Self-Esteem Scale）も使用した。我々が特に注意を払ったのは，亡くなった人物に関する質問や答えが繰り返される対話である。なぜなら，これは内的な思考プロセス（対話する自己——Hermans et al. 1992）と，重要な他者との会話という外的行為の両方で従事するからである。さらに自身の人生に対する意味，そしてこれからの人生の目的やその重要性についても特に注意を払った。

### 結 果

　回答者の精神的信念の強さは，我々が設定した3つのカテゴリーに均等に分布された。この信念とは，個人の人生および一般社会のなかで働く何か外部的な力の存在を信じることをいう。回答者のうち9人（32％）が精神的信念度が低いまたは弱いとされ，11人（39％）が中程度，そして8人（29％）が高いと判断された。信念度が高いと判断された人は全て教会に通い，神に祈り，死後の人生の存在を信じていた。信念度が低いまたは全くないと分類された人のなかには，教会に通ったり，祈ったり，死後の人生を信じている人は誰もいなかった。一方，中程度のグループの人々に関しては，その全員が神に祈るが，教会に通ったり死後の人生の存在を信じる人はほんの少数であった。信念度が高いグループの8人全員と中程度グループの11人中9人は，彼らの信念は宗教的だと説明し，残りの2人は彼らの信念を精神的なものだが宗教的なものではないと述べた。

　回答者のなかには，「精神的（spiritual）」という言葉を不愉快に感じる人もいた。おそらく，この世代の高齢者は心霊術（spiritualism）を連想するのだろう。「宗教」とは特定の信念に従って実践することであると定義されていた。回答者のほとんどは，宗教的信仰をもって育てられた（実際，回答者全員が日曜学校に通っていた）にもかかわらず，その多数が，三位一体の教義やキリストの神性と人間性，また悪に対する神の力など，キリスト教の中心的な教義に対して疑問や誤解を抱いていた。なかでも，善の存在であるはずの神が我々に苦しみを与えるという問題に多くの人は混乱しているようだった。それでも，教会に通う人以外は聖職者と接触したり，教会の信徒らと精神的信念の問題について話し合う人はほとんどいなかった。

## 信念と死別への適応

　信念の強さと死別への適応力の間に，非常に強い関連性があることが発見された。この分析のために，ある2つの事柄に関する精神的信念の強さを測定した平均値を計算し，それをランク付けした。信念度が強い人は全員，自己の人生に対する意味，そして実存的超越の両方において，同じ年齢集団の標準値を超える値であった。また，このグループにはうつ病と診断されるような基準の数値や，精神的健康に問題があるような兆候を示すものは誰もいなかった。

　信念度が中程度または弱いとされる人々に，抑うつ的な症状が集中してみられた。また，このグループに属するかなりの人が，自己の人生に対する意味と実存的超越性の両方の測定で，標準値を下回る値を示した。しかし，信念度が中程度や弱い人，もしくは全く無い人のなかにも，これらの尺度で高数値を出す人もいたことは特筆に値するだろう。これは，自己の人生に対する意味と精神的信念度の測定には，独立性が存在することを実証していることになる。

　以上の結果は我々が予測したとおりのパターンである。死に対する不安が，信念度が中程度の人に集中したというパターンは，先行研究の結果と一致しているからである。これは，我々の研究の関心が，この中程度の人々に向けられることを正当化することになる。信念度が中程度とされた11人のうち8人は，人生の意味において低い値を示し，死別後2年経ってからは，1人を除く全員に抑うつ症状がうかがえた。全員が自分のもつ信念に対して不満気な兆候をみせており，その不満が自己の人生の意味についての意識の低さに関連していた。例えば，ある65歳の寡婦回答者は，自分の信念が高まることを願って地元の教区教会に通っているが，その教会の信者たちの厚い信念を羨ましく感じていた。彼女は誰かが自分の祈りを聞いてくれることを願うのだが，「冷酷な運命」の作用の方に心が傾いてしまう。彼女は歳をとるにつれ，自分の信仰心の弱まりを感じ，自分は標準的ではないと考えている。彼女は人間の本質というものに幻滅を感じ，自分の信念に安らぎをもつことができないという。また，65歳の男性回答者は，教会で静かに座っているのは好きなのだが，礼拝の時間以外では，教会の権威に反発を感じてしまうという。彼は，「誰かに何らかの恩義がある」と感じ，定期的に祈りを捧げていて，これが妻を亡くしてから特に心の支えになっているという。聖書に含まれている道徳的な教えなど，歳をとった今，宗教は彼にとってよりいっそう意味のあるものであるが，神を人とみ

ることやイエスを神とみることはできないと彼は言う。それゆえ，彼は宗教に対する理解をもっと深めたいと思っている。

　また，配偶者の死によって信念を維持することが困難になったという回答者もいた。63歳の女性は，母親と夫をほぼ同時期に亡くし苦しんでいた。夫とは，17年間看護し続けた後の死別であった。これらの死別が原因で彼女はうつ状態になり，当初は信仰心が揺らいだと認めている。彼女は信仰からもっと慰めが得られることを期待していたが，やはり信仰なしでは立ち直れなかっただろうと感じている。彼女は，その後も地元の教区教会に通い続け，そのことを良く思っている。現在では彼女のうつ症状は改善し，精神的信念度が中程度に留まっても，自己の人生の意味については良い意識を抱いている。彼女は神に対して疑問を抱き，特に神がなぜ残酷な行為を許すのかということは理解できない。それでも彼女は，神は「世の邪悪よりも強い」と信じている。

　信念度が中程度または低いとされた回答者のほとんどは，地区の教会との接触がほとんど，または全くないというのが事実であった。多くの回答者が自分の信念と疑念の折り合いをつけることに困難を感じていたことは既に述べたが，これらの調和を促すような機会を評価していた。ここで重要なのは，回答者のほとんど（よって信念度が低いまたは全く無い人も含めて）が，配偶者を亡くしたことについて，地区の教会の牧師が気にかけてくれたなら有り難く思ったのにと述べたことである。連絡先の電話番号が書かれたカードぐらいなら誰でも受け入れるはずであり，それを郵便受けに入れるだけでもよいのだ。

　信念が中程度の人々を分析することにより，信念に対する疑問が，現世代の高齢者がもつ自己の人生の意味についての意識の低さに対して重要な要因である示唆的な証拠を提供することができた。また，宗教的組織から離れることは，死別後におこるうつ的な反応と関連性があるようにみえた。歳をとるにつれ家に引きこもりがちになり，教会から「無視」されるようになったと不平を言う回答者もいた。自分の出自の宗教から断絶してしまうことは珍しくないものになりつつあり，そのことを悔やむ人もいた。

　しかし，未だ保健福祉行政機関には，教会と協力し合うことを躊躇するところもある。宗教や精神性というのは何かタブーな話題であり，専門家が繊細さをもって適切な方法でアプローチするのが難しいと感じる領域である。ケアの場における実

践は多くの場合，ただ信仰や宗派についての質問項目にチェック印をいれるだけに留まり，実際的な支援やカウンセリングが必要かどうかを質問することはない。一方教会にとっても，高齢者を引き戻すのは容易なことではない。インタビューでも，過去に経験したような聖職者による権威がまた行使されるのではないかという懸念をもっている回答者が何人かいた。また，宗教的なサービスや礼拝の方法などが皆に同じように受け入れられるわけではない。しかし若者に比べ，例えば日曜学校に通っていたなど，高齢者は少なくとも宗教的背景をもった人が多い。このことは，教会との接触やその後の交流の出発点となる。歳を重ねるにつれ，信念の本質や人生の意味など深遠な疑問が浮かび上がってくる。しかし，多くの場合，疑問は誰かとの対話のなかでおこるのではなく，独りでいる時に浮かび上がるようである。

　精神的信念についての議論に高齢者を従事させることは，簡単ではないが不可能ではないことが，この研究で実証された。特に，インタビューの内容が彼らの日常生活に根ざしている場合である。我々のデータは，信念と幸福の強い関連を実証した。宗教組織にとっての重要な課題は多くあり，我々は今後の更なる研究でそのいくつかを解明するつもりである。

　我々は，高齢者が信念についてもっている考えや，宗教団体の役割をこれからも調査し続け，キリスト教の様々な宗派だけでなく，今日イギリス国内で活動するその他の宗教団体，そして主な伝統的宗教以外の，精神的信念や意味を付与する団体等にも研究を広げていきたい。

## 4　リバプール研究

　我々の研究の目的は，性別の違いや寡婦（夫）であることが，高齢期の幸福（well-being）やライフスタイルにどのように影響するのかを探求することである。我々は，イングランド北西部に住む，55歳から95歳までの（平均74歳），妻を亡くした男性46人と夫を亡くした女性46人に対してインタビューを実施した。回答者が配偶者を亡くしてからの期間の範囲は，3か月から60年（平均9.5年）であった。サンプルを収集するために，様々な高齢者グループにアクセスし，高齢寡婦（夫）研究プロジェクト（Older Widow(er)s Project）の目的を説明した。サンプル収集についての諸論点は本章の後半で詳しく説明することにする。インタビューは回答者の自宅，

デイセンター，またはリバプール大学で行われ，時間は1時間から2時間の間であった。会話は全て録音した。

インタビューは半構造的で，特定の時にどのような行動をおこし，どのようなことを感じたのかを聞くことで，参加者のライフスタイルと情緒に関する情報を引き出すように設計した。回答者にまず，年齢や結婚期間，寡婦（夫）期間，そして家族関係などの基本情報を尋ねた。次に，寡婦（夫）状態について，その時何をしたか，どう思ったのかという2つの質問（補足質問もあり）を必ず尋ねた。この2つの質問を，主なライフイベントの年代順（死別前の結婚生活，配偶者の死の直前直後の時期，死別後の1年間，そして現在）について繰り返し行った。

## 結果

本章ではインタビューのデータより，自己の人生に対する意味，教会への出席，そして精神的信念などの論点を分析する。この研究では，回答者と直接これらの論点について議論する予定はなかったのだが，インタビューのなかで話題にのぼったのだった。

以前ベネットがイーストミッドランド地方で行った寡婦（夫）に対する研究では，宗教や教会の礼拝への参加は，インタビューのなかで重要な要因とはみなされなかった（Bennett and Bennett 2000-2001）。我々のリバプールでのインタビューはそれとは対照的である。サウサンプトン研究グループのピーター・スペックが，リバプール研究グループとのミーティングで指摘したように，リバプールは宗教的な都市である。約42％の回答者が教会に通い，さらにそれ以上の割合の人が昼食会クラブや，救世軍，英国国教会，そして非国教徒派などが主催するその他の社交クラブに参加していた。23％が信仰について議論し，3人が改宗したことについて語った。

インタビューにおいて数多くのテーマが現れた。まず，教会に通い続け信仰が安定している回答者たち，そして自分たちの信仰が死別後とても救いになったという人々のグループについて述べる。次に，死別を経験したことによって信仰心が変化した人々のグループ，最後に，宗教的信念をもたず，自己の人生の意味を議論する人々のグループについて述べる。

回答者の多くは，死別という経験を経ても信仰は安定したままであった。こういった回答者は，定期的に礼拝に通い，教会の活動に参加する人々である。男性回

答者28番は,「私は日曜日の朝教会に行くよ。もちろん,聖餐式にも行くよ」と答えた。男女共に多くが教会に通い,教会の活動にも参加していた。例えば,男性回答者23番は,「私たちは日曜日はいつも教会に通っていたよ。私は今も通っているよ。妻と私はかなり教会に関わってたからね」と答えた。また,以下の言葉からは,彼らが属している宗派の範囲も知ることができる。

　つまり,私は少なくとも週に3回は救世軍にいるということだよ。(男性回答者8番)

　私たちは日曜日はいつも教会にいたから。(女性回答者29番)

　私はカトリックで教会に通ってるわ。マザーズユニオンに所属してるの。(女性回答者31番)

また,これらの回答者のなかで,配偶者と死に別れた後自分の信仰がどれだけ救いになったか説明してくれる者もいた。

　それはただ私が神の存在を信じ,苦難の時でさえ神は私たちの言葉を聞いてくださると信じているだけです。(男性回答者23番)

　亡き夫は聖徒との交わりのなかにいます。でもそれは後光が射しているとかそういうのではなくて,教会での親交のようなものです。(女性回答者6番)

　祈りを捧げたりするのに,私は毎朝毎晩教会に行ったよ。妻のために喪に服す期間が1か月あるんだよ。(男性回答者4番)

この最後の言葉は,ユダヤ教徒の回答者2人のうちの1人の発言である。このような回答者にとって信仰や教会とのつながりは,配偶者の死という辛い現実のなかで人生の意味を与え,支えとなる重要なものであることが明確にわかる。

一方,死別をきっかけに,別の宗派に移った,または信念自体に疑問をもつようになったなど,信仰心が変化した回答者が少数いた。ある男性回答者は若いころ教会に通っていたが,ある時から定期的には通わなくなっていた。しばらくして彼は教区の牧師にばったり会ったのだが,その時のことについて,「彼と話した結果,教会に戻ることに決めたよ。素晴らしいことだよ」と語った。ある女性回答者は,自分の宗派に対する忠誠心の変化についてはっきりと語った。この問題に関しては,この女性ほど率直にではないが,他にも同じことを述べた回答者が何人かいた。「私はまだ昔から通っている教会に行ってるわ。でも,救世軍に行けば行くほど,もっと行きたくなって,そこでもっといろんなことがしたくなったのよ。そう,だ

からとうとう入信したわ」(女性回答者1番)。

　女性回答者1番のケースには，興味深い特徴がある。まず，彼女が改宗したきっかけは，救世軍が運営している社交組織に出席し，救世軍と関わりをもったことである。次に，この信仰心や忠誠心の変化は，単独の事象としておこっているのではないということである。ある教会に通っているからといって他の教会に行けないというわけではないのである。

　また，信仰心を失いかけながらも信仰し続けようと努力したという率直な意見もあった。女性回答者46番はそのうちの一人で，「ええ，私は12か月間やってみたわ。でもどんなに頑張っても慰めが得られなかったのよ」と語った。

　最後に，宗教的または精神的信念をもっていなくても，人間性の成長と変化を経験した人々もいた。我々はこれをアイデンティティの増強と呼んでいる。このような経験をしたのは男性よりむしろ，そのほとんどが女性であった。例えば，女性回答者32番は，自分のアイデンティティが「二人のうちの一人」から「一人」に変化したのを感じた。「『私たち』から『私』になったときそう感じたわ」(女性回答者32番)。また人格の成長と自信の獲得について語る女性たちもいた。「自分が独りになると，自信が少しもてるようになったのよ。だってやることがたくさんあるんだから」(女性回答者45番)。またこれに加えて，何をいつ行うということを自分で決定できるという意味でも個人の成長が感じられると指摘した。「そう，生活は完全に変わったわ。だって私がしたいことは何でも，いつでもできるようになったから」(女性回答者18番)。

　リバプール研究では，自己の人生に対する意味を見つけ出し，配偶者の死という破壊的で明らかに不条理な出来事からポジティブな何かを得るために，寡婦(夫)は精神的な資源も非宗教的な資源も活用するということが証明された。このポジティブな何かにたどり着くためなら，精神的で個人的な信念であろうと，あるいは教会への出席や世俗的な新しい活動であろうと，人は内的・外的の両方の手段を利用するのである。

## 5 調査実施上の考慮事項

**研究倫理委員会から承認を得る過程での省察**

どれだけ周到に研究計画を準備しても，研究倫理委員会から倫理的承認を得ることは，いつも単純な過程であるわけではない。緩和ケアについての最近の研究では，研究倫理委員会が，終末期治療，高齢者ケア，そして死別についての研究の潜在的な調査対象者を過剰に保護する傾向にあることが指摘されている（Stevens et al. 2004）。また心理学的な研究は回答者に苦痛を与える危険性が高いという疑いもあるだろう。それゆえ，委員に対して質的方法論に関する理解を深め，このような研究への参加に対する容認性を進展させる必要がある。一つの案として，サービスの利用者を研究デザインの過程に参加させることがあげられる。あるいはまた，外部監査を付けて小規模なパイロット研究（試験的研究）を行い，その結果を主な研究プロジェクトの申請に添付することによって解決できるかもしれない。先に示したように，研究倫理委員会での計画書の精査においては，研究者の教育背景や経験の適性が重視される。

サウサンプトン研究（やその他の最近の研究）では，高齢期の宗教的なニーズが必ずしも十分に満たされているわけではないことを示唆している。コールマンら（Coleman et al. 2004），ハウス（Howse 1999），そしてスペック（Speck 2006）は，経験豊富で親身になって話を聞くインタビュアーに対してであれば，高齢者が自分の信念や宗教的または精神的なニーズについて議論することは全く可能であると論じている。これは，こういった研究を行うには，研究者やインタビュアーが，それ相当の理解とスキルをもち合わせている必要があるということを意味する。そのスキルとは，加齢の過程についての知識，多様な宗教的信念に対する理解，そしてその領域の実務経験などである。

また，非常に繊細なテーマが調査の対象となる場合，インタビュアーが特別な訓練を受ける必要があることも指摘されている（Coleman et al. 2002；Mills 2002）。高齢期の信念についての質的研究の多くでは，危機の際の対処法として，信念を有していることが有効であるにもかかわらず，そのことが十分に認識されずに議論される傾向にあることを発見している。高齢者のなかにはこのことを困難に感じ，自分の

話や体験談を好意的に聞いてもらえることを保証してもらいたい人もいる。それがたとえ郵送によるアンケートや電話インタビューなどによる調査であってもである。

個人の体験談は，人生とその意味に密接に絡み合っている（Sarbin 1986）。信念やモラルについて自分自身に語りかけたり，理解してくれる誰かに打ち明けることは，人生の意味と理解の進展を促し（Vitz 1990），多くの場合それ自体が癒す力になると我々は信じている。

## サンプルの選択にあたっての問題点

寡婦（夫）についての研究，特にインタビューを使用する研究では，サンプルの選択に関して多くの課題が提示される。第1に，この種の研究は有志者に対してのみ可能であり，実際倫理的である。第2に，そのような有志の回答者らが寡婦（夫）の人口全体を代表するものではないという危険性がある。例えば，インタビュー調査に答えてくれた有志回答者たちは，特別に話す能力が長けているのかもしれないし，あるいは寡婦（夫）としての人生に何か特定の状況があるのかもしれない。第3に，質的研究でのインタビュー調査のサンプルサイズは，量的研究より小さいことである。それゆえ，結果として各研究の主張は異なってくる。最後に，寡婦（夫）たちは一様な社会集団ではない。両研究において我々は以上のような問題点を慎重に考慮し，可能な限り取り組んだ。最初の2つの問題を解決するために，我々は広範囲の人々に働きかけて，よく調査に参加する寡婦（夫）のみをサンプルとしないように努めた。実際，我々の研究の回答者はほぼ全員，このような研究に協力するのが初めてであり，多くは口伝えにより募集されたか，友達や支援ネットワークに参加を促されたかであった。また回答者の多くは，意見を述べる能力が特段に高かったり，特に高学歴者でもないことが記録から明らかであった。回答者の社会的・経済的背景は多様で，それぞれの地域の多様性を反映していた。実際，リバプール研究では，我々のサンプルを全国平均と比較したが，それほど大きな違いがなかったことがわかった。また，リバプール研究では，他の研究で一般的に難しいとされてきた，男女同じ数のサンプルを収集することができた。しかし残念ながら，努力したものの民族の多様性は反映することができなかった。しかし，サンプルの不均一性は我々の研究の強みでもあると信じている。サンプルは社会経済的地位を広範囲に反映し，年齢と死別期間の長さも様々であった。

## ジェンダーに関する問題点

考察すべきもう一つの問題点は，インタビューをする人とされる人の特徴である。性別，民族性，年齢，社会階層，配偶者の有無，そして前節で議論した宗教観などが，その重要な特徴として含まれる。ここでは性別と年齢について簡単に議論することにする。両研究でインタビューを行ったのは主に女性であった。サウサンプトン研究では，回答者の過半数は女性であったが，リバプール研究では回答者の数は男女同数であった。アーバーとデビッドソンらが行った単身男性についての研究（第6章参照）では，男性と女性の両方がインタビューを担当したのであるが，回答者が男性インタビュアーの方に心を開いて話せる話題と女性インタビュアーの方に話しやすい話題があることに気がついた（Arber, Davidson et al. 2003）。しかし，我々のインタビューでは，再婚や親密な関係などについて議論しているときでも，男性回答者が躊躇する様子は感じとられなかった。また，インタビュアーの年齢も回答の内容に影響を及ぼしやすい問題である。両研究では，主に熟年の女性によってインタビューが行われた。リバプール研究では，30代後半の女性インタビュアーが一人いて，回答者の約1割を担当した。このような年齢差によるインタビューの質に違いは感じられなかったが，この問題に関してはさらなる研究の余地がある。

## インタビュアーに関する考慮事項

ここでは「健康と安全」に関する2つの重要な問題を取り上げる。それは，インタビュアーの身の安全と心理的幸福の維持である。まず身の安全についてであるが，回答者の多くは，インタビューを行う場所について，彼らの自宅を選択した。ということは，インタビュアーは他人の家に招かれ，自分に危害が加えられないという信頼に基づいて仕事をすることになる。しかし，もし私的空間が侵害されたり，回答者が不適切な振舞いや攻撃的な態度をとったりした場合，インタビュアーは不快に感じるだろう。幸いこういった状況は極めてまれであるが，インタビュアーを守るための手段を確保するのは重要なことである。例えば，いつも他のメンバーにどこでインタビューをするか知らせておいたり，いつでも携帯電話が使えるよう電源を入れたままにしておいたり，またはインタビュー終了後に必ず他のメンバーに連絡するよう取り決めておくことができるだろう。次に，インタビュアーの心理的幸福についてであるが，ここで覚えておかなければならないのは，死別の経験につい

てインタビューをすることは心理的な挑戦であり，精神的に疲労させることである。よって，臨床検査のように，定期的に報告を行うことが重要である。さらに，インタビューの件数はせいぜい1日に2件まで，週に5件までにするべきである。また，もしインタビュアー自身が死別を経験しているなら，他のメンバーがかわりに行うべきである。

## 6 結論

　我々の研究から得られた二つの結論についてここで述べたい。一つは，我々の研究が寄与した理論的な発展に関連し，もう一つは，回答者と研究者の双方にとって安全な調査環境についてである。

　両研究が示したのは，配偶者に先立たれた人のなかには，自分の体験を語ることが基本的ニーズとなっている人がいることだった。ベネットとヴィダル‐ホールは，寡婦（夫）たちが死別の経験について語る際の時間が非常に長いことに気がつき，それが追想や亡夫への敬意，また自己アイデンティティの確立といった機能を果たしていることを発見した（Bennett and Vidal-Hall 2000）。我々の研究も，自分の身の上話を語る行為に，アイデンティティを発展させるという機能があることを立証した。精神性や自己の成長についての議論を交わすなかで，回答者たちは自分のアイデンティティが，死別という経験を通して変わっていく様子をはっきりと示したのである。ベネットは，寡婦（夫）たちが全く新しいアイデンティティを採用するのではなく，むしろ妻（または夫）というアイデンティティに寡婦（夫）というアイデンティティを包めて拡大させるのであると主張した（Bennett submitted）。そして我々の研究データでは，精神的信念や自己価値に基づいた内的そして外的な資源が，このアイデンティティの拡大に影響していた。内的資源には，信仰心，精神性，そして個人の理想や信念などが含まれる。外的資源には，礼拝への出席，宗教的指導者や信者仲間からのサポート，そして家族やその他の社会的ネットワークからのサポートなどが含まれる。人は，必ずしも宗教的または非宗教的という分類のどちらか一方にあてはめられるわけではない。むしろ，人々は連続体の上におり，彼らの心理的そして実用的なニーズに合わせて，どんな資源であろうと利用すると思われる。

次に，調査実施上の問題として，安全性に特に焦点をあてて述べる。ここでいう安全性とは広い意味での安全性を含める。まず，回答者が安心感をもって研究に参加することができるようにし，提供された情報については守秘義務が保たれ，敬意をもって扱われなければならない。彼らが感情的になった場合，研究者はそれを放置するべきではない。インタビューという機会を，感情むき出しの状態のまま終えるべきではないのである。また，研究者が安全な環境で作業を行うということも重要な問題である。身体的な危険性のある状況に，彼らを置くべきではない。加えて，報告会という機会を用意することも大事である。インタビューを行った者に限らず，インタビューを書きおこす者，コーディングする者，そしてもちろんインタビューの結果を記述する者も，報告を行うべきである。なぜなら，これらの作業を行う者がいつも同じ人だとは限らないからである。

　死別について研究することは，とても実りの多い経験であった。研究者として，このような繊細な研究を行う方法を学んだこと以上に，配偶者と死に別れた高齢者の生活についてより知見を深めることができたことは極めて重要なことであった。こういった知見を得ることで，高齢期の死別に伴う心理的・精神的経験についての理論的な洞察力を発展させることができるのである。


**訳注**
(1)　4つの課題とは，①喪失の現実を受け入れる，②悲嘆の痛みを認め，表出し，折り合いをつける，③故人のいない環境に適応する，④故人を情緒的に再配置し，新たな人生を歩んでいくことであり，これらの課題はクライアントのニーズに応じて再度取り組んだり，また同時に取り組むことも可能であると述べている。

# 第11章
## 研究から実践現場へ

アラン・ウォーカー

## 1 序　説

　本書とその他のグローウィング・オールダー・シリーズ書には，高齢期のQOLやその要因についての実証的な情報が豊富につまっている。にもかかわらず，第1章で述べたように，このような大規模な調査研究で生み出されたデータや分析を一冊に全て含めることは不可能である。加齢についての国内至上最大規模の社会科学研究プログラムは，これまでの章が示してきたように，高齢期のQOLについて実に多くのことを教えてくれた。本シリーズの第1巻の序章（Walker 2004）[1]から提起していた疑問は，この膨大な証拠が実際に高齢者のQOL向上に結びつくのだろうかということである。実現するかどうかは我々研究者のコントロールが及ばないことではあるが，影響を与えることはできると信じている。だから我々は研究の発見事項を政策と実践の場に伝えようとただならぬ努力をしてきたのである。それでも疑念は消えず，これは本プログラムの研究者のみならず，高齢者を研究する全ての研究者の関心事となっている。しかしこれはいうまでもなく，残りの人生が質の良いものでないなら犠牲を払うことになる高齢者自身にとって（したがって世界保健機関（WHO）にとって），最大の個人的関心事である。多くの政策立案者，実践者，そして高齢者を代表する組織なども，高齢期のQOLを向上させようと強い関心をもっている。それゆえ，本書の最終章では，研究と政策・実践の間の関係について述べたい。まず初めに，高齢化問題がなぜ政策課題においてこの10年間で重要視さ

れるようになったのか，そしてそれに伴い，この分野の研究に対する資金援助も増加したのかについて述べる。

## 2 政策課題における人口の高齢化の重要性

全ての先進国において，人口の高齢化が重要な政策課題として登場した第一の要因は，人口構造の変化そのものである。高齢化はグローバルな現象であり，ヨーロッパは世界の他の地域に先駆けて高齢化が進行した。出生率と死亡率の低下が意味するのは，若者が減り，老人が増えることである。人口学的に説明すると，人口ピラミッドが膨らみ，急速にコーン型に形を変えているのである。これは人類の歴史にとって未曾有の経験であり，社会の全ての側面に新たな挑戦を投げかけるのである。労働市場，家庭生活，医療サービス，政党政治，民主的参加など，つまり社会的，経済的，政治的生活のあらゆる側面に影響を与える。例えば，25年後にEUの80歳以上の人口が3倍になるという事実は，社会的そして経済的発展の成果であるが，それと同時に，EUの年金や医療，介護制度の基盤となっていた，家族の介護役割や世代間の社会的契約に深刻な疑問を投げかけるのである（Walker 1997a, 2005a）。

しかし，人口の高齢化が政策において重要視されていることや，高齢者に対する福祉予算が増強されていることは，人口学的プレッシャーだけでは十分に説明できない。全ての先進諸国における高齢者への戦後の歳出の増加をみると，人口学的な増加によるものはたった3分の1であり，ほとんどは政策の変化によるところが大きい（OECD 1988）。イギリスでは1970年代の終わりまで，二大政党がともに年金や高齢者の医療サービスに対する支出を増加させ続けてきた。これは，高齢者人口の増加に対応したものではなく，高齢者のQOLを向上させ，当時高齢者の多くが経験していた貧困を解消しようとしていたからであった。このことは，他のEU諸国においても同様で，高齢者に対する支出の増加はイギリスにおけるそれよりもなお大きかった（Walker and Maltby 1997）。

しかし1980年代になって，政策立案者らは高齢者が比較的有利な立場にあると考え始め，イギリスが先陣を切って，高齢者への支出を削減していった。公的年金の大幅な削減のみならず，高齢化の「重荷」や年金の経済的コストに関して否定的な

政治的レトリックが用いられた（Walker 1990）。このような1980年代の政策転換は非常に重要な要因である。また，イギリスが他の EU 諸国に比べて，このような政策の方向性で突出していることを強調することも重要である。比較していえば，イギリスは，1980年代に大幅な年金改革を実行したアメリカ合衆国や日本にずっと近いのである（Myles and Quadagno 1993）。他の EU 諸国も1990年代になってそれぞれ年金の改革を実行しているが，今のところ，イギリスにおける削減ほど大胆な改革には至っていない。

1990年代に入ると政策に新たな関心事が現れた。まず，「人口学的時限爆弾」と呼ばれる，労働市場における若年層の減少である。もちろんこれは，人口全体の高齢化を反映しているに過ぎないのだが，政府の発言ににわかに登場した。2015年までに，EU の総労働力のうち50歳以上の割合が20％から25％に増加すると見込まれている。このような総労働力の高齢化の影響に対して対策を行っている雇用者は現在のところ極めて少ないが，徐々に増えつつある（Walker and Taylor 1998）。EU 諸国の政府は総労働力の高齢化の重要性を次第に認識してきたようである（Walker 1997b）。実際，EU 自体がこれを政策の課題に押し上げる重要な役割を担ってきた。例えば，1998年と1999年の欧州理事会は，高齢労働者の雇用を維持することの必要性を強調し，2000年の理事会では，加盟国の政策を調整するために重要な手段である「雇用指針」を定め，高齢労働者の雇用について初めて明確に言及した。このような EU の行動の決定的な発展は，1995年，フランスが議長国の際に導入された高齢労働者についての決議であった。EU のなかで，アクティブ・エイジングが政策優先事項として登場したが，それはまたグローバルな場で OECD や G8 などの組織などによっても推進された。この文脈における「活動（activity）」は当初，主に経済的な活動を意味していたが，他の政策的な関心がアクティブ・エイジングの意味を拡大させてきた（WHO 2001a, 2001b；Walker 2002）。

1990年代に登場した主な政策論点の２つ目は，社会的ケアの問題である。高齢者人口のなかで最も急速に拡大しているのは80歳以上の人口である。EU 全体で2000年から2005年の間に18％増加すると推計されている。人口の高齢化が社会的ケアの需要の増加を意味するという認識は，ほとんどの EU 諸国に政策的対応を迫り，ドイツにおける公的介護保険の導入などがよく知られている。イギリスでは，この事態に対処する必要性は，保守党が1980年代半ばに導入した誤ったインセンティブ

による損害のせいでより深刻であった。つまりそれは，高齢者が自宅に住み続けるよりも，施設に入所することを推進するインセンティブであり，なかには社会保障助成金を受けるために自宅を売り払った人もいた。また，高齢者や介護者を代表する団体による運動が，介護問題を政策の優先課題として押し上げることを助け，それは「介護者法（Carers Act 1996）」の制定などの重要な社会的進歩を達成した。社会的ケアの問題について調査するために10年ぶりに王立委員会（The Royal Commission on Long-Term Care 1999）も設置された。委員会の勧告によって，いくつかの重要な変更が実行された（最も重要な争点である介護の無料支給はイングランドでは実現しなかったが。一方スコットランドではこれが実現した[2]）。

社会的ケアや介護が政策的な注目を集めたことによる副産物は，健康的な加齢が公的な論題として再び現れたことである。国内で健康的な加齢を明確に目指した政策がつくられていないにもかかわらず，就業以外の活動の維持に対するコミットメントがみられ，内閣府のレポート「世代ゲームに勝つために（Winning the Generation Game）」にも述べられている。よって，アクティブ・エイジングには2つの要素が存在するのである。つまり，①サード・エイジの雇用，そして，②フォース・エイジをターゲットとした健康的な加齢と地域参加，の2つの要素である。このどちらも，社会的包摂，幸福，QOL，そして年金・医療・介護制度の持続可能性という意味において，高齢者と社会全体の両者にとって有益なのである（Walker 2002）。

第3の要因として，グローバル化がこの5年ほどの政策論説に非常に強い影響力をもっていることである（Held et al. 1999）。特に，アメリカ合衆国とイギリスにおいて，グローバル化が格差の拡大を避けられないものにしているという意見の一致がみられる。つまり，グローバルな競争によって課税や社会的コストを最小限に押さえる必要性が生じ，伝統的な福祉国家は，格差を内包するグローバル化した世界にはなじまないという考えである。高齢者が福祉支出の主な受益者であるという事実は，年金・医療・介護制度を改革の優先順位のトップに押し上げたのである（Estes and Phillipson 2002；Walker and Deacon 2003）。

このような国々とは違って，EU諸国における議論は完全に社会的コストを最小限にしようとするものではなく，改善策のみならず予防策を強調するものである。これは，個人の責任を前提にはしているが，国民がどのような状況のなかで年老い

ていくのかを設定する決定的な役割は国家が担っているのだという認識も含んでいる。これらを統合してつくられた政策の方針は活動の拡充に焦点をあてており，それによってQOLの向上が期待されているのである。このような傾向は3つの副次的な要因によって強化されている。それらは個人のQOLへの文化的シフトであり，一般に後期モダニティとかポストモダニティと呼ばれる。ここで述べているのは，人々の加齢の経験は多様であり，様々なライフコースをたどり，それぞれ自分のQOLを高めようと努めているという事実である。この10年間でヨーロッパ全土にみられた高齢者団体の急激な増加は，政策システムに影響を及ぼす，高齢者の新たな大衆政治の一つの指標である（Walker and Naegele 1999；Estes et al. 2003）。これは，1960年代のベビーブーム世代が高齢者に仲間入りする2020年頃にさらに活発になるだろう。そしてヨーロッパの伝統的な，国家と国民の間のパートナーシップや連帯に対する社会的，政治的強調があげられる（Beck et al. 1997）。QOLの向上は，この遺産の重要な要素であり，EUレベルでは第5フレームワーク研究プログラムの目標として表されている。一方イギリスでは，これに対する言及は，経済社会研究会議の優先事項や，科学技術局フォーサイトパネルの報告書など，数多くの文書にみられる。重要な政策発展，例えば，NHS計画——パフォーマンス評価枠組み（Performance Assessment Framework）と「ベストバリュー（Best Value）」制度——，そして全国サービス枠組み（National Service Frameworks）などは全て質の向上を非常に重要視している。これは，イギリス政府，そして徐々に他のEU諸国も「現代化（modernization）」と呼ぶものの主な要素なのである。

　高齢化やQOLが広く社会の関心となった背景の最後に，研究そのものによる貢献をあげることができる。イギリス国内の様々な科学的コミュニティーやその研究支援団体などは，高齢化研究やQOL研究に対する注目を集めるのに非常に強い影響力があった。イギリスや他のEU諸国においては，このような研究に長い伝統があり，これなしでは，QOL向上は政策課題にそう簡単に上がってこなかっただろう。例えば，現在，政策立案者らが使用しているいくつかの中心的な概念は，社会老年学の研究が発展させ，科学的正当性を与えたものである。その最たる例が「アクティブ・エイジング」なのである。

　イギリスは社会老年学分野において世界的に先導的な研究者を多く輩出しており，彼らの研究成果は既に高齢者のQOLに多大な貢献をしてきた。例をあげるときり

がないが，ピーター・タウンゼンドによる施設・在宅の介護に関する研究や，故トム・キットウッドらの認知症ケアを改善する方法の研究などの影響は計り知れない。このような研究の長い伝統は研究者自身によるイニシアチブに依存しており，高齢期のQOLの全体像を明らかにするために様々な研究をつなげる試みはこれまで全く行われてこなかったのである。さらに，加齢というものは純粋な社会的あるいは生物学的現象ではないにもかかわらず，学際的な共同研究を推進する努力はこれまでなかったのである。同じく，高齢期のQOLを向上させるためには，遺伝学，生物学，工学，臨床医学，そして社会学等の広範な科学的専門領域からの知見が必要である。これがイギリスの科学的コミュニティーにおいて実現するのは，アメリカ合衆国よりもずっと後になってからであった。より正確にいうと，学際的共同研究を推進する方法が確立されたのは，アメリカ合衆国が世界でずば抜けて早かったのである（アメリカ議会はすでに1974年に，高齢化と高齢者に関する研究，教育，健康情報の普及などにおいて主導権を発揮するために，国立加齢研究所設立のための出資を決定した）。イギリスにおいて学際的共同研究を推進するために，4つの研究支援会議が合同で，国家共同加齢研究（National Collaboration on Ageing Research：NCAR）を設立したのは2001年になってからだった（http://www.shef.ac.uk/ukncar/）。その後2004年から，欧州加齢研究地域（European Research Area in Ageing）の下で，他のEUの数か国においても同様の試みが始められた（http://www.shef.ac.uk/era-age）。2005年には，国家共同加齢研究を資金援助する4つの研究機関，経済・社会研究会議，工学・物理科学研究会議，基礎科学・生物科学研究会議，そして医学研究会議が，「加齢の新たなダイナミックス（The New Dynamics of Ageing）」という学際的共同研究プログラムに着手した（http://www.shef.ac.uk/newdynamics）。

## 3 研究と政策をつなぐ

イギリスのみならずEUそして全ての先進国で，高齢化問題は政策と研究の両方において重要度が高い。21世紀の前半には，発展途上国において類をみない速さの高齢化がおこり，したがって，政策と研究において急な対応が迫られているのである。しかし，あいにくこれらの国々では，政策・研究両方において基盤が未熟な傾向にある。国連の「高齢化に関するマドリッド国際行動計画（Madrid Plan of

Action on Ageing)」と「21世紀高齢化研究アジェンダ (Research Agenda on Ageing for the Twenty-First Century)」の両方が，発展途上国における高齢化を重視している (Sidorenko and Walker 2004)。このように高齢化問題が重要視され，数々のグローバルな革新的行動がとられているにもかかわらず，研究と政策の関係はまだ十分に理解されていない。実際，この関係は難しく，研究者と政策立案者の双方にとって不満足な場合もあるのである。

　その理由は単純明快である（その解決方法は単純ではないが）。それは政策立案者と研究者の双方が相手に対して非現実的な期待を抱いているからである。研究側は，政策立案側が課す予期できない予定表に間に合わせたり，特定の質問に直接応えるような研究成果をいつも生み出すことができるわけではない。その一方で政策形成というのは，研究者が合理的にそうあるべきだと想像するような単純な過程とはほど遠い。より一般的なのは，それは無数の明らかに支離滅裂な行動であり，場合によってそれらが合体して，後になって振り返ると決定と呼ばれるものになるのである。政策立案の過程とは決して，明確な段階を順序通り進むのではない。ワイスが示したように，決定は下されるのではなく，融合して生まれるのである (Weiss 1980)。同様に，ヘクロとレインは，政策というものは，問題を定義することから始まって政策決定まで進むといった順次的な段階を踏んで作成されるのではないことを強調している (Heclo and Rein 1980)。過程の全ての要素が同時におこることもあるかもしれない。場合によっては，過程が政府の公の発言などによって開始することもあるかもしれない。例えば，首相が先に重大な発言をし，後付けで政策の詳細や必要な証拠を用意することもある。

　したがって，研究と政策の関係についての一般的なモデルは，現実について実に誤った印象を与えるのである。最も代表的な2つのモデルは，合理的モデル (rational model) ——研究は知識を生み出し，行動をおこさせる——と，工学的モデル (engineering model) ——研究の必要性を決定するのは政策である——である (Booth 1988)。合理的モデルは，研究者が政策に影響を与えられると信じており，工学的モデルは，研究課題を設定するのは政策立案者であるとする。両モデルとも実際の政策形成過程を理想化している。両モデルは共通して，政策形成が順次的であるという誤解をしており，またこの過程において研究の役割を過大評価している。

　実際は，研究には政策を正当化したり，政策立案者の行動を支持するなど，多く

の機能が備わっているだろう。つまり，象徴的価値をコントロールし供給するメカニズムなのである（リプスキー（Lipsky 1971）にならって，我々はこれを本質を変えるのではなく，うわべや真実味だけを強化するグルタミン酸ナトリウム役割（MSG role）[4]と呼ぶことができるかもしれない）。政策立案者は他の情報源ももっており，多くの場合それらは融合している。また，政策過程は政治的であり，それゆえ闘争や妥協によって，研究が生み出した証拠を無視することもあるということを覚えておかなければならない（Hill 1997）。一方，実践の世界に関していうと，研究成果が効果的に利用されるにはさらなる障害が存在する。例えば，職業訓練が研究の発見を受け入れないような形態のものであったり，新たな研究成果を取り入れる余裕のないストレスの多い業務や官僚的ルールに支配されている場合などである。実際，政策立案は，研究証拠などに全く頼らずに実現する場合もあり，様々なルートが存在するのである。即席で作る場合や，以前に同じような状況で試した方法を再度やってみるとか，あるいは，他の目的で行った行動の意図しない結果によるものなどである（Weiss 1986）。しばしば政策は，ただ単に発生するのである。このことは，研究者にとってやっかいな問題を提起する。ブース（Booth 1988：243）は以下のように表現した。

> 正統な権威をもった単独の政策立案組織の不在，意思決定の捕らえどころのなさ，そして紆余曲折する政策過程の性質などは，一つの重要な影響を与えるのである。それは，研究が入り込む余地を残さないことだ。

このような状況では，おそらく研究と政策の関係は，最も良くて「啓蒙」を願うものとして考えられるだろう。言い換えると，研究というのは政策立案に直接，道具として有益に利用されることはほとんどなく，むしろゆっくりと浸透していきながら政策立案に注がれていくのである。研究はその過程で，政策立案者の思想に影響を与えることができるかもしれないし，社会の現実や可能な対策についての考えをまとめる手助けをするかもしれない。したがって，研究というのは，生み出されるデータだけでなく，その観念によって有用であるといえるだろう。このことは，発見事項を政策立案者が利用しやすいような形で示すことが研究者にとって最大の挑戦であることを意味する。そして理想的に研究者が政策立案者に必要とされた時，専門性に強く基づいた研究ではなく，より学際的で政策志向の研究を行うべきであろう。研究者は，自身を政策立案のための一つの情報源としてみる必要があり，全ての答えをもっていると考えるべきではない。そして政策立案側は，研究者が実践

第11章　研究から実践現場へ

について提起する疑問にもっとオープンになる必要があり，研究者と継続的な対話を行うべきである。

　研究と政策世界（実践に関する政策も含む）の，このような複雑で，時として危なっかしい関係を理解した上で，グローウィング・オールダー・プログラムは最初から，啓蒙的アプローチに向かってきたのである。したがって我々は，例えば，省間高齢者委員会（Inter-ministerial Committee on Older People）に関係のある重要な政策立案者と我々研究者をつなぐことによって，政策過程の頂点であるホワイトホール（イギリス政府）に研究成果を普及させることに努めてきたのだった。我々は，発見事項をまとめた文書を小冊子として政策・実践コミュニティー向けに製作し（Dean 2003），また研究者と政策立案者をつなぐセミナーを開催した。このような努力を払ってもまだ，プログラムの研究成果が政策立案に利用される保証はない。これが研究と政策の関係なのである。赤の他人ではないが，たまにしか会わない遠い親戚のようなものである。実証に基づく政策立案が求められる時代にあっても，政策立案が本質的に政治的であるため，研究者が与党やエリートとよほど強い関係でももっていない限り，政策決定に直接的な影響を及ぼすことはほとんどあり得ない。しかし，「キャッチ22」[5]的な状況のように，もし研究者がある事柄について党派的偏向の強い唱道者となれば，政治的過程によって，彼らの研究の正当性が疑われ，科学者としての地位が危ぶまれるのである。

　研究成果が政策決定を直接左右する可能性は低いが，実践に対しては，影響を与えられる可能性はより高い。イギリスにおいては，医療や社会的ケアサービスの提供が実証に基づいていなければならないという認識が徐々に広まってきた。これは，NHSにおけるクリニカル・ガバナンスや，ヘルスケア委員会（Health Care Commission）による質評価，そして社会的ケアにおいて，優良社会的ケア協会（Social Care Institute for Excellence）による質評価が重要視されていることに表れている。これに関してグローウィング・オールダー・プログラムの非常に明るい展開は，プログラムの発見事項シリーズが優良社会的ケア協会のウェブサイトで取り上げられたことである。

## 4 QOL 向上の構造とエージェンシー[(6)]

　本章はこれまで，研究と政策の関係性に焦点をあててきたが，加齢というのが非常に個人的な問題であることも見過ごしてはならない。結局，長くなった寿命を生き，高齢期のライフイベントに対して自分なりの戦略を模索し，対応しているのは高齢者自身である。これは，政策と個人の行動のそれぞれが QOL をどのように決定するのかという疑問を提起する。社会学において長く論争が続けられている構造とエージェンシーの関係性の議論が，社会老年学に引き継がれているのである（Weber 1968 ; Archer 2000）。最近の議論の詳細は他で述べているが（Walker 2005b），基本的には，加齢の政治経済学アプローチがエージェンシーを無視していると批判されているのである（Gilleard and Higgs 2000）。事実，政治経済学アプローチが取り入れられるようになった主な要因の一つは，社会老年学の初期の理論化においてエージェンシーが強調されすぎていたからである（Walker 1981）。政治経済学アプローチはエージェンシーを無視するのではなく，むしろエージェンシーの働きが（政策を含む）構造によって抑制されていることを示そうとしたのである。言い換えると，人間が社会的構造のなかで行動する力，構造に従事したり，それを変える力というのは，相対的なパワーとパワーレスの状況に依存するのである。強調する必要もないだろうが，管理職や知的職業についていた高齢者は，準・非熟練肉体労働に就いていた高齢者に比べて，加齢や老後生活に対して自分なりの対応パターンをつくったり，模索できる傾向にある。同様に，女性や少数民族の高齢者は，エージェンシーに対する最大の抑制である貧困と社会的排除に陥る可能性が，男性や白人に比べて高いのである。政治経済学理論は，一言でいうと，パワーの分配を取り扱うのであり，それゆえ，パワーが働いている関係性，つまりエージェンシーと構造の両方を含めなければならないのである。よって，エージェンシーやアイデンティティ，そして構造的位置や影響のなかからどれかを選択できるという理解は誤りである（Gilleard and Higgs 2000 : 12）。実際には，個人の加齢というのは，社会的アクターと社会的構造の相互作用によって決定される。このエージェンシーと構造の不断の緊張について，実際的な老年学の重要性というのは，加齢の経験やその質が，社会階層，富，ジェンダー，民族性といった構造的要素と個人の行動や選択が

第11章 研究から実践現場へ

組み合わさった結果だということである。グローウィング・オールダー・プログラムの研究ではこのことが実証されているのである。

例えば，アーバーらは，離婚した女性や配偶者を亡くした女性が，配偶者のいる男性に比べて非常に不利であることを証明したが，それには構造（ジェンダー，雇用，職業年金，社会保障）とエージェンシー（婚姻，家事労働や家計の分担）の両方の側面があった（Arber et al. 2003a）。ブリーズらは，身体的機能や自己管理能力に明確な社会階層差があることを提示し，社会階層がⅣとⅤ（準熟練・非熟練肉体労働職）で社会的住宅に暮らすグループが最も不利であることを証明した（Breeze et al. 2002）。この例では，自由に動き回る能力と自己管理能力というエージェンシーが，構造によって直接的に抑制されていた。この2つの例は本書の第3章に紹介されている。同じく第3章では，ナズルーらの研究が少数民族と白人高齢者の間，そして少数民族の間に甚だしい格差（例えば所得などにおいて）があることを証明している（Nazroo et al. 2003）。これと同時に，重要な発見は，少数民族高齢者が，白人高齢者に比べて，近隣状況（多くは貧困な近隣なのであるが）に関して高いQOLを得ており，このことは格差の構造のなかで，ある程度エージェンシーが効果的に働いていることを表している。エヴァンドローとグレーザーによる，中年期に役割を多重に果たした女性が年金受給額において不利であることを示した研究も，エージェンシーに対する構造の抑制の様相をより説得力のあるものにしている（Evandrou and Glaser 2002a）（本書第5章）。これに対する政策への提言は，（政治的には実現困難でも）明確である。基礎年金額を上げる，子育てや介護などのケアに従事した人に対する年金保護を充実させる，労働市場や住宅市場における様々な差別を解消する，そして所得格差を減らす対策（課税法）を講じることなどができるだろう。

また，グローウィング・オールダー・プログラムの研究プロジェクトのなかには，加齢に対して個人がとった適応に焦点をあてた研究もある。例えば，虚弱な高齢者の研究である（第8章）。この研究は，家庭や友人関係の喪失，健康や認知機能の低下など，高齢期の喪失によって生じるアイデンティティの断絶を明らかにしている。施設で暮らす高齢者は特に，以前の生活から断絶されたという感覚が強いかもしれない。それと同時に，圧倒的な構造的抑制を前に，虚弱な高齢者はしばしばアイデンティティを維持しようと努めるのである。例えば，家族のなかで重要な役割を維持しようとしたり，精神的・身体的活発さを維持しようとするのである。バルドッ

*189*

クとハドローの研究は，介助なしでは外出できない虚弱な高齢者が，介護サービスを拒絶することによってアイデンティティを維持しようとするエージェンシーが，非常に長い期間もちこたえられることを明らかにした。このようなアイデンティティを維持するためのエージェンシーの働きには，コミュニケーションが重要な役割を果たしている。コミュニケーションを通して，人間関係を構築したり，友人関係を維持したり，意味のある活動に参加し続けたりしている。相互作用とコミュニケーションがエージェンシーにとって不可欠なのである。虚弱な高齢者のアイデンティティ維持活動に焦点をあてている研究は，個人のエージェンシーの強化を目指す政策が必要であると指摘している。この提言は特に，このような高齢者に関わる実践現場の人々に対して重要なメッセージを含んでいる。回想が重要な役割をもっていること (McKee et al. 2002) や，重度の障害に陥った際に社会的コンタクトを維持するための迅速な介入が必要であること (Baldock and Hadlow 2002) などを主張している。

　このように，グローウィング・オールダー・プログラムは，高齢期の QOL というのが，構造とエージェンシーの間の生涯にわたる関係の産物だという証拠を数多く提供しているのである。このことは，全国的な量的調査からのデータと詳細なインタビューのデータを統合し，高齢期の QOL の基盤を系統的に表したボウリングらの研究に証明されている (Bowling et al. 2002)。明らかになった QOL の基盤とは次のとおりである。

- 家族，友人，近隣と良い関係をもっていること
- 社会的役割をもち，社会的・ボランティア活動などに参加していること，加えて，独りで行う活動や趣味をもっていること
- 健康であり，身体・認知機能を維持していること
- 住環境，近隣環境が良いこと
- 前向きな人生観をもち，心理的に幸せな状態であること
- 十分な収入があること
- 自立を維持しており，自分の生活をコントロールできていること

　このような QOL の基盤は，構造とエージェンシーをそれぞれ反映した要因，そしてこれらの両方が入り交じった要因の両方を含んでいる。よって，QOL を向上させるために我々が提言するのは，行動を抑制している格差や不利を解消すること

を目指したものと，自己効力感や自己実現を促進し，健康と身体・認知機能を維持するものを組み合わせた政策が必要であることだ。言い換えるなら，QOL 向上のための政策は，構造とエージェンシーの両方に，そして理想的には相互に強化するような方法で取り組むものでなければならないのである。

政策や介入策が焦点をあてるべき部分であるが，第 3 章でブレーンらは，QOL に対して現時の要因の方が，ライフコースの要因よりも強い影響力があることを示した（Blane et al. 2002）。しかし，ライフコース要因は，多くの現時の要因に影響を与えていることを彼らは認めており，例えば，年金，健康，友人関係などがそうであろう。よって，高齢期の QOL を向上させる政策には，アクティブ・エイジングなどのライフコースに目標を定めたものと，直接的に高齢者に焦点をあてたものの両方を含んでいなければならない（「高齢化に関するマドリッド国際行動計画」ではこれらの違いを，エイジングの主流化（ageing mainstreaming）とエイジング特定（ageing specific）と表現している）。

政策についての重要な議論を総括すると，グローウィング・オールダー・プログラムは，QOL 向上の戦略のための実証的基盤を提供した。我々が望んでいる大きな変化は，究極のところ政治的なコミットメントの問題である。しかしまた政策や実践のレベルでも，小規模で，比較的低予算の革新を積み重ねていくことで，迅速に高齢者の生活を向上させることができるだろう。また，高齢者自身が，政策や実践とは無関係にとる手段もあるだろう。最も効果的な進展方法は，個人の行動，実践における革新，そして政策の発展が組み合わさることであろう。しかしこれらが，質の高い生活を享受する高齢者自身の力を高めようとするためのものならば，高齢者自身がこの構造的変化の要とならなければならないのである。

訳注
(1) 邦題『高齢期における生活の質の探求』山田三知子訳（ミネルヴァ書房，2009年）。
(2) 長期ケアに関する王立委員会（The Royal Commission on Long-Term Care）の設置は1997年の総選挙の際の労働党のマニフェストであった。委員会は報告書 'With respect to old age : long-term care——rights and responsibilities' において，全ての personal care（入浴，排泄，食事などの介護）と nursing care（医療的・看護的ケア）は，ニーズに応じて（つまり資力にかかわらず）無料で，一般課税から支給されるべきだと勧告した。イングランドは，nursing care については，病院で無料のケアを受けている高齢

者と公平を保つためにこれを受け入れたが，personal care については拒否し，資力に応じて利用者負担とした。一方スコットランドは，労働党中央からの圧力にもかかわらず，勧告を受け入れ，無料の personal care 支給を実施している。

(3) 'Best value' とは，投じた費用に対して最良のものを得るという意味である。ベストバリュー制度は，これまでの保守党の強制競争入札制度（CCT）にかわって，ブレアの労働党政権で1999年イングランドとウェールズの地方自治法（Local Government Act）に導入され，2000年から施行された。同法は健康，福祉，住宅などあらゆる分野のローカルサービスにおいて，費用（economy），効率（efficiency），効果（effectiveness）の3E に加え，従来の手法の根本的な再検討（challenge），他の自治体との比較（compare），住民との協議（consultation），民間企業との競争（compete）の 4C を追究しなければならないとしている。

(4) グルタミン酸ナトリウム（略：MSG）は，化学調味料やうま味調味料と呼ばれ，「味の素」が有名である。ちなみに，リプスキー（1971）は「パプリカ役割」と表現した。

(5) 「キャッチ22」とは，矛盾する規則・状況などによる金縛り状態，ジレンマ，逆説的な状況を意味する。Joseph Heller の同名の小説（1961）から。軍規22項は，狂気に陥った者は請願すれば戦闘を免除するとしているが，自分の狂気を認識できるなら正気であると判定されるから，どのみち戦闘参加となる。

(6) エージェンシー（agency）とは「主体的行為」や「行為作用」と訳される場合もある。

# 引用参考文献

＊丸付き数字は邦訳あり。カッコ付き数字は注あり。222頁参照。

Abramson, L.Y., Matalsky, G.I. and Alloy, L.B. (1989) Hopelessness depression: a theory-based subtype of depression, *Psychological Review*, 96: 358–72.

Adelman, P.K. (1994a) Multiple roles and psychological well-being in a national sample of older adults, *Journal of Gerontology: Social Sciences*, 49: S277–85.

Adelman, P.K. (1994b) Multiple roles and physical health among older adults, *Research on Aging*, 16: 142–66.

Afshar, H., Franks, M. and Maynard, M. (2002) *Women, Ethnicity and Empowerment in Later Life*. GO Findings 10, Sheffield: Growing Older Programme, University of Sheffield.

Ahmad, W.I.U. (2000) Introduction, in W.I.U. Ahmad (ed.) *Ethnicity, Disability and Chronic Illness*. Buckingham: Open University Press: 1–11.

Ahmad, W.I.U. and Atkin, K. (1996) *'Race' and Community Care*. Buckingham: Open University Press.

Ainley, S.C., Singleton Jr, J. and Swigert, V. (1992) Aging and religious participation: reconsidering the effects of health, *Journal for the Scientific Study of Religion*, 31(2): 175–88.

Aldous, J. (1995) New views of grandparents in intergenerational context, *Journal of Family Issues*, 16(1): 104–22.

Anderson, R. (1988) The contribution of informal care to the management of stroke, *International Disability Studies*, 10(3): 107–12.

Andersson, L. (1998) Loneliness research and interventions: a review of the literature, *Ageing and Mental Health*, 2(4): 264–74.

Andrews, F.M. and Withey, S.B. (1976) *Social Indicators of Well Being: Americans' Perceptions of Life Quality*. New York: Plenum.

Aquino, J.A., Russell, D.W., Cutrona, C.E. and Altmaier, E.M. (1996) Employment status, social support and life satisfaction among the elderly, *Journal of Counselling Psychology*, 43: 480–9.

Arber, S., Davidson, K., Daly, T. and Perren, K. (2003) *Older Men: Their Social Worlds and Healthy Lifestyles*. GO Findings 12, Sheffield: Growing Older Programme, University of Sheffield.

Arber, S. and Evandrou, M. (1993) Mapping the territory: ageing, independence and the life course, in S. Arber and M. Evandrou (eds) *Ageing, Independence and the Life Course*. London: Jessica Kingsley: 9–26.

Arber, S. and Ginn, J. (1991) *Gender and Later Life: A Sociological Analysis of Resources and Constraints*. London: Sage.

Arber, S. and Ginn, J. (eds) (1995) *Connecting Gender and Ageing*. Buckingham: Open University Press.

Arber, S. and Ginn, J. (2004) Ageing and gender: diversity and change, *Social Trends 2004 Edition, No. 34*. Office for National Statistics, London: The Stationery Office.

Arber, S., Price, D., Davidson, K. and Perren, K. (2003) Re-examining gender and marital status: material well-being and social involvement in later life, in S. Arber, K. Davidson and J. Ginn (eds) *Gender and Ageing: Changing Roles and Relationships*. Maidenhead: Open University Press: 148–67.

Archer, M. (2000) *Being Human: The Problem of Agency*, Cambridge: Cambridge University Press.

Aronson, M.K. and Lipkowitz, R. (1981) Senile dementia, Alzheimer's type: the family and the health care delivery system, *Journal of the American Geriatrics Society*, 29: 568–71.

Ayis, S., Gooberman-Hill, R. and Ebrahim, S. (2003) Long-standing and limiting illness in older people: associations with chronic diseases, psychosocial and environmental factors, *Age and Ageing*, 32(3): 265–72.

Bajekal, M., Blane, D., Grewal, I., Karlsen, S. and Nazroo, J. (2004) Ethnic differences in influences on quality of life at older ages: a quantitative analysis, *Ageing and Society*, 24: 709–728.

Baldock, J. and Hadlow, J. (2002) *Housebound Older People: The Links between Identity, Self-Esteem and the Use of Care Services*. GO Findings 4, Sheffield: Growing Older Programme, University of Sheffield.

Baldock, J. and Ungerson, C. (1994) *Becoming Consumers of Community Care: Households within the Mixed Economy of Care*. York: Joseph Rowntree Foundation.

Ball, K., Berch, D.B., Helmers, K.F. et al. (2002) Effects of cognitive training interventions with older adults: a randomised control trial, *Journal of the American Medical Association*, 288: 2271–81.

Baltes, P.B. and Baltes, M.M. (1990) Psychological perspectives on successful aging: the model of selective optimization with compensation, in P.B. Baltes and M.M. Baltes (eds) *Successful Aging: Perspectives from the Behavioral Sciences*. New York: Cambridge University Press: 1–34.

Barnes, M. and Warren, L. (eds) (1999) *Paths to Empowerment*. Bristol: The Policy Press.

Barrow, G.M. (1992), *Aging, the Individual and Society*, 5th edn. St Paul, MN: West Publishing Company.

Bartley, M., Popay, J. and Plewis, I. (1992) Domestic conditions, paid employment and women's experience of ill-health, *Sociology of Health & Illness*, 14: 313–43.

① Bauman, Z. (1999) *Work, Consumerism and the New Poor*. Buckingham: Open University Press.

Beaumont, J.G. and Kenealy, P. (2003) *Quality of Life of Healthy Older People: Residential Setting and Social Comparison Processes*. Growing Older Findings 20, Growing Older Programme, University of Sheffield, Sheffield.

Beaumont, J.G., Kenealy, P.M. and Murrell, R.C. (2003) *Quality of Life (QoL) of the Healthy Elderly: Residential Setting and Social Comparison Processes*. End of Award Report on Project L480254002 to the Economic and Social Research Council. www.regard.ac.uk

Beck, B., Dallinger, U., Naegele, G. and Reichert, M. (1997) *Vereinbarkeit von Erwerbstätigkeit und Pflege* [Balancing Work and Elder Care]. Stuttgart: Kohlhammer.

② Beck, U. (1992) *Risk Society*. London: Sage.

Beck, W., van der Maesen, L. and Walker, A. (1997) *The Social Quality of Europe*. London: Kluwer Law International.

Benner, P. (1985) Quality of life: a phenomenological perspective on explanation, prediction and understanding in nursing science, *Advances in Nursing Science: Special Issue: Quality of Life*, 8: 1–14.

Bennett, K.M. and Bennett, G. (2000–2001) 'And there's always this great hole inside that hurts': an empirical study of bereavement in later life, *Omega*, 42(3): 237–51.

(i) Bennett, K.M., Hughes, G.M. and Smith, P.T 'This is me': Augmented identity and the transition from married to widowed status in older women (submitted).

Bennett, K.M. and Vidal-Hall, S. (2000) Narratives of death: a qualitative study of widowhood in later life, *Ageing and Society*, 20: 413–28.

Berghman, J. (1997) The resurgence of poverty and the struggle against exclusion: a new challenge for social security?, *International Social Security Review*, 50(1): 3–23.

Bergner, M., Bobbitt, R.A., Carter, W.B. and Gilson, B.S. (1981) The Sickness Impact Profile: development and final revision of a health status measure, *Medical Care*, XIX: 787–805.

Bernard, M. (2000) *Promoting Health in Old Age*. Buckingham: Open University Press.

Berney, L. and Blane, D. (1997) Collecting retrospective data: accuracy of recall after 50 years judged against historical records, *Social Science and Medicine*, 45: 1519–25.

Biggs, S. (1993) *Understanding Ageing: Images, Attitudes and Professional Practice*. Buckingham: Open University Press.

Biggs, S. (1997) Choosing not to be old? Masks, bodies and identity management in later life, *Ageing and Society*, 17(5): 553–70.

Biggs, S. (2004) Age, gender, narratives and masquerades, *Journal of Aging Studies*, 18(1): 45–58.

Blakemore, K. and Boneham, M. (1994) *Age, Race and Ethnicity: A Comparative Approach*. Buckingham: Open University Press.

③ Blane, D. (1999) The life course, the social gradient and health, in M. Marmot and R.G. Wilkinson (eds) *Social Determinants of Health*. Oxford: Oxford University Press: 64–80.

Blane, D., Bartley, M. and Davey Smith, G. (1997) Disease aetiology and materialist explanations of socioeconomic mortality differentials, *European Journal of Public Health*, 7: 385–91.

Blane, D., Berney, L., Davey Smith, G., Gunnell, D. and Holland, P. (1999) Reconstructing the life course: a 60 year follow-up study based on the Boyd Orr cohort, *Public Health*, 113: 117–24.

Blane, D., Higgs, P., Hyde, M. and Wiggins, R. (2004) Life course influences on quality of life in early old age, *Social Science and Medicine*, 58: 2171–9.

Blane, D., Wiggins, R., Higgs, P. and Hyde, M. (2002) *Inequalities in Quality of Life in Early Old Age*. GO Findings 9, Sheffield: Growing Older Programme, University of Sheffield.

Booth, T. (1988) *Developing Policy Research*. Aldershot: Avebury.

④ Bourdieu, P. (1984) *Distinction: A Social Critique of the Judgement of Taste*. Cambridge, MA: Harvard University Press.

⑤ Bowlby, J. (1981) *Attachment and Loss*, Vol. 3: *Loss, Sadness and Depression*. Harmondsworth: Penguin.

Bowling, A. (1995) The most important things in life: comparisons between older and younger population age group by gender. Results from a national survey of the public's judgements, *International Journal of Health Science*, 6(4): 160–75.

Bowling, A. (1997) *Measuring Health: A Review of Quality of Life Measurement Scales*, 2nd edn. Maidenhead: Open University Press.

Bowling, A., Banister, D., Sutton, S., Evans, O. and Windsor, J. (2002a) A multi-dimensional model of the quality of life in older age, *Aging and Mental Health*, 6(4): 355–71.

Bowling, A., Farquhar, M. and Browne, P. (1991) Life satisfaction and associations with social networks and support variables in three samples of elderly people, *International Journal of Geriatric Psychiatry*, 6: 549–66.

Bowling, A. and Gabriel, Z. (2004). An integrational model of quality of life in older age: a comparison of analytic and lay models of quality of life, *Social Indicators Research*, 69: 1–36.

Bowling, A., Gabriel, Z., Banister, D. and Sutton, S. (2002b) *Adding Quality to Quantity: Older People's Views on their Quality of Life and Its Enhancement*. GO Findings 7, Sheffield: Growing Older Programme, University of Sheffield.

Bowling, A., Sutton, S.R. and Banister, D. (2003) *Adding Quality to Quantity: Older People's Views on their Quality of Life and Its Enhancement*. Final report on ESRC grant number L 480254003. http://www.regard.ac.uk/research_findings/L480254003/report.pdf

Brandstädter, J. and Renner, G. (1990) Tenacious goal pursuit and flexible goal adjustment: explication and age-related analysis of assimilative and accommodative strategies of coping *Psychology of Aging* 5: 58–67.

Braun, M.J. and Berg, D.H. (1994) Meaning reconstruction in the experience of parental bereavement, *Death Studies*, 18: 105–29.

Breeze, E., Grundy, C., Fletcher, A., Wilkinson, P., Jones, D. and Bulpitt, C. (2002) *Inequalities in Quality of Life Among People Aged 75 Years and Over in*

*Great Britain*. GO Findings 1, Sheffield: Growing Older Programme, University of Sheffield.

(ii) Brooker, D. (forthcoming) What is person-centred care? *Reviews in Clinical Gerontology*.

Brooker, D. and Duce, L. (2000) Wellbeing and activity in dementia: a comparison of group reminiscence therapy, structured goal-directed group activity and unstructured time. *Aging and Mental Health*, 4: 354–8.

Bruce, E., Surr, C. and Tibbs, M.A. (2002) *A Special Kind of Care: Improving Well-Being in People Living with Dementia*. Final report to Methodist Home Care Group. http://www.brad.ac.uk/acad/health/bdg/research/methodist.php

Burchardt, T., Le Grand, J. and Piachaud, D. (1999) Social exclusion in Britain 1991–1995, *Social Policy and Administration*, 33(3): 227–44.

Burnett, J.J. (1991) Examining the media habits of the affluent elderly, *Journal of Advertising Research*, October: 33–41.

Butt, J. and Mirza, K. (1996) *Social Care and Black Communities*. London: HMSO.

Bytheway, B. and Johnson, J. (1998) The site of age, in S. Nettleton and J. Watson (eds) *The Body in Everyday Life*. London: Routledge: 243–57.

Calasanti, T. (1996) Incorporating diversity: meaning, levels of research and implications for theory, *Gerontologist*, 36(2): 147–56.

Calasanti, T. (2004) New directions in feminist gerontology: an introduction, *Journal of Aging Studies*, 18(1): 1–8.

Calasanti, T. and Slevin, K. (2001) *Gender, Social Inequalities and Aging*. Walnut Creek, CA: AltaMira Press.

Campbell, A. (1981) *The Sense of Well-Being in America*. New York: McGraw-Hill.

Cantor, N. and Sanderson, C.A. (1999) Life task participation and well-being: the importance of taking part in daily life, in D. Kahneman, E. Diener and N. Schwarz (eds) *Well-Being: The Foundations of Hedonic Psychology*. New York: Russell Sage Foundation: 230–43.

Carstensen, L.L., Gross, J.J. and Fung, H.H. (1997) The social context of emotional experience, *Annual Review of Gerontology and Geriatrics*, 17: 325–52.

Casper, L.M. and Bryson, K.R. (1998) Co-resident grandparents and their grandchildren: grandparent-maintained families. Paper presented to the Population Association of America Conference, March 2000, Los Angeles.

Cattell, V. and Evans, M. (1999) *Neighbourhood Images in East London: Social Capital and Social Networks on Two East London Estates*. York: Joseph Rowntree Foundation, YPS.

*Chambers Twentieth Century Dictionary*, rev. edn. (1961) Edinburgh: W. and R. Chambers.

Chiverton, P. and Caine, E.D. (1989) Education to assist spouses in coping with Alzheimer's disease: a controlled trial, *Journal of the American Geriatrics Society*, 37: 539–98.

Chung, M.C., Killingworth, A. and Nolan, P. (1997) A critique of the concept of quality of life, *International Journal of Health Care Quality Assurance*, 10(2): 80–4.

Clarke, L. and Roberts, C. (2003) *Grandparenthood: its Meaning and its Contribution to Older People's Lives*. ESRC Growing Older Programme Research Findings No. 22, Sheffield: University of Sheffield.

Cobb, A.K. and Forbes, S. (2002) Qualitative research? What does it have to offer to the gerontologist? *Journals of Gerontology*, 57: M197–M202.

Coleman, P.G. (1984) Assessing self-esteem and its sources in elderly people, *Ageing and Society*, 4(2): 117–35.

Coleman, P.G., Ivani-Chalian, C. and Robinson, M. (2004) Religious attitudes among British older people: stability and change in a 20 year longitudinal study, *Ageing and Society*, 24: 167–88.

Coleman, P.G., Ivani-Chalian, C. and Robinson, M. (1993) Self-esteem and its sources; stability and change in later life, *Ageing and Society*, 13(3): 171–92.

Coleman, P.G., McKiernan, F., Mills, M.A. and Speck, P. (2002) Spiritual belief and quality of life: the experience of older bereaved spouses, *Quality in Ageing, Policy, Practice and Research*, 3: 20–6.

Cook, J., Maltby, T. and Warren, L. (2003) *Older Women's Lives and Voices: Participation and Policy in Sheffield*. GO Findings 21, Sheffield: Growing Older Programme, University of Sheffield.

⑥ Cook, J., Maltby, T. and Warren, L. (2004) A participatory approach to older women's quality of life, in A. Walker and C. Hagan Hennessey (eds) *Growing Older: Quality of Life in Old Age*. Maidenhead: Open University Press: 149–66.

Coulthard, M., Walker, A. and Morgan, A. (2002) *People's Perceptions of their Neighborhood and Community Involvement: Results from the Social Capital Module of the General Household Survey 2000*. London: The Stationery Office.

Craig, G. (2004) Citizenship, exclusion and older people, *Journal of Social Policy*, 33: 95–114.

Cully, J.A., LaVoie, D. and Gfeller, J.D. (2001) Reminiscence, personality and psychological functioning in older adults. *The Gerontologist*, 41: 89–95.

Dannefer, D. (2003) Cumulative advantage/disadvantage and the life course: Cross-fertilizing age and social science theory, *Journals of Gerontology B Series: Social Sciences*, 53: S327–37.

Dautzenberg, M., Diederiks, J.P.M., Philipsen, H. and Stevens, F. (1998) Women of a middle generation and parent care, *International Journal of Aging and Human Development*, 47: 241–62.

⑥ Davidson, K. and Arber, S. (2004) Older men, their health behaviours and partnership status, in A. Walker and C. Hagan Hennessy (eds) *Growing Older: Quality of Life in Old Age*. Maidenhead: Open University Press: 127–48.

Davidson, K., Daly, T. and Arber, S. (2003) Exploring the worlds of older men, in S. Arber, K. Davidson and J. Ginn (eds) *Gender and Ageing: Changing Roles and Relationships*. Maidenhead: Open University Press/McGraw-Hill: 168–85.

Dean, M. (2003) *Growing Older in the 21st Century*. Swindon: ESRC.

de Jong Gierveld, J. (1987) Developing and testing a model of loneliness, *Journal of Personal and Social Psychology*, 53: 119–28.

de Jong Gierveld, J. (1998) A review of loneliness: concepts and definitions, causes and consequences, *Reviews in Clinical Gerontology*, 8: 73–80.

de Jong Gierveld, J. and Kamphuis, F. (1985) The development of a Rasch-type loneliness scale, *Applied Psychological Measurement*, 9(3): 289–99.

DeMaio, T.J. (1984) Social desirability and survey measurement: a review, in C.F. Turner and E. Martin (eds) *Surveying Subjective Phenomena*, Vol. 2. New York: Russell Sage Foundation.

Department for Education and Employment (DfEE) (2000) *Changing Patterns in a Changing World*. Edinburgh: DfEE and The Scottish Office.

Department of the Environment, Transport and the Regions (1998) *English House Condition Survey 1996*. London: The Stationery Office.

Department of Health (2003) *Direct Payments Guidance Community Care, Services for Carers and Children's Services (Direct Payments) Guidance England 2003*. London: Department of Health.

Department for Work and Pensions (2002) *Households Below Average Income*. London: Department for Work and Pensions.

Department for Work and Pensions (2003) *The Pensioners' Incomes Series, 2001/2*, Pensions Analysts Division. London: The Stationery Office.

DETR (1998) *Updating and Revising the Index of Local Deprivation*. London: Department of the Environment, Transport and the Regions. London: The Stationery Office.

Diener, E. (1984) Subjective well-being, *Psychological Bulletin*, 235: 542–75.

Diener, E. (2000) Subjective well-being: the science of happiness and a proposal for a national index, in M.E.P. Seligman and M. Csikszentmihalyi (eds) *Special Issue on Happiness, Excellence and Optimal Human Functioning. American Psychologist*, 55, January: 34–43.

Diener, E. and Lucas, R.E. (1999) Personality and subjective well-being, in D. Kahneman, E. Diener and N. Schwarz (eds) *Well-Being: The Foundations of Hedonic Psychology*. New York: Russell Sage Foundation: 13–229.

Doka, K.J. (1989) *Disenfranchised Grief: Recognizing Hidden Sorrow*. San Francisco: Jossey-Bass.

Donne, J. (1990) *John Donne*, ed. John Carey. Oxford: Oxford University Press.

Dowd, J. (1980) *Stratification Among the Aged*. Monterey, CA: Brooks/Cole.

Dowswell, G., Lawler, J., Dowswell, T., Young, J., Forster, A. and Hearn, J. (2000) Investigating recovery from stroke: a qualitative study, *Journal of Clinical Nursing*, 9(4): 507–15.

Doyal, L. and Gough, I. (1991) *A Theory of Human Need*. London: Macmillan.

Dressel, P., Minkler, M. and Yen, I. (1998) Gender, race, class and aging: advances and opportunities, in M. Minkler and C.L. Estes (eds) *Critical Gerontology: Perspectives from Political and Moral Economy*. Amityville, NY: Baywood Publishing Company, Inc: 275–94.

Drew, L.A. (2000) Grandparents and divorce, *Journal of the British Society of Gerontology*, 10(3): 7–10.

Eaves, Y.D. (2000) 'What happened to me': rural African American elders' experiences of stroke, *Journal of Neuroscience Nursing*, 32(1): 37–48.

⑦ Elder, G.H. (1974) *Children of the Great Depression*. Chicago: University of Chicago Press.

Ellis-Hill, C., Payne, S. and Ward, C. (2000) Self-body split: issues of identity in physical recovery after stroke, *Disability and Rehabilitation*, 22(16): 725–33.

⑧ Erikson, E.H., Erikson, J.M. and Kivnick, H.Q. (1986) *Vital Involvement in Old Age*. London: W.W. Norton.

Estes, C., Biggs, S. and Phillipson, C. (2003) *Social Theory, Social Policy and Ageing: A Critical Introduction*. Maidenhead: Open University Press.

Estes, C. and Phillipson, C. (2002) The globalisation of capital, the welfare state and old age policy, *International Journal of Health Services*, 32(2): 279–97.

Evandrou, M. and Glaser, K. (2002a) *Family, Work and Quality of Life: Changing Economic and Social Roles*. GO Findings 5, Sheffield: Growing Older Programme, University of Sheffield.

Evandrou, M. and Glaser, K. (2002b) Changing economic and social roles: the experience of four cohorts of mid-life individuals in Britain, 1985–2000, *Population Trends*, 110: 19–30.

Evandrou, M. and Glaser, K. (2003) Combining work and family life: the pension penalty of caring, *Ageing and Society*, 23: 583–601.

Evandrou, M., Glaser, K. and Henz, U. (2002) Multiple role occupancy in mid-life: balancing work and family life in Britain, *The Gerontologist*, 42(6): 781–89.

Farkas, J.I. and Himes, C.L. (1997) The influence of caregiving and employment on the voluntary activities of midlife and older women, *Journal of Gerontology: Social Sciences*, 52B: S180–9.

Farquhar, M. (1995) Elderly people's definitions of quality of life, *Social Science and Medicine*, 41: 1439–46.

Featherstone, M. and Hepworth, M. (1991) The mask of ageing and the post-modern life course, in M. Featherstone, M. Hepworth and B.S. Turner (eds) *The Body: Social Process and Cultural Theory*. London: Sage: 371–89.

Featherstone, M. and Hepworth, M. (1993) Images of ageing, in J. Bond, P. Coleman and S. Peace (eds) *Ageing in Society: An Introduction to Social Gerontology*. London: Sage.

Ferguson, N. with Douglas, G., Lowe, N., Murch, M. and Robinson, M. (2004) *Grandparenting in Divorced Families*. Bristol: Policy Press.

Fielding, N. and Fielding, J. (1986) *Linking Data: The Articulation of Qualitative and Quantitative Methods in Social Research*. London: Sage.

Finch, J. (1989) *Family Obligations and Social Change*. Cambridge: Polity Press.

Fletcher, A., Jones, D., Bulpitt, C. and Tulloch, A. (2002) The MRC trial of assessment and management of older people in the community: objectives, design and interventions [ISRCTN23494848], *BMC Health Services Research*, 2(1): 21.

Fournier, S. and Fine, G. (1990) Jumping grannies: exercise as a buffer against becoming old. *Play and Culture* 3: 337–342.

Friedman, M. (1997) Autonomy and social relationships: rethinking the feminist critique, in D. Tietjens Meyers (ed.) *Feminists Rethink the Self*. Oxford: Westview Press.

Fry, P.S. (1998) Spousal loss in late life: a 1-year follow-up of perceived changes in life meaning and psychological functioning following bereavement, *Journal of Personal and Interpersonal Loss*, 3: 369–91.

Fuller-Thompson, E., Minkler, M. and Driver, D. (1997) A profile of grandparents raising grandchildren in the United States, *The Gerontologist*, 37(3): 406–11.

⑥ Gabriel, Z. and Bowling, A. (2004) Quality of life in old age from the perspectives of older people, in A. Walker and C.H. Hennessy (eds) *Growing Older: Quality of Life in Old Age*. Maidenhead: Open University Press: 14–34.

⑨ Giddens, A. (1994) *Beyond Left and Right*. Cambridge: Polity Press.

Gilhooly, K., Gilhooly, M., Phillips, L. and Hanlon, P. (2003). Use it or lose it? cognitive functioning in older adults. *Nursing and Residential Care*, 5(8): 392–5.

Gilhooly, M. (2001) Quality of life and real life cognitive functioning, *Growing Older Programme Newsletter*, 2: 6.

Gilhooly, M., Hamilton, K., O'Neill, M., Gow, J., Webster, N. and Pike, F. (2003) *Transport and Ageing: Extending Quality of Life via Public and Private Transport*. GO Findings 16, Sheffield: Growing Older Programme, University of Sheffield.

Gilhooly, M., Phillips, L., Gilhooly, K. and Hanlon, P. (2003) *Quality of Life and Real Life Cognitive Functioning*. GO Findings 15, Sheffield: Growing Older Programme, University of Sheffield.

Gilhooly, M., Phillips, L., Gilhooly, K. et al. (2002b) *Quality of Life and Real Life Cognitive Functioning*. End of award report on ESRC Award Reference Number L480 25 40 29.

Gilhooly, M.L.M., Zarit, S.H. and Birren, J.E. (1986) *The Dementias: Policy and Management*. Englewood Cliffs, NJ: Prentice Hall.

Gill, T.M. and Feinstein, A.R. (1994) A critical appraisal of the quality of life measurements, *Journal of the American Medical Association*, 272: 619–26.

Gilleard, C. and Higgs, P. (2000) *Cultures of Ageing: Self, Citizen and the Body*. Harlow: Prentice Hall.

Gilleard, C. and Higgs, P. (2002) The third age: class, cohort or generation?, *Ageing and Society* 22: 369–82.

Ginn, J. (2003) *Gender, Pensions and the Lifecourse: How Pensions Need to Adapt to Changing Family Forms*. Bristol: Policy Press.

Ginn, J., Street, D. and Arber, S. (eds) (2001) *Women, Work and Pensions*. Buckingham: Open University Press.

Gjonça, E. and Calderwood, L. (2003) Methodology, in M. Marmot, J. Banks, R. Blundell, C. Lessof and J. Nazroo (eds) *Health, Wealth and Lifestyles of the Older Population in England: The 2002 English Longitudinal Study of Ageing*. London: IFS.

Glass, T.A., Mendes de Leon, C., Marottoli, R.A. et al. (1999) Population based study of social and productive activities as predictors of survival among elderly Americans. *British Medical Journal* 319: 478–83.

Goffman, E. (1963) *Stigma: Notes on the Management of Spoiled Identity*. Englewood Cliffs, NJ: Prentice Hall.

Gold, D.P., Andres, D., Etezadi, K. et al. (1995) Structural equation model of intellectual change and continuity and predictors of intelligence in older men. *Psychology and Aging*, 10: 294–303.

Goldberg, D. (1978) *Manual of the General Health Questionnaire*. Windsor: NFER-Nelson.

Goldberg, D. and Williams, P. (1988) *A User's Guide to the General Health Questionnaire*. Windsor: The NFER-Nelson Publishing Company Limited.

Goode, W. (1960) A theory of role strain, *American Sociological Review*, 25: 483–96.

Gordon, D. et al. (2000) *Poverty and Social Exclusion in Britain*. York: Joseph Rowntree Foundation.

Gorer, G. (1965) *Death, Grief and Mourning in Contemporary Britain*. London: Tavistock.

Graham, H. (2002) Building an inter-disciplinary science of health inequalities: the example of life course research, *Social Science and Medicine*, 55: 2005–16.

Granger, C.V., Albrecht, G.L. and Hamilton, B.B. (1979) Outcome of comprehensive medical rehabilitation: measurement by PULSES profile and the Barthel Index, *Archives of Physical Medicine and Rehabilitation*, 60(4): 145–54.

Grant, J.S. (1996) Home care problems experienced by stroke survivors and their family caregivers, *Home Healthcare Nurse*, 14(11): 892–902.

Grewal, I., Nazroo, J., Bajekal, M., Blane, D. and Lewis, J. (2004) Influences on quality of life: a qualitative investigation of ethnic differences among older people in England, *Journal of Ethnic and Migration Studies* (in press).

Guillemard, A.-M. (ed.) (1984) *Old Age and the Welfare State*. New York: Sage.

Hambrick, D.Z., Salthouse, T.A. and Meinz, E.J. (1999) Predictors of crossword puzzle proficiency and moderators of age-cognition relations, *Journal of Experimental Psychology: General*, 12: 131–64.

Hart, E. (2001) System-induced setbacks in stroke recovery, *Sociology of Health and Illness*, 23(1): 101–23.

Heclo, H. and Rein, M. (1980) Social science and negative income taxation, in OECD, *The Utilisation of the Social Sciences in Policy Making in the US*. Paris: OECD.

Held, D., McGrew, A., Goldblatt, D. and Perraton, J. (1999) *Global Transformations: Politics, Economics and Culture*. Cambridge: Polity Press.

Hennessy, C.H. and Hennessy, M. (1990) Community-based long-term care for the elderly: evaluation practice reconsidered, *Medical Care Review*, 47: 221–59.

Hermans, H.J.M., Kempen, H.J.G. and van Loon, R.J.P. (1992) The dialogical self: beyond individualism and rationalism, *American Psychologist*, 47: 23–33.

Higgs, P., Hyde, M., Wiggins, R. and Blane, D. (2003) Researching quality of life in early old age: the importance of the sociological dimension, *Social Policy and Administration*, 37: 239–52.

Hill, M. (1997) *The Policy Process in the Modern State*, 3rd edn. Hemel Hempstead: Prentice Hall.

Hills, J. (1995) The welfare state and redistribution between generations, in J. Falkingham and J. Hills (eds) *The Dynamic of Welfare: The Welfare State and the Life Cycle*. Hemel Hempstead: Prentice Hall/Harvester Wheatsheaf.

Hinton, J. (1967) *Dying*. Harmondsworth: Penguin.

Hirsch, D. (2000) *Life after 50: Issues for Policy and Research*. York: YPS.

Hochschild, A.R. (1979) Emotion work, feeling rules and social support, *American Journal of Sociology*, 85: 551–73.

Holmen, K., Ericsson, K., Andersson, L. and Winblad, B. (1992) Loneliness among elderly people in Stockholm: a population study, *Journal of Advanced Nursing*, 17: 43–51.

Holmen, K., Ericsson, K., Andersson, L. and Winblad, B. (1994) Loneliness and living conditions of the oldest old, *Scandinavian Journal of Social Medicine*, 22: 15–19.

Holmen, K. and Furukawa, H. (2002) Loneliness, health and social network among elderly people: a follow-up study, *Archives of Gerontology and Geriatrics*, 35(3): 261–71.

Home Office (1998) *Supporting Families: A Consultation Document*. London: The Stationery Office.

Howse, K. (1999) *Religion and Spirituality in Later Life: A Review*. London: Centre for Policy on Ageing.

Hsieh, H.F. and Wang, J.J. (2003) Effect of reminiscence therapy on depression in older adults: a systematic review, *International Journal of Nursing Studies*, 40: 335–45.

Hubbard, G., Cook, A., Tester, S. et al. (2002) Beyond words: older people with dementia using and interpreting non-verbal behaviour, *Journal of Aging Studies*, 16(2): 155–67.

Hubbard, G., Tester, S. and Downs, M. (2003) Meaningful social interactions between older people in institutional care settings, *Ageing and Society*, 23(1): 99–114.

Hyde, M., Blane, D., Higgs, P. and Wiggins, R. (2001) The theory and properties of a needs satisfaction model of quality of life, *Growing Older Programme Newsletter*, 3: 4.

Hyde, M. and Janevic, M. (2003) Social activity, in M. Marmot, J. Banks, R. Blundell, C. Lessof and J. Nazroo (eds) *Health, Wealth and Lifestyles of the Older Population in England: The 2002 English Longitudinal Study of Ageing*. London: Institute for Fiscal Studies: 301–16 and Annex 8.1: 317–55.

Hyde, M., Wiggins, R.D., Higgs, P. and Blane, D.B. (2003) A measure of quality of life in early old age: the theory, development and properties of a needs satisfaction model (CASP-19), *Aging and Mental Health*, 7(3): 186–94.

Inglehart, R. (1997) *Modernization and Postmodernization: Cultural, Economic and Political Change in 43 Societies*. Princeton, NJ: Princeton University Press.

Iredell, H., Grenade, L., Boldy, D. et al. (2003) *Coping with Loneliness and Social Isolation in Later Life: A Pilot Study*. Perth, WA: Freemasons Centre for Research into Aged Care Services, Curtin University of Technology.

Janevic, M., Gjonaa, E. and Hyde, M. (2003) Physical and social environment, in M. Marmot, J. Banks, R. Blundell, C. Lessof and J. Nazroo (eds) *Health, Wealth and Lifestyles of the Older Population in England: The 2002 English Longitudinal Study of Ageing*. London: Institute for Fiscal Studies: 167–79 and Annex 5.1: 181–206.

Jarrett, P.G., Rockwood, K., Carver, D. et al. (1995) Illness presentation in elderly patients, *Archives of Internal Medicine*, 155: 1060–4.

Jenkins, C.L. (1997) Women, work and caregiving: how do these roles affect women's well-being? *Journal of Women and Aging*, 9: 27–45.

Jerrome, D. (1997) Ties that bind, in A. Walker (ed.) *The New Generational Contract: Intergenerational Relations, Old Age and Welfare*. London: University College London Press: 81–99.

Kahn, R.L. and Antonucci, T.C. (1980) Convoys over the life course: attachment roles and social support, in P.B. Baltes and O.G. Brim (eds) *Life-span development and behavior*. New York: Academic Press: 253–86.

Kahneman, D., Frederickson, B.L., Schreiber, C.A. and Redelmeier, D.A. (1993) When more pain is preferred to less: adding a better end, *Psychological Science*, 4: 401–5.

Kastenbaum, R.J. (1988) 'Safe death' in the postmodern world, in A. Gilmore and S. Gilmore (eds) *A Safer Death*. New York: Plenum.

Katbamna, S. and Bakta, P. with Parker, G., Ahmad, W. and Baker, R. (1998) *Experiences and Needs of Carers from the South Asian Communities*. Leicester: Nuffield Community Care Studies Unit.

Kaufman, S. (1998) Illness, biography and the interpretation of self following a stroke, *Journal of Aging Studies*, 2(3): 217–27.

⑭ Kaufman, S.R. (1986) *The Ageless Self: Sources of Meaning in Late Life*. Madison, WI: University of Wisconsin Press.

Kellaher, L. (2002) Is genuine choice a reality? The range and adequacy of living arrangements for older people, in K. Sumner (ed.) *Our Homes, Our*

Lives: Choice in Later Life Living Arrangement. London: CPA/Housing Corporation: 36–59.

Kershaw, C., Chivite-Matthews, N., Thomas, C. and Aust, R. (2001) *The 2001 British Crime Survey: First Results, England and Wales*. Home Office Statistical Bulletin 18/01. London: Stationery Office.

King, M., Speck, P. and Thomas, A. (2001) The Royal Free Interview for Spiritual and Religious Beliefs: development and validation of a self-report version, *Psychological Medicine*, 31: 1015–23.

⑮ Kitwood, T. (1997) *Dementia Reconsidered: The Person Comes*. Buckingham: Open University Press.

Kruk, E. (1995) Grandparent–grandchild contact loss: findings from a study of 'Grandparents Rights' members, *Canadian Journal on Aging*, 14: 737–54.

⑯ Kubler-Ross, E. (1990) *On Death and Dying*. London: Routledge.

Kubovy, M. (1999) On the pleasures of the mind, in D. Kahneman, E. Diener and N. Schwarz (eds) *Well-Being: The Foundations of Hedonic Psychology*. New York: Russell Sage Foundation: 134–54.

Kuh, D. and Ben-Shlomo, Y. (1997) Introduction: A life course approach to the aetiology of adult chronic disease, in D. Kuh and Y. Ben-Shlomo (eds) *A Life Course Approach to Chronic Disease Epidemiology*. Oxford: Oxford Medical Publications: 3–14.

Laslett, P. (1991) *A Fresh Map of Life: The Emergence of the Third Age*. Cambridge, MA: Harvard University Press.

Laws, G. (1984) Contested meanings, the built environment and aging in place, *Environment and Planning*, 26: 1787–802.

Lawton, M.P. (1975) The Philadelphia Geriatric Center Morale Scale: a revision, *Journal of Gerontology*, 30(1): 85–9.

Lawton, M.P. (1980) *Environment and Aging*. Monterey, CA: Brooks/Cole Publishing.

Lefebvre, H. (1991) *The Production of Space*. Oxford: Blackwell.

Lefebvre, H. (1994) *Everyday Life in the Modern World*. Trans. Sacha Rabinovitch. New Brunswick: Transaction Publishers.

Lillard, L.A. and Waite, L.J. (1995) Till death do us part: marital disruption and mortality, *American Journal of Sociology*, 100: 1131–56.

(iii) Lipsky, M. (1971) Social scientists and the AOL Commission, *Annals of the American Academy of Political and Social Science*, 394: 72–83.

Lund, D.A., Caserta, M.S. and Dimond, M. (1993) The course of spousal bereavement in later life, in M.S. Stroebe, W. Stroebe and R.O. Hansson *Handbook of Bereavement: Theory, Research and Intervention*. Cambridge: Cambridge University Press.

⑰ MacDonald, B. and Rich, C. (1984) *Look Me in the Eye*. London: The Women's Press.

Macintyre, S., Kearns, A. and Ellaway, A. (2000) *Housing Tenure and Car Ownership: Why Do They Predict Health and Longevity?* Final report of ESRC grant L12851017, ESRC, Swindon.

Marks, S. (1977) Multiple roles and role strain: some notes on human energy, time and commitment, *American Sociological Review*, 42: 921–36.

Markus, H. and Nurius, P. (1986) Possible selves, *American Psychologist*, 41: 954–69.

Marmot, M., Banks, J., Blundell, R., Lessof, C. and Nazroo, J. (eds) (2003) *Health, Wealth and Lifestyles of the Older Population in England: The 2002 English Longitudinal Study of Ageing*. London: Institute for Fiscal Studies.

Martin, T.L. and Doka, K.J. (1998) *Men Don't Cry . . . Women Do: Transcending Gender Stereotypes of Grief*. London: Brunner Mazell.

Matheson, J. and Summerfield, C. (eds) (1999) *Social Focus on Older People*. London: The Stationery Office.

McCormick, K. (2003) Social isolation in later life. Unpublished MSc thesis, St George's Hospital Medical School, University of London.

McKee, K.J. (1998) The Body Drop: a framework for understanding recovery from falls in older people, *Generations Review*, 8: 11–12.

McKee, K.J., Houston, D.M. and Barnes, S. (2002) Methods for assessing quality of life and well-being in frail older people, *Psychology and Health*, 17(6): 737–51.

McKee, K., Wilson, F., Elford, H., Goudie, F., Chung, M.C., Bolton, G. and Hinchliff, S. (2002) *Evaluating the Impact of Reminiscence on the Quality of Life of Older People*. GO Findings 8, Sheffield: Growing Older Programme, University of Sheffield.

McKevitt, C., Coshall, C., Mold, F., Tilling, K. and Wolfe, C. (2003) *Explaining Inequalities in Health and Health Care after Stroke*. Report to the Department of Health. London: King's College, Department of Public Health Sciences.

McMullin, J.A. (2000) Diversity and the state of sociological aging theory, *Gerontologist*, 40(5): 517–30.

⑱ Mead, G.H. (1934) *Mind, Self and Society from the Standpoint of a Social Behaviorist*. Chicago: University of Chicago Press.

Mendola, W.F. and Pelligrini, R.V. (1979) Quality of life and coronary artery bypass surgery patients, *Social Science and Medicine*, 13A: 457–61.

Midwinter, E. (1992) *Leisure: New Opportunities in the Third Age. The Carnegie Inquiry into the Third Age*. London: Carnegie Trust.

Mills, M. (1997) Narrative identity and dementia: a study of emotion and narrative in older people with dementia, *Ageing and Society*, 17: 673–98.

Mills, M. and Coleman, P. (1994) Nostalgic memories in dementia: a case study, *International Journal on Aging and Human Development*, 38(3): 203–19.

Mills, M. (2002) Supporting beliefs in later life: a challenge to churches and other faith communities. Paper presented at the Annual Conference for PSIGE, June 2002.

Minkler, M. and Estes, C. (1984) (eds) *Readings in the Political Economy of Aging*. New York: Baywood.

Modood, T., Berthoud, R., Lakey, J., Nazroo, J., Smith, P., Virdee, S. and Beishon, S. (1997) *Ethnic Minorities in Britain: Diversity and Disadvantage*, London: Policy Studies Institute.

Montgomery, S., Berney, L. and Blane, D. (2000) Pre-pubertal growth and blood pressure in early old age, *Archives of Disease in Childhood*, 82: 358–63.

Moriarty, J. and Butt, J. (2004) Social support and ethnicity in old age, in A. Walker and C.H. Hennessy (eds) *Growing Older: Quality of Life in Old Age*. Maidenhead: Open University Press: 167–87.

Myers, D.G. (2000) The funds, friends and faith of happy people, *American Psychologist*, 55(1): 56–67.

Myers, D.G. and Diener, E. (1996) The pursuit of happiness, *Scientific American*, 274: 54–6.

Myles, J. and Quadagno, J. (eds) (1993) *States, Labor Markets and the Future of Old-Age Policy*. Philadelphia, PA: Temple University Press.

Nazroo, J., Bajekal, M., Blane, D., Grewal, I. and Lewis, J. (2003) *Ethnic Inequalities in Quality of Life at Older Ages: Subjective and Objective Components*. GO Findings 11, Sheffield: Growing Older Programme, University of Sheffield.

Netz, Y. and Ben-Sira, D. (1993) Attitudes of young people, adults and older adults from three generation families toward the concepts 'ideal person', 'youth', 'adult' and 'old person', *Educational Gerontology*, 19: 607–21.

Neugarten, B.L., Havighurst, R.J. and Tobin, S.S. (1961) The measurement of life satisfaction, *Journal of Gerontology*, 16: 134–43.

Nolan, M., Davies, S. and Grant, G. (2001) Introduction: the changing face of health and social care, in M. Nolan, S. Davies and G. Grant (eds) *Working with Older People and Their Families*. Buckingham: Open University Press: 4–18.

Öberg, P. and Tornstam, L. (1999) Body images among men and women of different ages, *Ageing and Society*, 19: 629–44.

OECD (1988) *Reforming Public Pensions*. Paris: OECD.

Office for National Statistics (2000) *Family Spending: A Report on the 1999–2000 Family Expenditure Survey*. London: The Stationery Office.

OPCS (1991) *Standard Occupational Classification*. Vols 1–3. London: HMSO.

Owen, T. and Bell, L. (2004) *Quality of Life in Older Age; Messages from the Growing Older Programme*. London: Help the Aged in conjunction with ESRC.

⑲ Parkes, C.M. (1996) *Bereavement: Studies of Grief in Adult Life*, 3rd edn. Harmondsworth: Penguin.

Peace, S., Holland, C. and Kellaher, L. (2003) *Environment and Identity in Later Life: a cross-setting study*. GO Findings 18, Sheffield: Growing Older Programme, University of Sheffield.

Penning, M.J. (1998) In the middle: parental caregiving in the context of other roles, *Journal of Gerontology: Social Sciences*, 53B: S188–97.

Peterson, C. (1999) Personal control and well-being, in D. Kahneman, E. Diener and N. Schwarz (eds) *Well-Being: The Foundations of Hedonic Psychology*. New York: Russell Sage Foundation: 288–301.

Phillipson, C. (1997) Social relationships in later life: a review of the research literature, *International Journal of Geriatric Psychology*, 12: 505–12.

Phillipson, C., Bernard, M., Phillips, J. and Ogg, J. (1999) Older people's experience of community life: patterns of neighbouring in three urban areas, *Sociological Review*, 47(4): 715–43.

Phillipson, C., Bernard, M., Phillips, J. and Ogg, J. (2001) *Family and Community Life of Older People*. London: Routledge.

Porter, R. (1997) *The Greatest Benefit to Mankind: A Medical History of Humanity from Antiquity to the Present*. London: HarperCollins Publishers.

Pound, P., Gompertz, P. and Ebrahim, S. (1998) Illness in the context of older age: the case of stroke, *Sociology of Health & Illness*, 20(4): 489–506.

Power, C., Stansfeld, S.A., Matthew, S., Manor, O. and Hope, S. (2002) Childhood and adulthood risk factors for socio-economic differentials in psychological distress: evidence from the 1958 birth cohort, *Social Science and Medicine*, 55: 1989–2004.

Quereshi, H. and Walker, A. (1989) *The Caring Relationship: Elderly People and their Families*. London: Macmillan.

Reboussin, B.A., Rejeski, W.J., Martin, K.A. et al. (2000) Correlates of body satisfaction with body function and body appearance in middle- and older aged adults: the Activity Counseling Trial (ACT), *Psychology and Health*, 15: 239–54.

Reid, J. and Hardy, M. (1999) Multiple roles and well-being among midlife women: testing role strain and role enhancement theories, *Journal of Gerontology: Social Sciences*, 54B: S329–38.

Reitzes, D.C., Mutran, E.J. and Fernandez, M.E. (1996) Does retirement hurt well-being? Factors influencing self-esteem and depression among retirees and workers, *The Gerontologist*, 36: 649–56.

Reker, G.T. (1996) *Manual of the Life Attitude Profile-Revised (LAP-R)*. Peterborough, ON: Student Psychologists Press.

Renwick, R. and Brown, I. (1996) Being, belonging, becoming: the Centre for Health Promotion model of quality of life, in R. Renwick, I. Brown and M. Nagler (eds) *Quality of Life in Health Promotion and Rehabilitation: Conceptual Approaches, Issues and Applications*. Thousand Oaks, CA: Sage: 75–88.

Ritchie, J. and Spencer, L. (1993) Qualitative data analysis for applied policy research, in A. Bryman and R. Burgess (eds) *Analysing Qualitative Data*. London: Routledge: 173–94.

Robertson, I., Warr, P., Butcher, V., Callinan, M. and Bardzil, P. (2003) *Older People's Experience of Paid Employment: Participation and Quality of Life*. GO Findings 14, Sheffield: Growing Older Programme, University of Sheffield.

Rockwood, K., Stadnyk, K., MacKnight, C. et al. (1999) A brief clinical instrument to classify frailty in elderly people, *Lancet*, 353: 205–6.

Rosenthal, C.J., Martin-Matthews, A. and Matthews, S.H. (1996) Caught in the middle? Occupancy in multiple roles and help to parents in a national probability sample of Canadian adults, *Journal of Gerontology: Social Sciences*, 51B: S274–83.

Ross, C.E. and Drentea, P. (1998) Consequences of retirement activities for distress and sense of personal control, *Journal of Health and Social Behaviour*, 39: 317–34.

Ross, M., Eyman, A. and Kishchuck, N. (1986) Determinants of subjective well-being, in J.M. Olson, C.P. Herman and M. Zanna (eds) *Relative Deprivation and Social Comparison*. Hillsdale, NJ: Erlbaum.

Rowe, J.W. and Kahn, R.L. (1987) Human aging: usual and successful, *Science*, 237: 143–9.

Rowe, J.W. and Kahn, R.L. (1997) Successful aging, *The Gerontologist*, 37(4): 433–40.

Rowles, G.D. (1978) *Prisoners of Space? Exploring the Geographical Experience of Older People*. Boulder, CO: Westview Press.

Rowles, G.D. (2000) Habituation and being in place, *Occupational Therapy Journal of Research*, 20(1): 52S–67S.

Rubenstein, R.L. (1989) The home environment of older people: a description of psychosocial processes linking person to place, *Journal of Gerontology*, 44: S45–S53.

Runyan, W.M. (1980) The life satisfaction chart: perceptions of the course of subjective experience, *International Journal of Aging and Human Development*, 11: 45–64.

Ryan, R.M. and Deci, E.L. (2000) Self-determination theory and the facilitation of intrinsic motivation, social developmentand well-being, in M.E.P. Seligman and M. Csikszentmihalyi (eds) *Special Issue on Happiness, Excellence and Optimal Human Functioning. American Psychologist*, 55: 68–78.

Ryan, R.M. and Deci, E.L. (2001) On happiness and human potential: a review of research on hedonic and eudaimonic well-being, *Annual Review of Psychology*, 52: 141–66.

Ryder, N.B. (1985) The cohort as a concept in the study of social change, in W.M. Mason and S.E Fienberg (eds) *Cohort Analysis in Social Research: Beyond the Identification Problem*. New York: Springer-Verlag: 9–44.

Ryff, C.D. and Singer, B. (1998) The contours of positive human health, *Psychological Inquiry*, 9: 1–28.

Ryff, C.D. and Singer, B. (2000) Interpersonal flourishing: a positive health agenda for the new millennium, *Personality and Social Psychology Review*, 4: 30–44.

Salthouse, T.A., Berish, D.E. and Miles, J.D. (2002) The role of cognitive stimulation on the relations between age and cognitive functioning, *Psychology and Aging*, 14: 483–506.

Sapp, S. (1987) An alternative Christian view of aging, *Journal of Religion and Aging*, 4(1): 69–85.

Sarbin, T.R. (1986) The narrative as a root metaphor for psychology, in T.R. Sarbin (ed.) *Narrative Psychology: The Storied Nature of Human Conduct*. New York: Praeger.

Scase, R. and Scales, J. (2000) *Fit and Fifty*. Swindon: ESRC.

Schaie, K.M. and Willis, S.L. (2002) *Adult Development and Aging*. Upper Saddle River, NJ: Prentice Hall.

Scharf, T., Phillipson, C. and Smith, A.E. (2004) Poverty and social exclusion: growing older in deprived urban neighbourhoods, in A. Walker and C. Hagan Hennessy (eds) *Growing Older: Quality of Life in Old Age*. Buckingham: Open University Press.

Scharf, T., Phillipson, C., Kingston, P. and Smith, A.E. (2000) Social exclusion and ageing, *Education and Ageing*, 16(3): 303–20.

Scharf, T., Phillipson, C., Smith, A.E. and Kingston, P. (2002) *Growing Older in Socially Deprived Areas: Social Exclusion in Later Life*. London: Help the Aged.

Scharf, T., Phillipson, C., Smith, A.E. and Kingston, P. (2003) *Older People in Deprived Neighbourhoods: Social Exclusion and Quality of Life in Old Age*. GO Findings 19, Sheffield: Growing Older Programme, University of Sheffield.

Scharf, T. and Smith, A.E. (2004) Older people in urban neighbourhoods: addressing the risk of social exclusion in later life, in C. Phillipson, G. Allan and D. Morgan (eds) *Social Networks and Social Exclusion*. Aldershot: Ashgate: 162–79.

Schwartz, N. (1987) *Mood as Information*. Heidelberg: Springer-Verlag.

Schwartz, N. and Clore, G.L. (1983) Mood, misattribution and judgments of well-being: informative and directive functions of affective states, *Journal of Personality and Social Psychology*, 45: 513–23.

Schwartz, N. and Strack, F. (1991) Context effects in attitude surveys: applying cognitive theory to social research, in W. Stroebe and M. Hewstone (eds) *European Review of Social Psychology*, Vol. 2. Chichester: John Wiley.

Schwartz, N., Strack, F. and Mai, H.P. (1991) Assimilation and contrast effects in part-whole question sequences: a conversational logic hypothesis, *Public Opinion Quarterly*, 55: 2–23.

Sheldon, J.H. (1948) *The Social Medicine of Old Age*. Oxford: Oxford University Press.

Shin, D.C. and Johnson, D.M. (1978) Avowed happiness as an overall assessment of the quality of life, *Social Indicators Research*, 5: 475–92.

Sidell, M. (1995) *Health in Old Age*. Buckingham: Open University Press.

Sidorenko, A. and Walker, A. (2004) The Madrid International Plan of Action on Ageing: from conception to implementation, *Ageing and Society*, 24: 147–55.

Sieber, S. (1974) Toward a theory of role accumulation, *American Sociological Review*, 39: 567–78.

Singh-Manoux, A., Clarke, P. and Marmot, M. (2002) Multiple measures of socio-economic position and psychosocial health: proximal and distal measures, *International Journal of Epidemiology*, 31: 1192–9.

Smith, A.E. (2001) Defining quality of life, *Growing Older Programme Newsletter*, 2: 3.

Smith, A.E. (2000) Quality of life: a review, *Education and Ageing*, 15(3): 419–35.

Smith, A.E., Phillipson, C. and Scharf, T. (2002) *Social Capital: Concepts, Measures and the Implications for Urban Communities*, Working Paper 9. Keele: Centre for Social Gerontology, Keele University.

Smith, T.W. (1979) Happiness, *Social Psychology Quarterly*, 42: 18–30.

Social Exclusion Unit (1998) *Bringing Britain Together: A National Strategy for Neighbourhood Renewal*. London: Stationery Office.

Social Services Inspectorate (1998) *They Look After Their Own, Don't They? Inspection of Community Care Services for Black and Ethnic Minority Older People*. London: Department of Health.

Speck, P. (*in press*) Dementia and spiritual care, in G.M.M. Jones and B.M.L. Miesen *Care Giving in Dementia: Research and Application*, vol. 4. London: Routledge.

Spitze, G. and Logan, J.R. (1990) More evidence on women (and men) in the middle, *Research on Aging*, 12: 182–98.

Spitze, G., Logan, J.R., Joseph, G. and Lee, E. (1994) Middle generation roles and the well-being of men and women, *Journal of Gerontology: Social Sciences*, 49: S107–16.

Stephen, A. and Raftery, J. (eds) (1994) *Health Care Needs Assessment*, vol 1. Oxford: Radcliffe Medical Press.

Stevens, T., Wilde, D., Paz, S., Ahmedzai, S., Rawson, A. and Wragg, D. (2004) Palliative care research protocols: a special case for ethical review? *Palliative Medicine*, 17: 482–90.

Strack, F., Martin, L.L and Schwartz, N. (1988) Priming and communication: social determinants of information use in judgments of life satisfaction, *European Journal of Social Psychology*, 18, 429–42.

Strack, F., Schwartz, N., Chassein, B., Kern, D. and Wagner, D. (1990) The salience of comparison standards and the activation of social norms: consequences for judgments of happiness and their communication, *British Journal of Social Psychology*, 29: 303–14.

Stroebe, M.S., Stroebe, W. and Hansson, R.O. (1993) *Handbook of Bereavement: Theory, Research and Intervention*. Cambridge: Cambridge University Press.

Stroebe, W. and Stroebe, M.S. (1987) *Bereavement and Health: The Psychological and Physical Consequences of Parental Loss*. Cambridge: Cambridge University Press.

Summerfield, C. and Babb, P. (eds) (2004) *Social Trends No. 34*. London: The Stationery Office.

Swan, G.E., Dame, A. and Carmelli, D. (1991) Involuntary retirement, type A behavior and current functioning in elderly men: 27-year follow-up of the Western Collaborative Group Study, *Psychology and Aging*, 6: 384–91.

Sweeting, H.N. and Gilhooly, M.L.M. (1992) Doctor, am I dead? Social death in modern societies, *Omega: The Journal of Thanatology*, 24(4): 255–73.

Tester, S., Hubbard, G. and Downs, M. (2001) Defining quality of life among frail older people. *Growing Older Programme Newsletter*, 2: 7.

Tester, S., Hubbard, G., Downs, M., MacDonald, C. and Murphy, J. (2003) *Exploring Perceptions of Quality of Life of Frail Older People During and After their Transition to Institutional Care*. GO Findings 24, Sheffield: Growing Older Programme, University of Sheffield.

The Royal Commission on Long-Term Care (1999) *With Respect to Old Age*, CM 4192–1. London: The Stationery Office.

Thompson, L. and Walker, A. (1987) Mothers as mediators of intimacy between grandmothers and their young adult granddaughters, *Family Relation*, 36: 72–7.

Thompson, P., Itzin, C. and Abendstern, M. (1990) *I Don't Feel Old: The Experience of Later Life*. Oxford: Oxford University Press.

Tijhuis, M.A., Jong Gierveld, J. de, Festiens, E.J. and Kromhout, D. (1999) Changes in and factors related to loneliness in men: the Lutphen Elderly Study, *Age and Ageing*, 28(5): 491–5.

Townsend, P. (1962) *The Last Refuge*. London: Routledge and Kegan Paul.

Townsend, P. (1968) Isolation and loneliness, in E. Shanas, P. Townsend, D. Wedderburn et al. (eds) *Old People in Three Industrial Societies*. London: Routledge & Kegan Paul: 258–88.

Tsang, E.Y.L., Liamputtong, P. and Pierson, J. (2004) The views of older Chinese people in Melbourne about their quality of life, *Ageing and Society*, 24(1): 51–74.

Tunstall, J. (1966) *Old and Alone*. London: Routledge and Kegan Paul.

Turner, B.S. (1995) Ageing and identity: some reflections on the somatization of the self, in M. Featherstone and A. Wernick (eds) *Images of Ageing. Cultural Representations of Later Life*. London: Routledge: 245–62.

Ungerson, C. (1999) Personal assistants and disabled people: an examination of a hybrid form of work and care, *Work, Employment and Society*, 13(4): 483–600.

Unsworth, K., McKee, K.J. and Mulligan, C. (2001) When does old age begin? The role of attitudes in age parameter placement, *Social Psychological Review*, 3(2): 5–15.

Utz, R., Carr, D., Nesse, R. and Wortman, C. (2002) The effect of widowhood on older adult's social participation: an evaluation of activity, disengagement and continuity theories, *The Gerontologist*, 42(4): 522–33.

Verbrugge, L.M. (1983) Multiple roles and physical health of women and men. *Journal of Health and Social Behavior*, 24: 16–30.

Victor, C.R., Bowling, A., Bond, J. and Scambler, S. (2003) *Loneliness, Social Isolation and Living Alone in Later Life*, ESRC Growing Older Programme Findings, No 17, University of Sheffield.

Victor, C.R., Scambler, S., Bond, J. and Bowling, A. (2000) Being alone in later life: loneliness, isolation and living alone in later life, *Reviews in Clinical Gerontology*, 10(4): 407–17.

Victor, C.R., Scambler, S., Bond, J. and Bowling, A. (2001) Loneliness in later life: preliminary findings from the Growing Older Project, *Quality in Ageing*, 3(1): 34–41.

Victor, C.R., Scambler, S., Shah, S., Cook, D.G., Harris, T., Rink, E. and Wilde, S. de (2002) Has loneliness among older people increased? An investigation into variations between cohorts, *Ageing and Society*, 22: 1–13.

Vitz, P.C. (1990) The use of stories in moral development: new psychological reasons for an old education method, *American Psychologist*, 45: 709–20.

Voyandoff, P. and Donnelly, B.W. (1999) Multiple roles and psychological distress: the intersection of the paid worker, spouse and parent roles with the role of the adult child, *Journal of Marriage and the Family*, 61: 725–38.

Walker, A. (1980) The social creation of poverty and dependency in old age, *Journal of Social Policy*, 9(1): 45–75.

Walker, A. (1981) Towards a political economy of old age, *Ageing and Society*, 1(1): 73–94.

Walker, A. (1990) The economic 'burden' of ageing and the prospect of intergenerational conflict, *Ageing and Society*, 10(4): 377–96.

Walker, A. (ed.) (1997a) *The New Generational Contract*. London: UCL Press.

Walker, A. (1997b) *Combating Age Barriers in Employment*. Luxembourg: Office for Official Publications of the European Communities.

Walker, A. (2001) Introduction to the Second Newsletter of the Growing Older Programme: Defining Quality of Life, *Growing Older Programme Newsletter*, 2: 1.

Walker, A. (2002) A strategy for active ageing, *International Social Security Review*, 55(1): 121–40.

Walker, A. (2004) Introducing the Growing Older Programme on extending quality life, in A. Walker and C.H. Hennessy (eds) *Growing Older: Quality of Life in Old Age*. Maidenhead: Open University Press.

Walker, A. (2004) The ESRC Growing Older Research Programme 1999–2004, *Ageing and Society*, 24: 657–75.

Walker, A. (ed.) (2005a) *Growing Older in Europe*. Maidenhead: Open University Press.

Walker, A. (2005b) Re-examining the political economy of ageing: understanding the structure/agency tension, in J. Baars, D. Dannefer, C. Phillipson and A. Walker (eds) *Ageing, Globalisation and Inequality: The New Critical Gerontology*. New York: Baywood.

Walker, A. and Deacon, B. (2003) Economic globalisation and policies on ageing, *Journal of Societal and Social Policy*, 2(2): 1–18.

Walker, A. and Hennessy, C.H. (2003) *Growing Older Programme Project Summaries*. Swindon: Economic and Social Research Council.

⑥ Walker, A. and Hagan Hennessy, C.H. (eds) (2004) *Growing Older: Quality of Life in Old Age*. Maidenhead: Open University Press.

Walker, A. and Maltby, T. (1997) *Ageing Europe*. Buckingham: Open University Press.

Walker, A. and Martimo, K. (2000) Researching quality of life in old age, *Quality in Ageing: Policy, Practice and Research*, 1(1): 8–14.

Walker, A. and Naegele, G. (eds) (1999) *The Politics of Ageing in Europe*. Buckingham: Open University Press.

Walker, A. and Taylor, P. (1998) *Combating Age Barriers in Employment: Portfolio of Good Practice*. Dublin: European Foundation.

Walker, A., O'Brien, M., Traynor, J., Fox, K., Goddard, E. and Foster, K. (eds) (2003) *Living in Britain: Results from the 2001 General Household Survey. Supplementary Report: People Aged 65 and Over*. http://www.statistics.gov.uk/lib2001/section3730.html (accessed 17 May 2004).

Walter, T. (1996) A new model of grief: bereavement and biography, *Mortality*, 1: 7–25.

Walter, T. (1999) *On Bereavement*. Buckingham: Open University Press.

Warr, P.B. (1987) *Work, Unemployment and Mental Health*. Oxford: Oxford University Press.

Warr, P.B., Butcher, V. and Robertson, I.T. (2004) Activity and psychological well-being in older people, *Aging and Mental Health*, 8: 172–83.

(v) Warr, P.B., Butcher, V., Robertson, I.T. and Callinan, M. (2004) Older people's well-being as a function of employment, retirement, environmental characteristics and role preference, *British Journal of Psychology* (in press).

Warr, P.B., Jackson, P.R. and Banks, M.H. (1988) Unemployment and mental health: some British studies, *Journal of Social Issues*, 44: 47–68.

Waterman, A.S. (1993) Two conceptions of happiness: contrasts of personal expressiveness and hedonic enjoyment, *Journal of Personality and Social Psychology*, 64: 678–91.

Weber, M. (1968) *Economy and Society*. New York: Bedminster Press.

Weiss, C. (1980) Knowledge creep and decision accretion, *Knowledge: Creation, Diffusion, Utilisation*, 1(3): 381–404.

Weiss, C. (1986) Research and policy-making: a limited partnership, in F. Heller (ed.) *The Use and Abuse of Social Science*. London: Sage.

Welin, L., Tibblin, G., Svardsudd, K. et al. (1985) Prospective study of social influences on mortality: the study of men born in 1913 and 1923, *Lancet*, 1 (8434): 915–18.

Wenger, G.C. (1983) Loneliness: a problem of measurement, in D. Jerrome (ed.) *Ageing in Modern Society*. Beckenham, Kent: Croom Helm: 145–67.

Wenger, G.C. (1984) *The Supportive Network*. London: George Allen and Unwin.

Wenger, G.C. and Burholt, V. (2004) Changes in levels of social isolation and loneliness among older people in rural Wales – a 20 year longitudinal study, *Canadian Journal on Ageing*, 23, 115–27.

Wenger, G.C., Davies, R., Shahtahmesebi, S. and Scott, A. (1996) Social isolation and loneliness in old age: review and model refinement, *Ageing and Society*, 16: 333–58.

WHO (2001a) *Active Ageing: From Evidence to Action*. Geneva: World Health Organization.

WHO (2001b) *Health and Ageing: A Discussion Paper*. Geneva: World Health Organization.

Wiggins, R., Higgs, P., Hyde, M. and Blane, D. (2004) Quality of life in the third age: key predictors of the CASP-19 measure, *Ageing and Society*, 24: 693–708.

Willcocks, D., Peace, S. and Kellaher, L. (1987) *Private Lives in Public Places*. London: Tavistock Publications.

Williamson, J.D. and Fried, L.P. (1996) Characterization of older adults who attribute functional decrements to 'old age', *Journal of the American Geriatrics Society*, 44: 1429–34.

Wilson, G. (1994) Co-production and self-care: new approaches to managing community care services for older people, *Social Policy and Administration*, 28(3): 236–50.

Wilson, R.S., Mendes de Leon, D.F., Barnes, L.L. et al. (2002) Participation in cognitively stimulating activities and risk of incident Alzheimer disease, *Journal of the American Medical Association*, 288: 2271–81.

Woodhouse, K.W., Wynne, H., Baillie, S. et al. (1988) Who are the frail elderly?, *Quarterly Journal of Medicine*, 68: 505–6.

Woods, B., Portnoy, S., Head, D. et al. (1992) Reminiscence and life review with persons with dementia: which way forward? in B.M.L. Miesen and G.M.M. Jones (eds) *Care-giving in Dementia*. London: Routledge: 139–61.

㉒ Worden, J.W. (2003) *Grief Counselling and Grief Therapy*, 3rd edn. Hove: Brunner-Routledge.

World Health Organization Quality of Life Group (1993) *Measuring Quality of Life: The Development of the World Health Organization Quality of Life Instrument (WHOQOL)*. Geneva: World Health Organization.

Wortman, C.B. and Silver, R.C. (1989) The myths of coping with loss, *Journal of Consulting Clinical Psychology*, 57: 349–57.

Wray, S. (2004) Women growing older: agency, ethnicity and culture, *Sociology*, 37(3): 511–27.

Yu, W.K. (2000) *Chinese Older People: A Need for Social Inclusion in Two Communities*. York: Joseph Rowntree Foundation.

◆邦訳文献一覧
① 伊藤茂訳『新しい貧困——労働，消費主義，ニュープア』青土社，2008年。
② 東廉・伊藤美登里訳『危険社会：新しい近代への道』法政大学出版局，1998年。
③ 西三郎（日本語版総監修），鏡森定信（監修）『21世紀の健康づくり10の提言——社会環境と健康問題』日本医療企画，2002年。
④ 石井洋二郎訳『ディスタンクシオンⅠ——社会的判断力批判』藤原書店，1990年。
⑤ 黒田実郎他訳『母子関係の理論3（対象喪失）』，岩崎学術出版社，1991年。
⑥ 山田三知子訳『高齢期における生活の質の探求——イギリス高齢者の実相』，ミネルヴァ書房，2009年。
⑦ 本田時雄他訳『大恐慌の子どもたち——社会変動と人間発達』明石書店，1986年。
⑧ 朝長正徳・朝長梨枝子訳『老年期——生き生きしたかかわりあい』みすず書房，1990年。
⑨ 松尾精文・立松隆介訳『左派右派を超えて——ラディカルな政治の未来像』而立書房，2002年。
⑩ 石黒毅訳『スティグマの社会学——烙印を押されたアイデンティティ』せりか書房，1980年。
⑪ 宇都宮輝夫訳『死と悲しみの社会学』ヨルダン社，1986年。
⑫ 古城利明・臼井久和・滝田賢治・星野智他訳『グローバル・トランスフォーメーションズ——政治・経済・文化』中央大学出版部，2006年。
⑬ 秋山さと子・定方昭夫訳『死とのであい』三共出版，1979年。
⑭ 幾島幸子訳『エイジレス・セルフ——老いの自己発見』筑摩書房，1988年。
⑮ 高橋誠一訳『認知症のパーソンセンタードケア——新しいケアの文化へ』筒井書房，2005年。
⑯ 川口正吉訳『死ぬ瞬間——死にゆく人々との対話』読売新聞社，1971年。
　鈴木晶訳『死ぬ瞬間——死とその過程について』読売新聞社，1998年／中央公論新社，2001年。
⑰ 寺沢恵美子他訳『私の目を見て——レズビアンが語るエイジズム』原柳舎，1994年。

⑱ 稲葉三千男・滝沢正樹・中野収訳『精神・自我・社会』青木書店，1973年。
⑲ 桑原治雄・三野善央訳『死別——遺された人たちを支えるために』メデイカ出版，改訂版，2002年。
⑳ 岡林秀樹訳『成人発達とエイジング』ブレーン出版，2005年。
㉑ 国立国会図書館調査立法考査局訳『イギリス，デンマーク，アメリカにおける老人問題』国立国会図書館調査立法考査局，1972年。
㉒ 大学専任カウンセラー会訳『グリーフカウンセリング——悲しみを癒すためのハンドブック』川島書店，1993年。

◆訳者による注

(i) Bennett, K. M. 他 'This is me' は，Bennett, K. M. (2010) 'You can't spend years with someone and just cast them aside': Augmented identity in older British widows. *Journal of Women and Aging*, 22 (3): 204-217. として発表された。

(ii) Brooker, D. (forthcoming) What is person-centred care は，Brooker, D. (2003) *Reviews in Clinical Gerontology*, 13 (3): 215-222. として発表された。またタイトルは，What is person-centred care in dementia が正しい。

(iii) Lipsky, M. (1971) Social scientists and the AOL commission は，正しくは Social scientists and the Riot commission である。

(iv) Speck, P. (in press) Dementia and spiritual care が収録されている G. M. M. Jones and B. M. L. Miesen の *Care Giving in Dementia : Research and Application*, vol.4 は2006年に刊行された。

(v) Warr, P. B. 他 (2004) Older people's well-being as a function of employment, retirement, environmental characteristics and role preference は，*British Journal of Psychology*, 95 (3): 297-324. として発表された。

## 監訳者あとがき

　本書は，高齢者に対する政策研究などを精力的に行ってこられたイギリスのシェフィールド大学社会政策学教授で高齢化問題研究ヨーロッパ部門部長のアラン・ウォーカー（Alan Walker）編著による *Understanding Quality of Life in Old Age*, Open University Press, 2005. の全訳である。本書のベースとなっている研究（グローウィング・オールダー・プログラム：Growing Older Programme）は，数年にわたり実施されたプロジェクト研究であり，その研究成果の一部が本書にまとめられている。これまで，欧米をはじめ，わが国においても，様々な QOL 研究がなされてきているが，本書での研究は，QOL に関して，様々な研究手法（質的・量的研究）による学際的な検討が時間をかけてなされ，他の研究ではあまりみられない特色を有している。

　ウォーカー教授の経歴やこれまでの研究あるいはグローウィング・オールダー・プログラムについては，「訳者あとがき」で詳しく述べられているので，そこをご覧いただきたい。ここでは，本書に関する簡単な解説を行うとともに，本書で議論された QOL の考え方を整理する上で重要な視点を提供し，ウォーカー教授らも第 1 章で要旨を説明しているレンウィックらの QOL に関する考え方について加えて解説する。

### 高齢期の QOL に影響を与える要因

　高齢期の QOL に影響を与える要因に，多くの要因をあげることができる。本書では，社会資源・資産・健康の状況（第 3 章），外出の程度（第 4 章），家族における役割バランスの程度（第 5 章），社会参加の程度（第 6 章），社会ネットワーク力と孤独感の程度（第 7 章），支援に対する認識と自己イメージやアイデンティティの状況（第 8 章・第 9 章），配偶者の死に対する適応力（第10章）などを，高齢期

のQOLに影響を与える要因としてあげている。

　本書の特色は，それぞれの章が独立して記述されているが，完全に独立しているのではなく，複数の章の間で内容的に関連し，一部の内容を補い合っている点にある。例えば，第6章では，高齢期の社会参加が取り上げられ，性別や民族の違いという観点からの分析がなされている。そして，第7章においても社会参加や社会的関係からの分析が行われ，それらの負の側面に焦点があてられ，分析が行われている。その分析結果として，社会的排除，社会的孤立，孤独感などに関する知見が示されている。

## 高齢期のQOLの構成要素ととらえ方

　第2章でQOLの定義や構成要素に関する議論がなされている。筆者らは，QOLを広義にとらえ，快楽的な幸福感と自己実現的な幸福感の2つの側面からとらえることを提案している。快楽的な幸福感の具体的な内容として，楽しさ，苦痛がないことなどをあげ，自己実現的な幸福感の具体的な内容として，自主性，自己決定力，自己コントロール感などをあげている。そして，高齢期のQOLの構成要素として，身体機能的側面，心理的側面（楽観的視点，社会的期待感，肯定的感情など），社会的側面（地域におけるネットワーク，社会関係など）の3つの側面をあげ，それらの3つの側面からQOLをとらえていく必要があるとしている。

　第11章の結びでは，ウォーカー教授が全体をまとめるとともに，QOLについてのとらえ方を提示している。ウォーカー教授は，社会構造（階層，性別，雇用形態，様々な制度など）と個人の行動や行動選択（結婚，家事の役割分担など）の組み合わせにより高齢期のQOLが決定されるとしている。そして，これまでの高齢期のQOL研究では，高齢者個人の行動パターンや行動選択傾向に焦点があてられ，社会構造の観点から分析されたQOLに関する研究が少なかったことを指摘している。本書においては，両方の観点から分析がなされた研究があり，その例が第3章や第5章である。

監訳者あとがき

## レンウィックらのQOLに関する考え方

　ウォーカー教授が指摘しているように，レンウィックらのQOLの考え方（Renwick, Brown, and Raphael, 1994）は，本書の研究全体を理解する上で重要と考えられるので，少し解説を加えることとする。

　レンウィックらは，QOLを，個人がどの程度意義ある生活あるいは人生を過ごしてきたかを，その個人が主観的に判断するものであるとしている。有意義な生活あるいは人生を送ってきたかどうかを知るためには，個人の特性や活動とその環境の特徴をとらえ，さらに，個人とその環境との交互作用の集積結果から，個人が感じるQOLをとらえていく必要があるとしている。レンウィックらによれば，QOLは，3つの視点と9つの側面からとらえることができるとされる。[1]

① 個人の存在からとらえられるQOL

　個人の存在（Being）という視点からQOLをとらえようとする場合，その個人の身体的側面（Physical Aspect），心理的側面（Psychological Aspect），精神的側面（Spiritual Aspect）の3つの側面からQOLをとらえていくことが必要となる。身体的側面におけるQOLには，身体的機能や栄養状態などの身体的な健康に関すること，衛生状態などに関すること，日常生活動作（掃除，洗濯，衣服の着脱，調理などの動作）などに関することなどがあげられる。心理的側面におけるQOLには，日常の感情の状態，認知機能，適応能力，自己評価能力，自尊感情，自己コントロール感などがあり，精神的側面におけるQOLには，価値観，日常生活に関する考え方，人生における考え方，宗教観，死生観，日常生活で大切にしていることなどがある。

② 個人と環境との関係性からとらえられるQOL

　個人と環境との関係性からとらえられるQOLは，所属意識（Belonging）から個人が感じるQOLのことをさしている。この視点からQOLをとらえる場合，個人と環境（家族，近隣，地域，職場，自然環境など）との交互作用の結果，個人が感じる考え方や感情の状況からとらえることとなる。具体的には，個人が家族と良好な関係を保っている場合，家族の一員としての所属意識が高まり，家族に対して肯定的な感情（家族を大切にしたい，家族からも大切にされたいなど）をもつ。その結果，所属に関するQOLが高まると考えられる。

　個人と環境との関係性からQOLをとらえようとする場合，環境の物理的側面

(Physical Aspect），社会的側面（Social Aspect），地域的側面（Community Aspect）の3つの側面からQOLをとらえていくことが必要となる。物理的側面におけるQOLには，個人が物理的環境（住居，職場，近隣の自然環境など）に対して抱く感情などがある。具体的には，自分の居住環境にどのような感情をもっているのか，あるいは，その居住環境での安全性やプライバシーが守られていると感じているかなどの感情があげられる。

社会的側面におけるQOLには，人的資源（家族，近隣，友人など）との関係についての個人の考え方や感情などがある。具体的には，個人が，これまで家族とどのような関係をもち，現在，その家族に対して，どのように感じているかなどの感情があげられる。

地域的側面におけるQOLには，地域における社会資源や社会資源活用に対する個人の考え方や感情などがある。具体的には，個人が活用できる社会資源がどれくらい地域に存在しているのか，また，活用した社会資源に対して，その個人がどのような感情を抱いているのかなどがあげられる。

③ 個人の活動からとらえられるQOL

個人の活動（Activities，本書ではBecomingと表現されている）という視点からとらえられるQOLでは，日常生活あるいは人生全体において，個人にとって有意義であると感じられる活動に焦点があてられる。この視点からQOLをとらえようとする場合，日常生活的側面（Practical Aspect），余暇的側面（Leisure Aspect），成長的側面（Growth Aspect）の3つの側面からQOLをとらえていくことが必要となる。日常生活的側面におけるQOLには，日常生活における活動（仕事，家事，セルフケアなど）に対する参加度，重視度，満足度などがある。

余暇的側面におけるQOLには，気分や身体をリラックスさせてくれ，また，様々なストレスを軽減してくれるような活動の存在とその活動に対する考え方や感情などがある。余暇的活動は，日常生活において必ずしも必要とされるものではなく，また，その重要性や意味には，かなりの個人差がある。具体的な余暇的活動には，友人との世間話，散歩，スポーツ，旅行などがある。

成長的側面におけるQOLに，個人の社会生活上の知識や技術の向上を目指す活動の存在とその活動に対する考え方や感情などがあげられる。具体的な成長的活動に，自己学習による知識の習得などがある。個人の活動からとらえられるQOLは，

基本的に，個人の存在からとらえられる QOL や個人と環境との関係性からとらえられる QOL と密接に関係しているとされている。

## 日本における高齢期 QOL 研究の課題

　超高齢社会（国連の定義によれば，65歳以上の高齢者の比率が21％以上）にある日本においては，高齢期の QOL に関する研究は非常に重要である。特に，今後の研究では，本書の一部（例えば，第8章，第9章，第10章など）で取り上げられた領域の QOL 研究が特に重要となると考えられる。超高齢社会においては，虚弱高齢者，脳血管疾患や認知症を有する高齢者，配偶者に先立たれた一人暮らし高齢者などが急増すると考えられ，そのような高齢者の QOL がどのような状況にあり，QOL を適切に保持していくためには，どのような支援を行うことが望ましいのかを考えていくことが求められる。そして，そのための研究を積極的に推進していくことがわが国の緊急の課題となっている。

　本書は，今後の QOL 研究のあり方や方法を示唆し，わが国における QOL 研究のための重要な参考書籍である。ウォーカー教授が「日本語版への序」で述べているように，本書が「両国間の研究者，政策立案者，実践者の間の交流」の架け橋となることを期待するとともに，本書がわが国の高齢者の QOL 向上に少しでも役立てられればと思う。

　今回，本書を一人で翻訳された山田三知子さんは，「訳者あとがき」でも述べられているように，編著者であるウォーカー教授の教え子であり，ウォーカー教授の考え方をよく理解している方である。その点から考えて，山田さんが本書の翻訳者となることは適切であると考えている。山田さんは，数年前から私の研究室の客員研究員を務め，私との共同研究を進めている。そのような経緯から，私が監訳者をさせていただくこととなった。

　英語を日本語に翻訳するという作業は，常に困難を極め，訳語の決定にはかなりの時間を要するとともに，日本語にない表現を日本語に表現するという難しさも伴う。今回，監訳者として，適切な訳語の選択や，わかりやすい表現とすることを心がけ，監修させていただいたが，まだ不十分であるとも感じている。読者の皆様からの忌憚ないご意見を賜れば幸いである。

最後に，本書の出版でお世話になったミネルヴァ書房の日和由希さんに深く感謝したい。

2014年3月

　　　　　　　　　　　　　　　　　　　　桜の蕾がながめられる自宅にて
　　　　　　　　　　　　　　　　　　　　　　監訳者　岡田進一

(1) Renwick, R., Brown, I., and Raphael, D. (1994) Quality of life: Linking a conceptual approach to service provision, *Journal on Developmental Disabilities*, 3: 32-44.

## 訳者あとがき


　本書は，イギリスのオープン・ユニバーシティ・プレスより2005年に出版された *Understanding Quality of Life in Old Age* を翻訳したものである。これは，グローウィング・オールダー・プログラムという名の，イギリス各地で行われた高齢期のQOLに関する研究の研究成果をまとめたシリーズ書のなかの一巻である。グローウィング・オールダー・プログラムは，経済・社会研究会議（Economic and Social Research Council：ESRC）という，優れた社会科学研究に対して公的資金を割り当てる組織より350万ポンドという巨額の資金を受けて，1999年から2004年にかけて実施された。プログラムは，①高齢者のQOLの様々な側面に関する，広範囲で学際的かつ連携された研究プログラムを創造する，②この分野における政策や実践の発展に貢献し，したがってQOL向上に対して貢献することを試みる，という２つの明確な目的をもっていた。プログラムは，非常に広範囲な分野にわたって計24の研究プロジェクトで構成されており（図表１），総勢96名の研究者が携わった大がかりなものであった。なお，プログラムのシリーズ書全10巻の第１巻 *Growing Older : Quality of Life in Old Age* についても私が翻訳を担当し，すでに2009年にミネルヴァ書房より上梓させていただいた。

　私が本書および前書を翻訳したきっかけは，プログラムの総責任者であるアラン・ウォーカー先生との関係である。私はイギリスのシェフィールド大学社会学研究科博士課程においてウォーカー先生の指導を受け，高齢者ケア政策についての研究を修めた。その博士課程の期間に，文献や学会や人的交流などを通してイギリスの社会老年学分野の様々な研究に出会ったのだが，日本では故ピーター・タウンゼンド教授や故トム・キットウッド教授などは非常によく知られているものの，現在活躍している研究者についてはあまり多く知られていないという印象をもっていた。本書および前書は，高齢期のQOLという大テーマでくくりつつも，研究領域は図

図表1　グローウィング・オールダー・プログラム

| プロジェクト名 | 研究代表者 | 本書掲載章 |
|---|---|---|
| 量に質を加える：QOLに対する高齢者の視点 | アン・ボウリング | 第2章 |
| 前期高齢期におけるQOLへの影響要因 | ディヴィッド・ブレーン | 第3章 |
| 高齢男性：彼らの社会的世界と健康的なライフスタイル | サラ・アーバー | 第3章 |
| 高齢者のQOLの民族的不平等：主観的・客観的構成要素 | ジェイムズ・ナズルー | 第3章 |
| 地域に暮らす75歳以上高齢者のQOL格差 | エリザベス・ブリーズ | 第3章 第4章 |
| 高齢期の環境とアイデンティティ：多様な住環境研究 | シーラ・M・ピース | 第4章 |
| 移動手段と加齢：公共交通機関・私的交通手段による高齢者のQOL向上 | メアリー・ギルフーリ | 第4章 |
| 高齢者の就労：参加とQOL | アイヴァン・ロバートソン | 第5章 |
| 家庭と仕事とQOL：経済的・社会的役割の変化 | マリア・エヴァンドロー | 第5章 |
| 祖父母性：その意味とQOLへの影響 | リンダ・クラーク | 第5章 |
| 高齢女性の生活と声：シェフィールド市における参加と政策 | ローナ・ウォレン | 第6章 |
| 女性・民族性とエンパワメント：アフロカリブ系，アジア系と白人イギリス人高齢女性の比較研究 | メアリー・メイナード | 第6章 |
| 高齢期の孤独，社会的孤立と独居 | クリスティーナ・ヴィクター | 第7章 |
| 貧困都市近隣の高齢者：社会的排除と高齢期のQOL | トーマス・シャーフ | 第7章 |
| 施設介護への移行の前後における虚弱な高齢者のQOL | スーザン・テスター | 第8章 |
| 高齢者のQOLにおける回想の影響についての評価 | ケヴィン・マッキー | 第8章 |
| 脳卒中患者と専門職がもつQOLの意味についての人類学的調査 | クリストファー・マッケヴィット | 第9章 |
| 医療・福祉サービスの利用と高齢者のアイデンティティ維持 | ジョン・バルドック | 第9章 |
| 少数民族高齢者のQOLと社会的サポート | ジャビア・バット | 第9章 |
| 高齢期の精神的信条・信仰と存在意義：寡婦（夫）高齢者の経験 | ピーター・G・コールマン | 第10章 |
| 高齢寡婦（夫）：ライフスタイル・参加における死別とジェンダーの効果 | ケイト・M・ベネット | 第10章 |
| 健康な高齢者のQOL：住環境と社会的比較過程 | グレアム・ボーモント | |
| 実世界問題解決の認知機能とQOL | メアリー・ギルフーリ | |
| 高齢者と生涯学習：選択と経験 | アレクサンドラ・ウィズノール | |

訳者あとがき

表1で示すように実に広範囲にわたっており，各研究チームが長年真理を追究してきた研究テーマが基になっている。これらをぜひ翻訳して日本に紹介したいという思いが強くなったのであった。初めて本書を手に取ったとき心が躍った。著者にはイギリスの社会老年学の様々な領域で活躍されている高名な先生方が名を連ねており，彼らがチームとしてどのように各テーマの構想を練り，論じ，まとめたのか期待で胸がふくらんだのだった。テーマは共通しつつも，アプローチも研究方法も研究対象も異なるため，まとめることは簡単な作業ではない。しかし，それぞれテーマへのアプローチは異なるが質の高い研究が共鳴することによって，高齢期のQOLの決定要因について非常に深い洞察を提示することが可能になっており，本書の無類さ，そして意義深さが際だっているのである。ただその濃密さの反面，紙面の都合で各研究についての情報量が限られているため詳細がわかりにくく，読者はフラストレーションを感じられる部分もあるかもしれない。皆様にはぜひ本書を契機にして，関心をもたれた研究の論文を読み広げていただきたい。

　本書を読まれる上で，本書全体を貫いている視点，そして最終章の議論をより深く理解していただくために，アラン・ウォーカー先生の経歴についてご説明したい。アラン・ウォーカー先生は若かりし日，エセックス大学でピーター・タウンゼンド教授の下で学ばれた。そこで彼の影響を受けて高齢者分野に関心をもつようになったのだ，ということをウォーカー先生自身から聞いた。タウンゼンド教授と共にイギリス社会の貧困，不平等，高齢者，障がい者に関するランドマーク的な実証研究を行い，イギリスの社会学・社会政策学の発展に貢献した。また一方で Child Poverty Action Group や Disability Alliance（共同設立）などの慈善団体において人権擁護，社会正義実現のための活動も行った。1980年代ごろからは主に高齢者に対する社会政策の研究を中心に，社会的ケア，雇用，年金，所得扶助などの広範な政策領域で理論的研究および実証的研究を積み重ね，サッチャー政権の政策を痛烈に批判し，高齢者に関する政策評価の第一人者となった。なかでも，イギリスの高齢者の置かれている社会経済的地位が，年金政策や雇用政策によって社会的，政策的に構築されたものであることを実証し，批判した。

　その後も，高齢化の政治経済学（political economy of ageing）の視点から加齢という経験をみつめ，また，イギリスにおける国家と高齢者の関係，人口の高齢化に対する政策展開について，高齢者を経済的重荷とする政策議論や，「世代間の公平」

*233*

の言説を広い視野と冷静な観察眼で分析し批判されてきたのであった。より最近では，アクティブ・エイジング（active ageing）の概念を発展させ，WHO や EU の政策立案に強い影響を与え，関わってきた。アクティブ・エイジングは，サクセスフル・エイジングやプロダクティブ・エイジングという概念が，健康なサード・エイジの社会参加，あるいは労働やサービスの生産に主眼を置いているのに対し，虚弱な人々も含めた高齢者の社会参加と健康増進の好循環を強調する考え方である。ウォーカー先生は人口の高齢化という全ての産業国が抱える問題に対して，高齢者を排除するのではなく，包摂的な社会を創造することで解決できるのだと訴えておられる。

また，貧困や不平等という彼の長年の関心は，社会的質（social quality）の研究に発展する。以上の他にも，欧州諸国間の比較研究，東アジア諸国の福祉国家研究，加齢に関する学際的研究など広範に，精力的に取り組んでこられたが，ウォーカー先生の研究は，貧困や不平等をなくし，社会正義，公平，包摂，人権，エンパワメントなどの理念の実現を目指すという深い道徳的傾倒または信念に基づいている。

本書で紹介するグローウィング・オールダー・プログラムにおいても，高齢期のQOL の決定要因を，多角的なアプローチそして方法において科学的に解明し，そこから得られた発見事項を政策立案と実践の発展に結び付け，高齢期の生活の質の向上に寄与するという目標が強調されている。このような，ティトマスやタウンゼンドの伝統を引き継いだウォーカー先生の研究姿勢や背景をご理解いただければ，本書の議論の本質がいっそう明瞭となるだろう。

彼の功績は，多くの賞で評価されているが，2002年のエリザベス女王賞の受賞（共同受賞），そして2011年には人文社会科学において傑出した功績をあげた代表的研究者のみが選ばれる英国学士院のフェロー（Fellow of British Academy）に選出されたことは特筆すべきであろう。

本書の刊行にあたり実に多くの方のお世話になった。まず，翻訳書の刊行を許可してくださったオープン・ユニバーシティ・プレス，そして編者のアラン・ウォーカー先生ならびに共同執筆者の先生方に心よりお礼申し上げたい。一部の著者の方については，原文の不明箇所についての私からの問い合わせに対して忍耐強く回答してくださった。大阪市立大学大学院生活科学研究科の岡田進一先生には，監訳をお引き受けくださり，また幅広い見地からご助言いただいたことを心よりお礼申し

訳者あとがき

上げたい。翻訳原稿の準備にあたっては今回も，イギリス在住の友人，岡崎ウォード伊佐子先生，ラオ淳子さんに，様々な事実確認で多大なご支援をいただき感謝している。そして，本書の出版を引き受けてくださったミネルヴァ書房と，煩雑な原稿を何度も通読し，辛抱強く訂正してくださった編集部の日和由希氏にもお礼を申し上げたいと思う。このように多くの方のご協力によって完成したが，文責は私にあり，誤訳等は全て私個人の責任である。

　最後に，原稿を通読し，訳出の相談にのってくれた夫の山田仁一郎に，家事を手伝ってくれた子どもたちに，時々彼らを預かってくれた両親に，言葉に尽くせぬ感謝を表し，本書を捧げたい。

2014年4月

　　　　　　　　　　　　　　　　　　　　　　　訳者　山田三知子

## 索　引

**ア 行**

アイデンティティ　5, 50, 70, 147, 157, 158, 188
　——と虚弱　9, 10, 127-140, 189
　——の増強と死別　172, 176
　回想と自己の断絶　131-133
　加齢と——　155, 156
　サービス利用と——管理　145-147, 150-154
　自己意識の維持における人間関係の役割　133-135
　社会的サポートと——　10, 141-158
　精神的虚弱　136-139
　脳卒中と——　146, 147
アイデンティティ活動　142, 158
悪性の社会心理　129
アクティブ・エイジング　181-183, 191
アメリカ合衆国　181, 184
　国立加齢研究所（National Institute on Ageing）　184
安全　67-69
医学研究会議（Medical Research Council）　34, 184
いかりをおろす場所（anchor point）　58
育児支援　75-77, 104, 105
移住　98, 99, 157
依存　158
移動
　——と可動性　57-59
　場所，——，モラール　60-62
居場所のない感覚　132, 133
イングランド加齢縦断研究（ELSA）　8, 92, 93
インタビュアーの安全　175, 176

インタビュアーの性別　175
インタビュアーの年齢　175
インタビュー　175, 176
うつ　162, 167
運転の放棄　65-67
エウダイモニア　19, 20, 22
エージェンシー　14, 187-191
エスノグラフィー　12
エンパワメント　102-106
欧州加齢研究地域（European Research Area in Ageing）　184
欧州連合（EU）　180-183
オムニバスサーベイ（Omnibus Survey）　113-123
親役割　82-87

**カ 行**

海外旅行　33
回帰分析　29, 80
介護施設　129, 131-135
介護者法（1996）（Cares Act）　182
外出，移動　55-70
外出すること，動き回ること　103
　安全　68, 69
　移動と可動性　57-59
　交通手段　65-68
　社会的交流　63-65
　場所，移動，モラール　60-62
　モラール，近隣，変化　62, 63
回想　131-133
外的資源　176
外的社会資本　29
快楽主義　18-22
学際的共同研究　184

過去
　——と現在のギャップ　132
　経験　157
家事援助サービス　145
家事能力　35, 36
家族
　介護施設入所者と家族　135
　——関係とQOL　73-75, 155
　——と支援ネットワーク　4
　——との交流　64, 116
　高齢女性と社会的関係　99, 100, 103-105
　支援ネットワークと民族格差　41-44
　自己意識の維持における人間関係の役割　133-135
　社会的サポート　143-146, 152-155
　——間の衝突　77, 78
家族役割　5, 7, 8, 71-89
　家庭と仕事の両立　82-87
家族を支える（Supporting Families）　73
活動　4
　——従事と認知機能の維持　136-139
活動理論　111, 130
家庭責任保護（Home Responsibility Protection）　85
家庭と労働生活についての調査（Family and Working Lives Survey）　82, 84
可動性　36, 57-59
　——とモラール　57-59
寡婦（夫）　38-41, 123, 124
　寡夫　94-98
　→死別も参照
体の急降下　128
加齢
　——とアイデンティティ　155, 156
　——のモデル　130
　健康的な——　182
　政策課題における重要性　180-184
加齢の新たなダイナミックス（New Dynamics of Ageing）　184
加齢の政治経済学アプローチ　188, 189
環境　5, 7

幸福に影響する——的特徴　79-82
基礎科学・生物科学研究会議（Basic and Biological Sciences Research Council）　184
基礎国家年金（Basic State Pension）　85, 88, 89
気分　25, 26
教会　167-169
　→宗教，宗教組織も参照
虚弱　5, 9, 10, 127-140, 189
　回想と自己の断絶　131-133
　——になることへの抵抗　130
　精神的虚弱　136-139
キリスト教　166
近隣
　QOLの民族格差　44
　社会的交流　63-65
　地域再生　69
　モラール，——，変化　62, 63
クリニカル・ガバナンス　187
車の所有　65-67
グローウィング・オールダー・プログラム（Growing Older Programme）　1-14
QOL　3-5
　——測定の方法論的アプローチ　11-13
　政策と実践　3, 187
　テーマ　3-11
　トピック　3, 4
　発行物　1, 2
　目的　2
グローバル化　182
経済・社会研究会議（Economic and Social Research Council）　1, 4, 184
経済的支援　76
経済的役割　5, 7, 8, 71-89
継続時間効果　24, 25
啓蒙　186
血統の橋　107
研究倫理委員会　173
言語　99, 100
健康　21, 22, 74, 92

QOL の民族格差　44
QOL への影響　47, 48
　──と社会参加　101-103, 107
　信仰と社会参加　105, 106
　西洋医学の概念　142
　場所，移動，モラール　60-62
　慢性病患者の割合　114, 115
健康開発機関（Health Development Agency）　92
健康的な加齢　182
建造環境　3, 4
　→外出すること，動き回ることも参照
工学的モデル　185
工学・物理科学研究会議（Engineering and Physical Sciences Research Council）　184
後期モダニティ　183
公共交通機関　67, 68
交差性　152
構造とエージェンシー　187-191
交通手段　65-68
公的支出　180, 181
幸福　18-22
　お金と──　21
幸福に影響する環境的特徴　79-82
合理的モデル　185
高齢寡婦（夫）研究プロジェクト（Older Widow(er)'s Project）　169-172
高齢化に関するマドリッド国際行動計画（Madrid Plan of Action on Ageing）　184, 191
高齢女性の生活と声（Older women's Lives and Voices）　98-102
コーホート／世代　32, 33
コーホート比較研究　112
国民保険クレジット（National Insurance Credits）　85
国立統計局（Office of National Statistics）　73
個人的行動　187-191
個人の社会関係資本　29

個人の選好　72, 81, 82, 88
国家共同加齢研究（National Collaboration on Ageing Research）　184
孤独感　9, 119-124
コミュニケーション　134, 139, 190
　→社会参加も参照
コミュニティーグループ　117
コミュニティー参加　95, 96
コミュニティーセンター　105
婚姻状況　114, 115
　孤独感と──　121-124
　社会的孤立と──　118, 119
　→離婚，寡婦（夫）も参照
コントロール　22

サ 行
最低所得保障（Minimum Income Guarantee）　88
サウサンプトン研究　165-169, 175
参加型アクションリサーチ　12
シェルタードハウジング　63
ジェンダー
　インタビュアーの性別　175
　寡婦（夫）　169-172
　高齢女性の生活と声　98-102
　高齢男性の社会参加　94-98
　──と QOL 格差　6, 7, 38-42
　──と死別　163, 164
　──と社会参加　91-108
　──と社会的孤立　119
　──と年金資格　84-87
　少数民族の女性と信仰　102-106
　多重役割従事　83, 84
ジェンダー，婚姻状況と物質的状況　38-42
支援ネットワーク
　→社会的サポートも参照
自己管理　35, 36, 189
自己決定理論　19
自己実現　22
自己の断絶　131-133

自律性　22
自尊感情　148
自尊感情尺度（Self-Esteem Scale）　147
失業　79-82
実証に基づく政策　187
質的アプローチ　11-13, 27-30
疾病影響プロファイル（Sickness Impact Profile：SIP）　35
質問　22, 23
　　──の順序　23, 24
　　自由回答式　28
　　対面式による調査　26
実用的支援　76
私的年金　86, 87
死別　5, 10, 11, 161-177
　　サウサンプトン研究　165-169, 175
　　──が信念に与える影響　170-172
　　──のモデルと理論　161-165
　　社会参加と──　96
　　信念と──への適応　167-169
　　リバプール研究　169-172, 174, 175
死別経験指標　165
死別への適応　167-169
市民活動　117
市民調査（Citizenship Survey）　92
社会階層　33-38, 50, 51, 60, 61, 96
社会関係資本　28, 29, 92, 112
社会経済的不利　6, 33-37
　　→社会階層も参照
社会参加　4, 5, 8, 9, 32, 63-65, 91-108, 111-125
　　QOL の民族格差　44
　　エンパワメント　102-106
　　高齢女性の生活と声　98-102
　　高齢男性の──　94-98
　　自尊感情と──　148
　　→孤独，社会的孤立，社会的ネットワークも参照
　　市民活動　117
　　──とアイデンティティ　133-135, 147, 189

　　──と死別　96
　　所得と──　49, 50
　　民族性と──　93, 98-106
社会的活動　136-139
社会的関係　115-122, 133-135
　　→家族，友人，社会的ネットワーク，社会参加も参照
社会的期待　29
社会的ケア　181, 182
社会的孤立　5, 9, 117-119, 122
社会的サポート　5, 10, 141-158
　　QOL の民族格差　43, 44
　　サービス利用とアイデンティティ管理　150-152
　　祖父母が行う支援　72, 73, 75-77
　　脳卒中患者の研究　142-147
　　能力，障害，ニーズについての認識　148-152
　　民族性　152-157
社会的質　93
社会的ネットワーク　48, 63-65, 116
　　社会経済的不利と──　36
　　女性と──　99, 100
　　男性と──　94, 95
社会的望ましさ効果　26, 27
社会的排除　112, 113, 117-124
社会的比較　27, 29
借家　39-41
　　→住宅所有関係も参照
宗教　44, 45
　　──と死別　164-169
　　──と社会参加　105, 106, 117
　　→信念，精神性も参照
宗教組織　45
就業と退職の心理的幸福　78-82
住宅所有関係　39-41, 50, 51
　　QOL への影響　46
　　社会経済的不利と QOL　33-37
住宅の所有
　　→住宅所有関係も参照
主観的幸福　18-21

索　引

障害　*147-152*
省間高齢者委員会（Inter-ministerial Committee on Older People）　*187*
情緒的支援　*76, 77*
情報へのアクセスしやすさ　*23, 24*
職域年金　*86, 87*
女性
　高齢――の生活と声　*98-102*
　社会参加　*98-106*
　年金資格　*86, 87, 189*
　民族性とエンパワメント　*102-106*
　離婚――の不利　*189*
所得　*49, 50, 189*
　QOL の民族格差　*42*
　QOL への影響　*46, 48*
　ジェンダー差　*39*
　社会経済的不利と QOL　*6, 33-37*
　――と QOL　*21*
自立　*145, 151*
資力調査付き給付　*88, 89*
親権をもつ祖父母　*74, 75*
人口学的変化　*180*
人口の入れ替わり　*62, 63*
人種差別　*100, 101*
人生態度プロフィール（Life-Attitude Profile）　*165*
人生の満足感　*79-82*
親族の道徳経済（moral economy of kin）　*104*
身体的活動　*136-139*
身体への満足感　*128, 129*
信念
　サウサンプトン研究　*165-169, 175*
　→精神性も参照
　死別が――に与える影響　*170-172*
　――と死別への適応　*167-169*
シンボリック相互作用論　*129*
心理的幸福　*18-21*
　インタビュアーの――　*175, 176*
心理的変数　*29*
性格　*20, 28-30*

生活の領域　*22*
政策　*20, 21, 92, 179-191*
　QOL　向上の構造とエージェンシー　*187-191*
　研究と――をつなぐ　*184-187*
　――課題における人口の高齢化の重要性　*180-184*
　――過程の工学的モデル　*185*
　――過程の合理的モデル　*185*
政策とライフコース　*191*
精神性
　女性と社会参加　*105, 106*
　信念と死別　*164-172*
精神的（知的）活動　*136-139*
西洋医学の概念　*142*
世界保健機関（WHO）　*179*
　――の QOL グループ　*17*
世代間交流　*72, 73*
　→家族役割も参照
世代ゲームに勝つために（Winning the Generation Game）　*182*
世代比較研究　*112*
　家庭と仕事の両立　*82-87*
　――の年金資格への影響　*84-87*
全国サービス枠組み（National Service Frameworks）　*183*
全国世帯調査（General Household Survey）　*39, 92, 108, 114, 116*
全国調査データセット　*12, 13*
早期退職　*46*
送迎の手配　*66, 67*
相互依存　*103-105*
喪失　*131, 132, 139*
　→死別も参照
属性的偏見　*127, 128*
祖父母性　*73-78, 107*
　祖父母が行う支援　*72, 73, 75-77*
　――と QOL　*74, 75*
　――と社会参加　*104, 105*
　役割の制約と交渉　*77, 78*
祖父母役割の交渉　*77, 78*

241

## タ 行

第4回少数民族調査（Fourth National Survey of Ethnic Minorities）　31, 42
対照効果　24
退職
　　心理的幸福　78-82
　　早期──　47
　　──のタイミング　81
対処メカニズム／方法　29, 156
対面式による調査　26
多重役割責任　71
　　家庭と仕事の両立　82-87
　　経済的幸福に対する役割従事の影響　84-87
　　多重役割従事の程度　83, 84
脱物質主義文化　31, 32
男性
　　高齢──と社会参加　94-98
　　→ジェンダーも参照
地域再生　69
地域のアメニティー　43
知能検査　138
長期ケア　181, 182
長期ケアに関する王立委員会（Royal Commission on Long-Term Care 1999）　182
長寿革命　141
直接支払い方式　154
定評のある QOL 尺度　13
敵意　134
適応　157
テクノロジー　3
デヨング・ヒールフェルト尺度　120, 123
ドイツ　181
同化効果（assimilation）　24
同輩集団研究　112
投票行動　117
都市部　68

## ナ 行

内的資源　176

ニーズ　45
　　──の充足と QOL　22, 45
　　能力，障害，──についての認識　148-152
21世紀高齢化研究アジェンダ（Research Agenda on Ageing for the Twenty-First Century）　185
日本　181
認知機能　136-139
認知症　135, 136
年金
　　改革　180, 181
　　受給資格と多重役割責任　84-89, 189
年齢関連研究　112
脳卒中患者の研究　142-147
農村部　60-62, 103
能力についての認識　148-152

## ハ 行

パーソンセンタードケア　129
パーソンフッド（personhood）　136
配食サービス　145
発展途上国　184, 185
犯罪　68, 69
ピークと終結発見法　25
悲嘆　161, 162
　　→死別も参照
悲嘆のルール　164
貧困地域調査　114-124
福祉支出　180, 181
物質的状況
　　QOL 格差　33-37
　　QOL の民族格差　42
　　ジェンダー，婚姻状況と──　38-42
　　社会的交流と物質的資源　97, 98
富裕　21
　　富と QOL 格差　43, 47, 48
　　→所得も参照
分析戦略　12, 13
ヘルスケア委員会（Health Care Commission）　187

編集　*26, 27*
ボイド・オア調査（Boyd-Orr Survey）　*46, 47*
報告　*26, 27*
牧師によるケア　*168*
ポストモダニティ　*183*
ボランティア活動　*45*

## マ 行

慢性病患者の割合　*114, 115*
民間（自己負担）のケアサービス　*154*
民族性　*114, 115*
　QOL と社会的サポート　*152-157*
　高齢女性の生活と声　*98-102*
民族性とエンパワメント　*102-106*
無関心　*134*
喪　*161*
　→死別も参照
喪の作業モデル　*162, 163*
モラール　*36*
　場所，移動，——　*60-62*
　——，近隣，変化　*62, 63*

## ヤ 行

役割　*7, 8, 71-89*
　家族——　*5*
　家庭の仕事の両立　*82-87*
　経済的——　*5*
　理論的背景　*71-73*
役割強化仮説　*72*
役割緊張仮説　*72*
有給就業　*7, 8*
　家庭と仕事の両立　*82-87*
　心理的幸福　*78-82*
　——と社会参加　*100, 101*
友人
　高齢男性と社会参加　*97, 98*
　自己意識の維持における社会的関係の役割　*133-135*
　社会的サポート　*143-146, 152-155*
　——との交流頻度　*116*

余暇活動の追求　*33*
夜　*68, 69*

## ラ 行

ライフコース
　政策と——　*191*
　——影響と現時の影響　*7, 45-48, 51*
　——と多重役割従事　*83, 84*
　——による QOL 格差の影響　*51*
ライフコースインタビュー（Life Course Interview）　*148*
ライフスパン発展モデル　*130*
楽観的　*29*
離婚　*38-42*
　——した女性の不利　*189*
　——した男性の社会参加　*94-98*
　——の祖父母性への影響　*78*
リバプール研究　*169-172, 174, 175*
量的アプローチ　*11-13, 27-30*
隣人
　高齢男性と——　*97, 98*
　——との交流　*63-65, 116*
倫理的承認　*173, 174*
冷淡　*134*
レスパイトケア　*144*
ロイヤルフリーインタビュー（Royal Free Interview）　*165*
労働力の高齢化　*181*

## ワ 行

ワークライフバランス運動（Work-Life Balance Campaign）　*87, 88*

## 欧 文

EU（欧州連合）　*180-183*
NHS 計画（NHS Plan）　*183*
OECD（経済協力開発機構）　*181*
QOL（生活の質）　*17-30*
　意味　*18-22*
　家族関係と——　*73-75, 155*
　活動従事と——　*138, 139*

——向上への政策と個人の行動　*187-191*
　——測定の方法論的アプローチ　*11-13*
　——の基本的な次元　*13, 14*
　高齢期の——の基盤　*190, 191*
　CASP-19尺度　*13, 45*
　質的評価と量的評価　*27-30*
　消費者主義社会　*51*
　前期高齢期の——分布　*47*
　測定　*22, 27*
　祖父母性と——　*74, 75*
QOL格差　*3, 5-7, 31-52*

　QOLの構成要素　*31-33*
　婚姻状況　*6, 7, 38-42*
　ジェンダーと——　*6, 7, 38-42*
　社会経済的不利とQOL　*6, 33-37*
　民族性と——　*7, 41-44, 189*
　ライフコース影響と現時の影響　*7, 45-48, 51*
QOLサーベイ　*27-30*
G 8　*181*
CASP-19尺度　*13, 45*
PGCモラール・スケール（Philadelphia Geriatric Centre Morale Scale）　*35*

## 執筆者紹介
(アルファベット順, ＊は編著者)

サラ・アーバー（Sara Arber）　　　　　　　　　　　　　第3章
　サリー大学社会学部人間科学科長・教授
　www.soc.surrey.ac.uk/sara_arber.htm

ジョン・バルドック（John Baldock）　　　　　　　　　　第9章
　ケント大学社会科学部長・社会政策学教授
　www.kent.ac.uk/sspssr/staff/baldock.htm

ケイト・M・ベネット（Kate M. Bennett）　　　　　　　第10章
　リバプール大学心理学部上級講師
　www.liv.ac.uk/Psychology/Home.html

ディヴィッド・ブレーン（David Blane）　　　　　　　　　第3章
　ロンドン大学インペリアルカレッジ医療社会学准教授
　www.ic.ac.uk

アン・ボウリング（Ann Bowling）　　　　　　　　　　　第2章
　ロンドン大学ユニバーシティカレッジプライマリケア人口科学部医療サービス研究教授
　www.ucl.ac.uk/primcare-popsci/aps/

エリザベス・ブリーズ（Elizabeth Breeze）　　　　　第3章, 第4章
　ロンドン大学ユニバーシティカレッジ疫学公衆衛生学部上級講師
　www.ucl.ac.uk/epidemiology

ジャビア・バット（Jabeer Butt）　　　　　　　　　　　第9章
　人種平等財団副ディレクター
　www.reu.org.uk

*245*

リンダ・クラーク（Lynda Clarke）　　　　　　　　　　第5章
　　ロンドン大学衛生熱帯医学校コースディレクター・上級講師
　　www.lshtm.ac.uk/cps/staff/lclarke.html

ピーター・G・コールマン（Peter G. Coleman）　　　　第10章
　　サウサンプトン大学心理学部老年心理学教授
　　www.psychology.soton.ac.uk

ケイト・デーヴィッドソン（Kate Davidson）　　　　　第6章
　　サリー大学社会学部社会政策学・社会学講師，エイジング・ジェンダー研究センター（CRAG）共同ディレクター
　　www.soc.surrey.ac.uk/kate_davidson.htm

ムーナ・ダウンズ（Murna Downs）　　　　　　　　　　第8章
　　ブラッドフォード大学ブラッドフォード認知症研究グループ認知症学教授
　　www.brad.ac.uk/acad/health/bdg.htm

マリア・エヴァンドロー（Maria Evandrou）　　　　　　第5章
　　ロンドン大学キングスカレッジ老年学研究所老年学准教授
　　www.kcl.ac.uk/kis/schools/life_sciences/health/gerontology/index.php?pg=101

ケン・ギルフーリ（Ken Gilhooly）　　　　　　　第2章，第8章
　　ハートフォードシャー大学心理学部心理学教授
　　www.perseus.herts.ac.uk/uhinfo/schools/psy/research.cfm

メアリー・ギルフーリ（Mary Gilhooly）　　第2章，第4章，第8章
　　プリマス大学ソーシャルワーク・プライマリケア学部長，老年学教授
　　www.plymouth.ac.uk/pages/dynamic.asp?page=staffdetails&id=mgihooly

ジェイン・ガウ（Jane Gow）　　　　　　　　　　　　　第4章
　　ペーズリー大学社会科学部社会科学部応用社会健康研究所研究フェロー
　　www.paisley.ac.uk/socialscience/researchinstitute

執筆者紹介

ジャン・ハドロー（Jan Hadlow）　　　　　　　　　　　　　　第9章
　カンタベリークライストチャーチ大学ソーシャルワーク上級講師
　health.cant.ac.uk/health-and-social/staff.htm

キャサリン・ヘイガン・ヘネシー（Catherine Hagan Hennessy）　第1章
　プリマス大学ソーシャルワーク・プライマリケア学部公衆衛生・エイジング教授

ポール・ヒッグス（Paul Higgs）　　　　　　　　　　　　　　第3章
　ロンドン大学ユニバーシティカレッジ医療行動社会科学センター医療社会学准教授
　www.ucl.ac.uk/medicine/behavioural-social/

キャロライン・ホランド（Caroline Holland）　　　　　　　　第4章
　オープン大学健康社会ケア学部準研究員
　www.open.ac.uk/shsw/

ジョージーナ・M・ヒューズ（Georgina M. Hughes）　　　　　第10章
　リバプール大学心理学部研究アシスタント
　www.liv.ac.uk/Psychology/Home.html

マーティン・ハイド（Martin Hyde）　　　　　　　　　　　　第3章
　ロンドン大学ユニバーシティカレッジ医療行動社会科学センター研究フェロー
　www.ucl.ac.uk/medicine/behavioural-social/

レオニ・ケラハー（Leonie Kellaher）　　　　　　　　　　　　第4章
　ロンドンメトロポリタン大学エイジング環境社会学センター（CESSA）ディレクター
　www.londonmet.ac.uk/pg-prospectus-2003/research/centres/cessa.cfm

メアリー・メイナード（Mary Maynard）　　　　　　　　　　第6章
　ヨーク大学社会政策ソーシャルワーク学部教授
　www.york.ac.uk/depts/spsw/staff/maynard.html

ケヴィン・マッキー（Kevin McKee）　　　　　　　　　　　　第8章
　シェフィールド大学シェフィールドエイジング研究所上級講師
　www.shef.ac.uk/sisa/Staff_McKee.shtml

*247*

クリストファー・マッケヴィット（Christopher McKevitt）　　　第9章
　　　ロンドン大学キングスカレッジ公衆衛生学部上級研究フェロー
　　　www.phs.kcl.ac.uk/stroke/

フィオヌアラ・マッキーナン（Fionnuala McKiernan）　　　第10章
　　　サウサンプトン大学臨床心理学部プログラムチューター
　　　psy.soton.ac.uk/

マリー・ミルズ（Marie Mills）　　　第10章
　　　サウサンプトン大学健康心理学研究センター客員フェロー

ジョー・モリアーティ（Jo Moriarty）　　　第9章
　　　ロンドン大学キングスカレッジ社会ケア労働研究ユニット研究フェロー
　　　www.kcl.ac.uk

ジェイムズ・ナズルー（James Nazroo）　　　第3章
　　　ロンドン大学ユニバーシティカレッジ医療社会学教授
　　　www.ucl.ac.uk/medical-sociology

シーラ・M・ピース（Sheila M. Peace）　　　第4章
　　　オープン大学健康社会ケア学部副学部長・リサーチディレクター
　　　www.open.ac.uk/shsw

トーマス・シャーフ（Thomas Scharf）　　　第4章，第7章
　　　キール大学社会老年学センターディレクター，社会老年学准教授
　　　www.keele.ac.uk/depts/so/csg/index.htm

フィリップ・T・スミス（Philip T. Smith）　　　第10章
　　　レディング大学心理学部教授
　　　www.personal.rdg.ac.uk/~sxsptsmi/home.html

ピーター・スペック（Peter Speck）　　　第10章
　　　サウサンプトン大学医療健康科学部客員フェロー
　　　Pws7749@ntlworld.com

執筆者紹介

スーザン・テスター（Susan Tester）　　　　　　　　第8章
　　スターリング大学応用社会科学部社会政策学上級講師
　　www.stir.ac.uk/Departments/HumanSciences/AppSocSci/SSP/staff/Stester.htm

クリスティーナ・ヴィクター（Christina Victor）　　　第7章
　　レディング大学健康社会ケア学部社会老年学・健康サービス研究教授
　　www.rdg.ac.uk/health/staff/Victor.html

＊アラン・ウォーカー（Alan Walker）　　　　　　　第1章，第11章
　　シェフィールド大学社会学部社会政策学教授，ESRC グローウィング・オールダー・プログラムディレクター
　　www.shef.ac.uk/socst/staff/a_walker.htm
　　www.shef.ac.uk/uni/projects/gop/

ピーター・ウォー（Peter Warr）　　　　　　　　　　第5章
　　シェフィールド大学労働心理学研究所名誉教授
　　www.shef.ac.uk/~iwp

ローナ・ウォレン（Lorna Warren）　　　　　　　　　第6章
　　シェフィールド大学社会学部講師
　　www.shef.ac.uk/socst/staff/l_warren.htm

ディック・ウィギンズ（Dick Wiggins）　　　　　　　第3章
　　シティー大学ロンドン社会学研究方法センターディレクター，社会統計教授
　　www.staff.city.ac.uk/~sg399/

フィオナ・ウィルソン（Fiona Wilson）　　　　　　　第8章
　　シェフィールド大学ハラム大学異種職業学習ユニット
　　www.shef.ac.uk/cuilu/htm

※肩書き，URL は原著初版刊行時に掲載されていたものである。

〔監訳者紹介〕

岡田　進一（おかだ・しんいち）
　1994年　アメリカ　コロンビア大学大学院ソーシャルワーク研究科後期博士課程修了（社会福祉学博士：D.S.W.）
　現　在　大阪市立大学大学院生活科学研究科教授
　主　著　『介護関係者のためのチームアプローチ』（編著）ワールドプランニング，2008年
　　　　　『認知症ケアにおける倫理』（編著）ワールドプランニング，2008年
　　　　　『ケアマネジメント原論――高齢者と家族に対する相談支援の原理と実践方法』（単著）ワールドプランニング，2011年

〔訳者紹介〕

山田三知子（やまだ・みちこ）
　1995年　関西学院大学法学部卒業
　1998年　イギリスノッティンガム大学社会政策学修士号取得
　2004年　イギリスシェフィールド大学社会政策学博士号取得後，同大学客員研究員（visiting scholar）
　現　在　大阪市立大学大学院生活科学研究科客員研究員

---

新・MINERVA 福祉ライブラリー⑳
イギリスにおける高齢期の QOL
――多角的視点から生活の質の決定要因を探る――

2014年7月30日　初版第1刷発行　　　〈検印省略〉

定価はカバーに表示しています

| | | |
|---|---|---|
| 監 訳 者 | 岡　田　進　一 |
| 訳　　者 | 山　田　三知子 |
| 発 行 者 | 杉　田　啓　三 |
| 印 刷 者 | 坂　本　喜　杏 |

発行所　株式会社　ミネルヴァ書房
607-8494　京都市山科区日ノ岡堤谷町1
電話 075-581-5191／振替 01020-0-8076

© 岡田・山田，2014　　冨山房インターナショナル・清水製本

ISBN 978-4-623-07097-8
Printed in Japan

## 高齢期における生活の質の探究

アラン・ウォーカー他 編著／山田三知子 訳
A5判／304頁／本体3500円

## ヨーロッパの高齢化と福祉改革

アラン・ウォーカー 著／渡辺雅男・渡辺景子 訳
A5判／208頁／本体2200円

## 英国所得保障政策の潮流

井上恒生 著
A5判／264頁／本体6000円

## 英国福祉ボランタリズムの起源

岡村東洋光・高田実・金澤周作 編著
A5判／235頁／本体3500円

──── ミネルヴァ書房 ────
http://www.minervashobo.co.jp/